SHADOW STRIKE

シリア原子炉を破壊せよ

イスラエル極秘作戦の内幕

ヤーコブ・カッツ［著］
茂木作太郎［訳］

並木書房

はじめに

二〇〇七年九月六日朝、私はイスラエルの軍事担当の記者数人と、ある衛生科司令官（准将）のブリーフィングを受けるため、イスラエル中部にあるイスラエル国防軍（ＩＤＦ）の基地に招かれていた。

司令官は衛生技術の進歩と前年のレバノン侵攻から学んだ戦訓をどう活用しているかについて説明した。

その時、謎の事件が発生したとして私たちの携帯電話が鳴り始めた。シリア政府の報道機関、ＳＡＮＡ（シリア・アラブ通信社）が、シリアの防空システムがイスラエル軍機を駆逐したと短い発表をしたという。

私たちは何が起きたのか説明するよう司令官に迫った。司令官は、もしそれがイスラエル軍機なら、おそらく作戦は重要なものだっただろうと口ごもりながら答えた。

それから何日か過ぎ、この夜に起きたことの真相が語られるようになると、私たちは欺《あざむ》かれたことを知った。ＩＤＦの広報部は私たち記者を衛生科のような後方部隊のブリーフィングへ行くよう意図的に仕組んだのである。すべてはシリア北東部で何が起きたか、記者の目をそらすために……。

これ以降、私はこの事件の虜《とりこ》になった。数年かけて細部が明らかになるにつれ、この事件はイスラエルだけではなく全世界にとって非常に重要なものであることを確信した。イスラエル情報機関による原子炉の発見、アメリカ政府への情報提供、長引く閣議と首相の決断、イスラエル軍機の鮮やかな攻撃、世界の目を欺く欺瞞工作……等々、冒険映画に必要な素材はすべて揃っていた。


本書は、私とともに真相究明に賛同してくれた人々がいなければ実現しなかった。私はイスラエルとアメリカで何度も取材し、何人かは長時間のインタビューにも答えてくれた。そして複雑なパズルを組み立てる私を辛抱強く見守ってくれた。

本書の企画段階から手を差し伸べてくれた私のエージェント、バーンスタイン夫妻に感謝する。セント・マーティンズ社の編集者エリザベス・ディッセゴーの助言なくして本書は完成しなかった。私が編集長を務める『エルサレム・ポスト』の協力にも感謝したい。

原稿執筆を終えた時、私は大きな試練に直面していた。次女のミキが骨肉腫にかかっていると診断されたからだ。抗ガン剤が点滴投与されるかたわらで、私は執筆を続けた。ガンの痛みと苦しみに負けずに戦う娘の笑顔に何度も勇気をもらった。ありがとう。

最後に妻ハヤに深く感謝する。本書を含めて彼女の協力なしに完成した本はない。

ヤーコブ・カッツ

目次

本文中の写真はイスラエル・アメリカ政府報道機関、IDF、IAF、著者提供

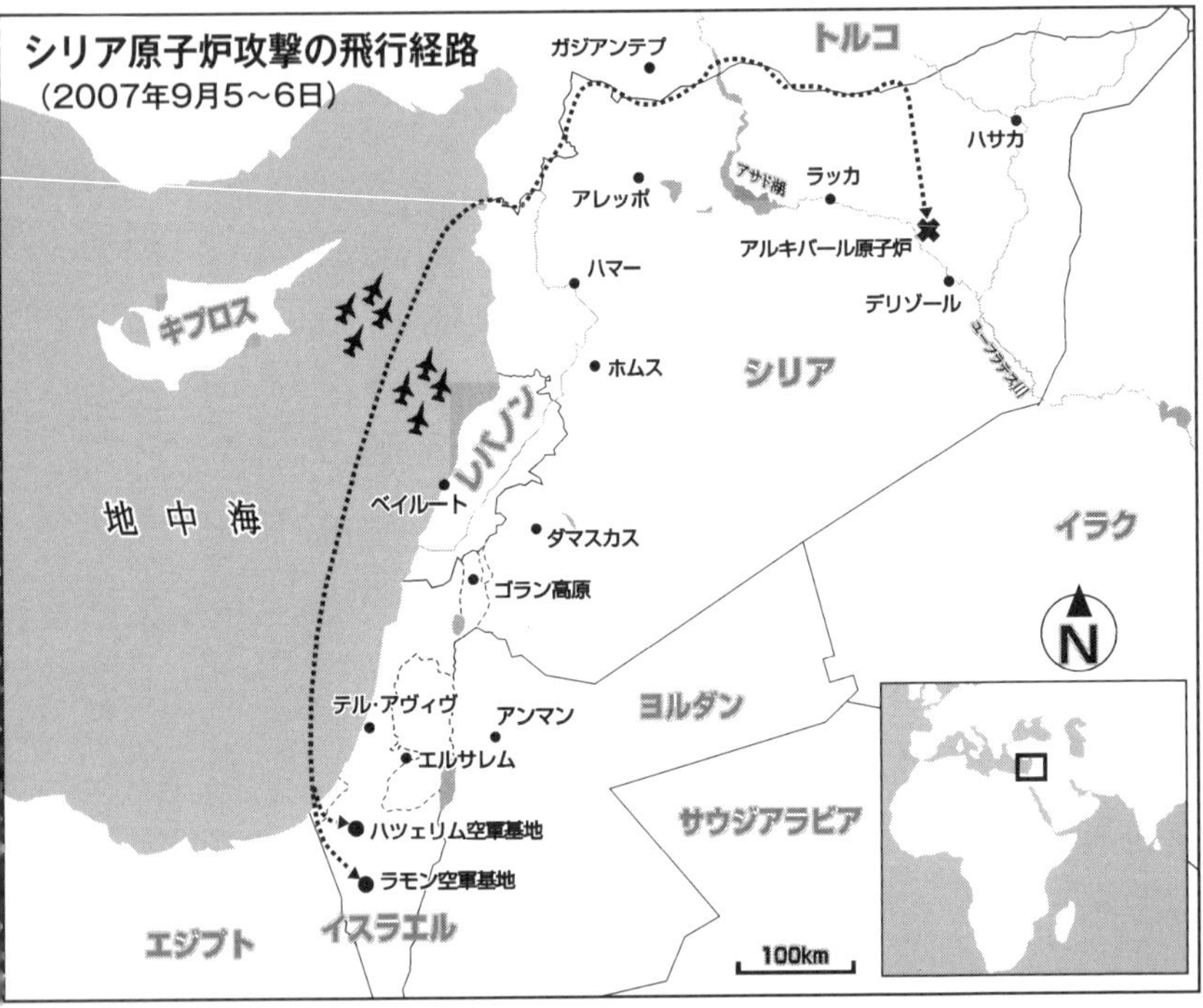
シリア原子炉攻撃の飛行経路
（2007年9月5～6日）
ガジアンテプ
トルコ
ハサカ
アサド湖
ラッカ
アレッポ
アルキバール原子炉
ハマー
デリゾール
ユーフラテス川
キプロス
ホムス
シリア
レバノン
ベイルート
地 中 海
ダマスカス
イラク
ゴラン高原
N
テル・アヴィヴ
アンマン
ヨルダン
エルサレム
ハツェリム空軍基地
サウジアラビア
ラモン空軍基地
エジプト
イスラエル
100km

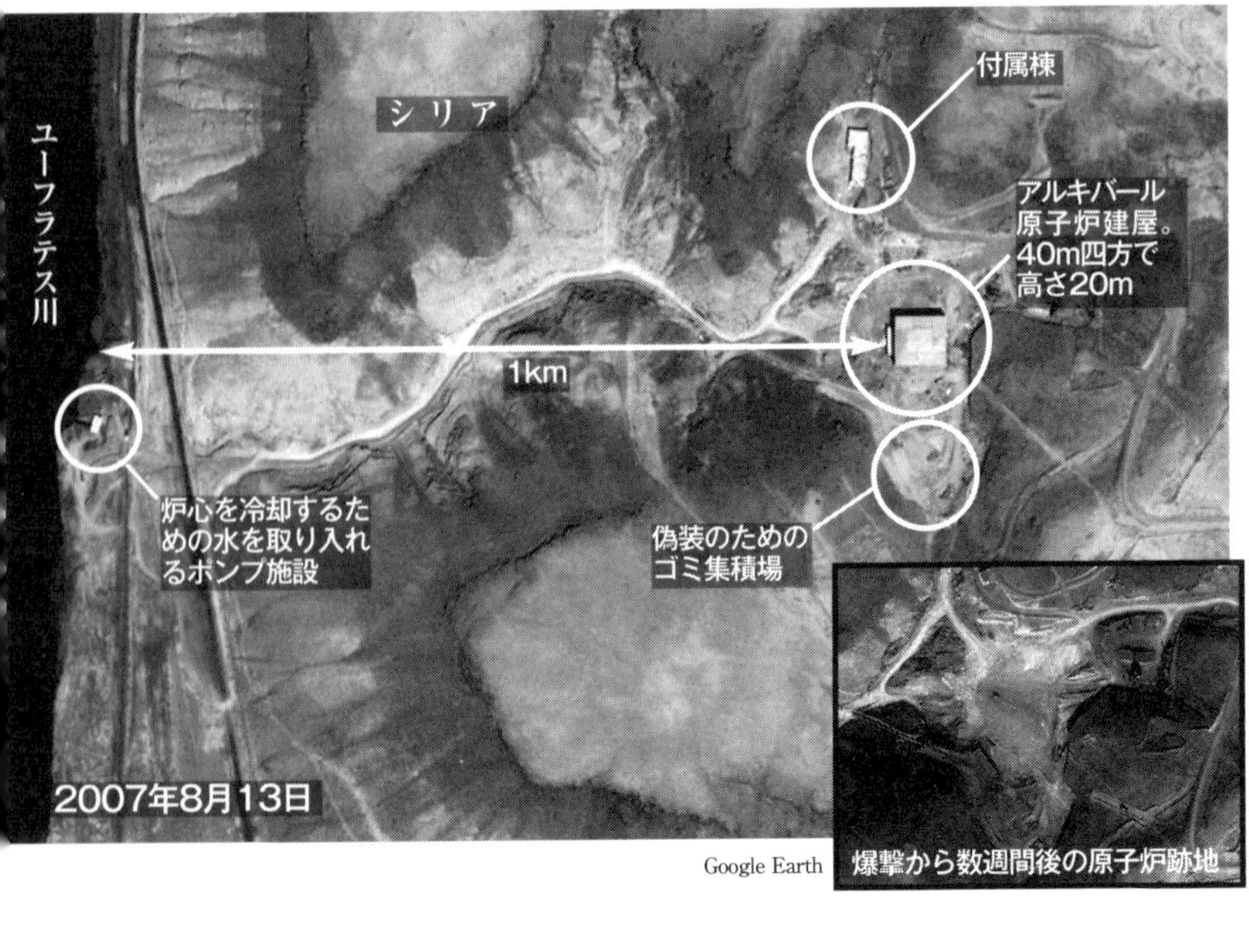
ユーフラテス川
シリア
付属棟
アルキバール
原子炉建屋。
40m四方で
高さ20m
1km
炉心を冷却するための水を取り入れるポンプ施設
偽装のための
ゴミ集積場
2007年8月13日
爆撃から数週間後の原子炉跡地
Google Earth

第1章　秘匿された原子炉攻撃

アサドの戦い

二〇一四年の暑い夏の夜、エフード・オルメルトは自宅でインターネットのニュースを見ていた。シリア東部に位置するユーフラテス川沿いの古い街デリゾールで発生した戦闘を報じる記事がイスラエルの元首相である彼の目にとまった。

初めはさほど重要なニュースには思えなかった。三年前にシリアは内戦状態に陥り、それは長期にわたる人道的惨事へとつながったが、国際社会は気にもとめなかった。

内戦の発端は二〇一一年三月に首都ダマスカスで発生した抗議運動だった。この時期、中東と北アフリカの都市では「アラブの春」と呼ばれる政治運動が発生し、ダマスカスの騒乱もほかの国々と同様のものであった。シリアの一般市民は民主化と経済改革、政治犯の釈放、そして数十年にもわたり市民を苦しめてきた腐敗政治と厳しい戒厳令の終了を求めて路上で抗議した。

リビアのムアンマル・アル＝カダフィ大佐は捕らえられて処刑され、エジプトのホスニー・ムバラク政権の崩壊は劇的であった。しかし、シリアのバッシャール・アル＝アサド大統領はその地位に居座り続けて、残虐な戦いを繰り広げ、惨事は論争を巻き起こした。アサドの戦いはやがてイスラム過激派組織「イスラム国」（ＩＳ）の台頭へとつながる。一世紀前に鉛筆と定規で人工的に引かれた国境は、カラシニコフ・ライフルとロケットランチャーで武装し、ピックアップ・トラックに乗車した黒装束の男たちの前には何の意味もなかった。

二〇一四年までにシリアで行なわれた戦闘は、アサド政権の存続の可否や、戦闘が早期に終わるであろうと予想していた人々の想像をはるかに超えた本格的な戦争になっていた。当初はイランとヒズボラから、のちにロシアからも支援を受けたアサド大統領は総力を挙げて反撃に出た。

二〇一三年夏に実施されたアサド政権による化学兵器の使用はさほど反響を呼ばなかった。有志連合による空爆とヨーロッパにおける「イスラム国」の影響についての意見交換はあったものの、西側諸国はさしたる行動もとらずに日常の生活に戻った。国際社会はシリアの指導者を非難こそしたが、行動には移さなかった。アメリカがようやく重い腰を上げてシリア問題に介入し、シリア全土にあった「イスラム国」の目標へ空爆を開始するまでにはさらに数か月を要した。

二〇一四年七月、「イスラム国」はデリゾール攻略が終了したとの声明を発表した。デリゾールはシリアの石油・天然ガス生産の重要な拠点であり、中東のそのほかの街と同様に長い歴史を持ち、これまでにも流血の惨事が幾度となく繰り返されてきた。

「イスラム国」の台頭

ローマ帝国時代、デリゾールは貿易で栄えた街であった。数世紀後には古代パルミラ王国の一部となった。しかし征服者は次々と現れ、一九世紀後半にはオスマン帝国に支配された。オスマン帝国下のデリゾールは、一九一五年からアルメニア人の死の行進の終着地となり、アルメニア人の多くは行進の途中で死亡するか、生き延びても近くの砂漠に追いやられて射殺され、集合墓地に放り込まれた。

オルメルト元首相がその夜に読んだ記事には、「イスラム国」がチグリス・ユーフラテス川流域のほとんどの地を制圧し、「イスラム国」の支配地はイギリス全土の大きさとほぼ同じになったと書かれていた。恐怖政治、狂信的活動、効果的なソーシャル・メディアの活用、その場その場の戦術で、「イスラム国」は占領地に君臨し、アサドの通常兵力では打倒しえない勢力となった。

イスラエルはシリアでの状況の推移を注視していた。戦争はイスラエルとは無縁のもので、イスラエルが何らかの行動を起こしたとしても、状況に影響を及ぼすことはないと考えた。イスラエルは虐殺される人々を助ける道義的責任があるとして、負傷者救護のために国境に野戦病院を開設したが、国境線の向こうで発生した戦争に巻き込まれることを警戒した。

イスラエルが介入すれば、内戦はシオニズムの企みであるとアサド大統領は主張し、イスラエルに代償を支払わせることで、支持を得ようとするだろう。イスラエルはこのような企みに乗るわけにはいかなかった。

この夜、オルメルト元首相の視線はデリゾールに釘付けとなった。ニュース記事はオルメルトにとって非常に重大なものであった。記事を読むことで、七年前に下した決断は正しいものであったことが証明され、この判断がなければ世界情勢は今とまったく異なったものになり、世界は恐怖に満ちた場所になっていたに違いなかった。

秘匿され続けた作戦

三年にわたり存続したオルメルト政権は紛争、和平交渉、政治変革に明け暮れた。二〇〇六年にオルメルトはレバノンのヒズボラと交戦し、二〇〇八年にはガザ地区でハマスと戦った。二〇〇九年には任期終了を待たずに辞任を決め、最後に和平合意を交わすため、苦労してパレスチナに条件を提示したものの、返事が返ってくることはなかった。

しかし五年後も、オルメルトはスポットライトを浴びていた。一〇年前のエルサレム市長在任中に賄賂を受け取ったとして、数か月前にテル・アヴィヴの地方裁判所から禁固六年を言い渡された。これを不服としたオルメルトは最高裁判所に提出する上告状をまとめていた。

記事を読み終えると、オルメルトは窓の外へ視線を動かした。彼の自宅はイスラエルの首都エルサレムの近郊にある静かなモッツァアイリットにあった。遠くにはイスラエル随一の病院であるハダサー病院を望むことができ、南側にはハル・メヌホット（休息の丘）墓地があった。ユダヤ人の言い伝えではこの墓地に眠る人々はメシア（救世主）が現れる時に最初に生き返るとされる。墓地のすぐ下はエルサレムとテル・アヴィヴを結ぶイスラエルの大動脈、国道1号線があった。

一九四八年にイスラエルが建国された際、ヨルダン軍が国道1号線の一部に陣地を構えていたため、包囲されたエルサレムのユダヤ人へ物資を運ぶ車列（コンボイ）が通行するのは危険であった。

コンボイの移動を可能にする方法として、創設されて間もないイスラエル国防軍（ＩＤＦ）は、ユダヤ系アメリカ人ミッキー・マーカス大佐の指揮のもと、険しい山あいを走るビルマ道を舗装し、ヨルダン軍陣地を迂回することで、エルサレムへ物資を搬入した。

マーカス大佐はその勇敢さから、命を落としてしまうが、ヨルダン軍によるエルサレム封鎖を無効にすることに成功した。オルメルトの自宅はそのビルマ道の近くにあった。

窓の外を見ながら、オルメルトは七年前、あの行動に出るなと主張した人たちの意見を聞いていたら、何が起こっていたかを想像した。おそらくイスラエルの歴史は永遠に違うものになっていただろう。

イスラエル国民は想像を絶する脅威のもとで息を殺し、悪夢さながらに戦力をたくわえた「イスラム国」は、その姿を残忍なテロリスト・グループから、イスラエルだけでなく、西側全世界を震い上がらせる実在する脅威へと姿を変えていたに違いない。

エフード・オルメルト首相。ブッシュ政権と情報を共有しながらも最終的に単独でシリア原子炉攻撃を決断した。

達成感を共有できる人はいなかったが、それはどうでもいいことだった。イスラエルでは二〇一四年になってもオルメルトが二〇〇七年に行なったことを公式に話す人はいなかった。作戦は市民から秘匿されたものであり、物語は口にすべきものではなかった。今この時までは……。

アルキバール原子炉攻撃

本書はシリアの砂漠の奥深く、秘密のベールに包まれて建設されたアルキバール原子炉を二〇〇七年九月にイスラエルが攻撃した実話のすべてを、エルサレムとワシントンの視点から初めて明らかにしたものである。本書は情報活動の物語であり、政治的勇気と軍事力、心理戦を国家レベルの視点から明らかにしている。

本書はイスラエルの強力な軍隊とアメリカとの同盟にも光をあてる。ワシントンのオーヴァル・オフィス（大統領執務室）、エルサレムの首相執務室、テル・アヴィヴのイスラエル国防軍（ＩＤＦ）司令部の地下に作られた指揮センターで起きたこと、交わされた熱い議論を公のものにする。

本書に描かれている内容は、現在の問題との関連性も高く、非常に重要である。イスラエルとアメリカは手を携えて核の拡散防止へたゆまぬ戦いを続けており、「イスラム国」のテロ集団を打倒し、またイランが中東で覇権を握ろうとする動きも食い止めている。物語は二〇〇七年のものだが、シリアで起きたことの余波は、今日においても我々の住む世界に大きな影響を及ぼしている。

二〇〇七年九月六日の作戦は、ほぼ成功裏に終了した。イスラエルは脅威を発見し、行動に移し、無力化を成し遂げ、また大規模戦に発展することなく作戦を終了した。しかし、作戦は異なる結末になる恐れもあった。もしイスラエルがシリアの原子炉を発見できなかったら、現在の中東はどのような姿になっていたのだろう？　考えるだけでもぞっとする。

建国から七〇年以上も経過するが、小国イスラエルは国境で戦いを続け、戦闘の頻度は以前より高まっている。一九四八年、イスラエルは独立戦争（第一次中東戦争）を戦い、一九六七年に六日戦争（第三次中東戦争）、一九七三年にヨム・キプール戦争（第四次中東戦争）を戦った。いずれも複数国に対して通常戦力を用いたが、敵は理性的で、その行動は予測できた。

現在のイスラエルは多くの武器を持つテロ集団に囲まれ、シリア、レバノン、エジプトなどでは政権が存亡の危機に立たされている。隣国が不安定であれば、侵攻される脅威が低下するなどの利点もあるが、地域はかつてないほど不安定で、予兆なしに戦争が始まる可能性がある。

二〇一一年にシリアで抗議運動が始まると、イスラエルとアメリカの情報機関は、シリアのアサド大統領がムバラクやカダフィと同じ道をたどり、権力の座から引きずり下ろされることを確実視していた。元首相で国防大臣の座にあったエフード・バラクは、アサド政権は数週間以内に崩壊すると述べた。多くの人々が同じように考えていたが、アサドは大勢の人の期待に反して、自国民に化学兵器を使用するなど、ありとあらゆる残忍な軍事力を行使して権力の座にとどまった。

近年、イスラエルの目はゴラン高原に向いている。ゴランはユダヤ人国家にとってのトスカーナ（訳者注、イタリア中部の州で文化遺産や自然に恵まれている）であり、たわわに実った葡萄はワインに姿を変え、山々と美しい滝があり景色もいい。加えて考古学的にも貴重な場所が多い。

ゴランは一九六七年にシリアから奪ったもので、一九七三年にはヨム・キプール戦争の舞台となり、両国の戦車による砲撃戦は通常戦力を用いた直近の地上戦闘である。イスラエルは戦略的高所を維持したが、いまも残存する地雷原にはかつてシリア軍のものであったソ連製の戦車が眠り、山々で激しい戦闘があったことを伝えている。

公式に敵とされているにもかかわらず、驚くことにシリアとの国境は半世紀にわたり最も平穏な地域であった。しかし、二〇一一年春に内戦が始まると、状況は一変した。イスラエルは新たな敵と対峙していることを認識し、ロシアもまた国境線すれすれまで進出してきた。現在の中東のモザイク画の誕生である。

ゴラン高原の最南端にある温泉保養地ハマト・ガデルでは「イスラム国」の兵士は自由に動き回り、少し北へ進むと、アルカイダに同調するアル＝ヌスラ戦線の兵士と出会っただろう。さらに数マイル進めば、イランのイスラム革命防衛隊の隊員やレバノンにおける代理人ヒズボラの兵士に出くわしたはずだ。

二つのレッドライン

シリア内戦が始まると、イスラエルはいかにして戦闘を回避するかに力を注いだが、二つの警戒線は例外であった。これらの一線を越えたら、イスラエル国防軍（ＩＤＦ）が行動を起こすことになっていた。

警戒線の一つは、レバノンのイスラム教シーア派武装組織「ヒズボラ」へのシリアからの弾道ミサイルや地対空ミサイルの供与である。もう一つはゴラン高原のシリア側にイランが基地を建設しようとした時である。二〇一一年からイスラエルはこのような基地とコンボイ（車列）を二〇〇回以上攻撃してきた。攻撃はいずれも目立たないように行なわれ、イスラエルは「あいまいである」ことを旨とした。攻撃の責任を認めることは決してなく、質問を受けた際は、イスラエルが背後にいることを否定しなかった。

「我々は国境を管理している。我々は国を守り、これからもそうしていく」[1]。イスラエルの首相ベンヤミン・ネタニヤフは二〇一七年末にシリア問題に関して珍しくこう公言した。

一歩間違えれば、このような攻撃がきっかけでイスラエルとシリアは戦端を開く恐れがあった。しかし、もし二〇〇七年にイスラエルが行動を起こさなかったら、状況はどうなっていただろう。

イランによるドローン攻撃

二〇一八年二月、イスラエル空軍のレーダーはドローン（無人航空機）がイスラエル北部の領空を侵犯したことを探知した。ドローンはホムス近くのシリア空軍基地T4から離陸し、領空侵犯は短時間であったものの、イスラエルはドローンがT4を飛び立った時点から追尾していた。しかし、その一方で、イスラエルにはドローンに爆発物やミサイルが搭載されているか、単なる偵察を目的にしているものかを知る術はなかった。

AH‐64攻撃ヘリコプターが近くの基地から緊急発進し、素早くドローンを追尾し、ミサイルを発射して撃墜した。撃ち落としたドローンを調査したところ、爆発物が積載され、近くのIDF基地を攻撃する計画だったとみられた。

ドローンはイラン製の「サーエゲ」と呼ばれるもので、サーエゲはロッキード・マーチンが開発した最先端のステルス・ドローンRQ‐170のコピーであった。二〇一一年、イランはこのRQ‐1

70を一機鹵獲している。

この領空侵犯はイスラエルの主権を踏みにじるものであり、ユダヤ人国家に対するイランによる初めての直接攻撃であった。それまでイランはレバノンのヒズボラやガザ地区のハマスを代理人としてイスラエルに戦いを挑んできた。ところが、今回はイラン自身が保有するドローンを使って、イラン人のオペレーターが操縦して自らの手で攻撃を行なってきたのである。

イスラエルはただちに反撃した。ラマト・ダヴィド空軍基地から発進した四機のF‐16戦闘機はシリア国境近くに到達すると、GPS誘導ミサイルを発射し、ドローンを操縦していたイラン軍の車列を攻撃した。

F‐16が基地へ帰投しようと針路を変えた時、操縦席では突然アラームが鳴り始めた。イランのS‐200地対空ミサイルが発射され、一機のF‐16がロックオンされたのだ。もはや撃墜は確実であった。パイロットとナビゲーターは直ちに脱出し、その数秒後に無人の戦闘機にミサイルが命中した。

この出来事にイスラエルは衝撃を受けた。過去数十回にわたりシリア国内の目標を攻撃したが、このような反撃を受けたのは初めてだった。さらに最後に敵のミサイルでイスラエル軍機が撃墜されたのは、三〇年以上も前のことだった。

一九七九年のイラン革命以降、イスラエルとイランは初めて直接に対峙する一歩手前まで行ったのである。

イスラエルは素早く反撃した。撃墜をまぬがれた三機のF‐16は、シリアとシリア国内にあるイランの軍事目標十数か所に向けて、残りのミサイルを発射した。目標の中にはF-16を撃墜した地対空ミサイル発射基地も含まれていた。もし戦闘機の搭乗員が撃墜前に脱出していなかったら、イスラエルの反撃はさらにエスカレートしたものになったであろう。

この事件はシリアとイスラエル北部の国境線の発火点がいかに低いかを示している。イスラエルはシリア上空で秘密作戦を実施してきたが、この日、国民はそのすべてを知ることになり、小規模な戦闘であっても生命にかかわる結末が待ち受けていることが明らかになった。

もしシリアが核兵器を保有していたらどうなったであろう？　二〇〇七年にイスラエルがシリアの野望をくじかなければ、シリアは原子炉を保有していたはずである。

北朝鮮による原子力技術の拡散

イスラエルがシリアの核保有の野望を打ち砕かなかったら、ヒズボラへの最新兵器の譲渡を食い止めるための先制攻撃はできたであろうか？　あるいはアサド大統領が核兵器を使って報復に出ることを恐れて、なす術もない状態に陥っていただろうか？　シリア国民はどうだっただろう？　アサド大統領は自国民に有毒ガスを使用した。もし核兵器を手にしていたら、それを使っただろうか？　シリア原子炉攻撃から何年も経過したが、どんなに優れた情報分析官でもはっきりとした答えを出せずにいる。

そして、もう一つ注目すべきは北朝鮮である。北朝鮮はシリアが原子炉を建設する支援をした。平壌で孤立した政権は国際社会に自国の不法な原子力開発プログラムを縮小すると交渉しておきながら、シリアへ原子力技術を輸出したのである。北朝鮮は原子力技術を拡散させたにもかかわらず、処罰を免れている。

この時の経験から、思いのままに動いても、国際社会から制裁を受けることはないという北朝鮮のふてぶてしい考えが生み出されたのだろうか？　あるいは北朝鮮は後先考えず、核兵器の試験と長距離大陸間弾道ミサイルの発射を実施できると錯覚したのだろうか？　仮に核の拡散とシリア援助の責任を北朝鮮に負わせ、制裁を科していたなら、何が起きていただろう？　そして今日のアジア情勢は異なるものになっていただろうか？

正しい答えを出すことはできないが、単なるシリア原子炉攻撃と思われかねないこの作戦を通じて、私たちは世界に潜在する危険を目にすることができる。過激な政権がイデオロギーのつながりなしに人類にとって最も強大な破壊力を持つ核兵器を拡散させるために密接に協同している——。本書はイスラエルとアメリカが手を携えて、いかにして核の拡散を防いだかを明らかにしたものである。

二つの原子炉を破壊した唯一の国

イスラエルの歴史は世界を驚かす。それは古代からの人々が母なる地に戻り、不可能を可能にした物語である。

イスラエルは生き残っただけではない。粘り強く耐えて、活気に満ちた民主主義を強力な軍事力と経済とともに築き上げた。

イスラエルは建国以来、生存のために、途絶えることのない戦闘を繰り広げている。初期にはアラブの隣国と通常戦力を使用した戦争を行ない、現在では南北の国境でロケット弾とテロの脅威にさらされている。

多くの人が認識していないのは、イスラエルは二つの敵国に存在した二つの原子炉を破壊した唯一の国であるということである。ほかにこのような行動をとった国はない。世界秩序に対する挑戦をどう解決しようかと議論する時、イスラエルの戦い方を頭の片隅に入れておいても損はないだろう。

イラクとシリアの二つのケースともイスラエルは映画『トップガン』さながらに戦闘機を使って実在する脅威を排除している。そしてどちらの作戦も、計画立案者や政治家は、人間によって達成できるもの、あるいは技術的に可能なものだとは思っていなかった。

二つの攻撃は、イスラエルの元首相メナヘム・ベギンの名からそう呼ばれるようになった「ベギン・ドクトリン」にもとづいて行なわれた。ベギンは一九八一年にイラクのオシラク原子炉の攻撃を命じた首相である。明文化されてはいないが、この原則は、ユダヤ人国家はいかなる時であっても軍事力を用いることで、敵が核兵器を手にすることを阻止するとうたっている。

「イスラエルは核兵器の出現を看過しない」[2]と元首相・国防相であるアリエル・シャロンはオシラク攻撃のあとで明言した。

「我々にとって、これは脅威のバランスに関する疑問ではない。国家の存亡にかかわる重大な問題である。したがってイスラエルはこのような脅威を初期の段階で摘み取る」

ホロコーストの灰とヨーロッパに住むユダヤ人抹殺の試みから立ち上がった国家として、中東諸国、とくにイランが核兵器の開発を続けるのであれば、この警告は地域に対して繰り返しなされる。

アメリカのニュージャージー州ほどの小さい面積（訳者注、日本の四国よりもやや大きい）のイスラエルに戦略的奥行きはない。中央部で核爆発が起きた時、その影響はイスラエル全土に波及し、我々が知るユダヤ人国家は存亡の危機に立たされる。

一九八一年にイスラエルがオシラク原子炉の爆撃を決断した時、全面戦争に発展する危険性は少なかった。ベギン首相は、アメリカを怒らせることを予想し、サダム・フセイン大統領が長距離スカッド・ミサイルをイスラエルに向けて発射する危険も承知していた（一〇年後の第一次湾岸戦争で、サダム・フセインはこれを実行した）。しかし、危険性はそれだけであった。国境が隣り合っていないイラクとイスラエルの戦争は現実的なシナリオにはなかった。

だが、二〇〇七年のシリア原子炉攻撃は異なっていた。当初イスラエルは米ホワイトハウスと協同で事にあたろうとした。しかし、最終的にジョージ・W・ブッシュ大統領から提案された解決策をイスラエルは採用しなかった。アメリカとの軋轢《あつれき》はイスラエルの軍事・外交力の柱の一つである戦略同盟を揺るがす重大事であったにもかかわらず、オルメルト首相はアメリカとの関係を悪化させるリスクを選んだ。

さらにイスラエル政府は、シリアとの通常戦争が勃発して悲惨な結末になる危険を理解しながら行動に出た。二〇〇六年のレバノン侵攻の一年後、イスラエル国防軍（ＩＤＦ）参謀総長のガビ・アシュケナジ中将は政府に少なくとも五〇パーセント、あるいはそれ以上の確率でアサド大統領とヒズボラがイスラエルの空爆に対する報復行動に出ると伝えていた。

「ベギン・ドクトリン」があったとしても、イスラエルが常に行動するとは限らない。イランの核施設への攻撃は、かってイスラエルが実行したイラクやシリアの原子炉攻撃とは比べものにならない。過去二つの攻撃では、目標は地上の中央施設のみで、先進の防空システムもなかった。また、一つの施設の破壊で彼らの研究成果は灰燼《かいじん》に帰し、両国の核開発は阻止された。イランの最高指導者アーヤトッラー・ハメニイ師は、オシラクとアルキバール空爆の教訓を学び、核施設をイラン全土に分散した。施設のいくつかは要塞化した地下壕の中にあり、通常の空爆では破壊できない。

一九八一年と二〇〇七年に振りかざした剣とともにイスラエルは生きるのか？　あるいはもはや先手を打つのは不可能だと観念してしまうのか？　ユダヤ人国家が偉大であったとしても、その能力には限界があるのか？　あるいは二〇〇七年の出来事は前座で、さらに大きな本番であるイランとの対決が地平線の向こうに控えているのか？

中東は紛争と不安定さに起因する激痛にさいなまれている。本書は次に何が起きるかの大まかな輪郭であり、注視すべき物語である。

第2章　「シリア核科学者」急襲作戦

モサド長官が伝えた驚愕の事実

二〇〇七年四月中旬、髪の薄い小太りの男が杖をつきながらホワイトハウスの西棟へやって来た。男の持つ小さなブリーフケースには複数のファイルが乱雑に詰め込まれていた。(1)

男が入り口で外交旅券を見せると、警備員は指示通りに公式訪問者リストに名前を記入することなく、秘密裏に国家安全保障問題担当大統領補佐官スティーブン・ハドリーのオフィスに案内した。ハドリーのオフィスではすでにアシスタントのエリオット・エイブラムスと、驚いたことにディック・チェイニー副大統領も待機していた。

彼らが待っていたのは、CIAと同等の機関であり、数々の偉業で知られるイスラエルの対外情報機関「モサド」の長官メイヤー・ダガンであった。ダガンは情報機関の世界で知らぬ者のいない存在であった。

ダガン訪米の数日前、イスラエルのエフード・オルメルト首相がジョージ・W・ブッシュ米大統領に電話をかけ、「ダガンが重要な情報を持ってワシントンに向かいます。会っていただけたら幸いです」と告げた。

異例の要請にブッシュと大統領補佐官は驚いた。同盟国元首の依頼であっても、アメリカ大統領が情報機関のトップと単独で会うことはまずなかったからである。会談するのであれば、外交慣例にのっとって手続きをするのが常識だった。

そこで側近たちは、まず補佐官がダガンに会い、問題の情報を評価した上で、必要なら大統領に会わせることにした。会合にはチェイニー副大統領も同席することになった。チェイニーはダガンと面識があり、オルメルトの特別な要請であれば、よほどの緊急事態に違いないと考えたからだ。

ダガンはソファに腰を下ろした。チェイニーは彼の右手の大きな青色のウィングチェアに座った。ダガンは当たり障りのない会話をせず、すぐに本題に入った。

「シリアが原子炉を建設している。シリアの核兵器開発計画も、核兵器の保有も容認できない」[2]。強いイスラエル訛りの英語でダガンは伝えた。

ダガンはブリーフケースからファイルを抜き出すと、テーブルの上にカラー写真を並べた。チェイニーがそのうちの一枚を取り上げ、ハドリーとエイブラムスは別の写真を取った。写真には建設中のコンクリート製の建造物と、内部に設置されようとしている大型パイプがはっきりと写っていた。しかしまだ原子炉であることは断定できなかった。原子炉施設のトレードマークになっている特徴的なドーム形の屋根や煙突がなかったからである。

「これが原子炉だ」。ダガンはチェイニーらに説明した。「プルトニウムを生産するためのガス冷却式の黒鉛減速原子炉で、北朝鮮の寧辺《ニョンビョン》の原子炉とほぼ同じ形をしている。外側のコンクリートの建物は内部を隠すためのカモフラージュだ」

チェイニーらは言葉を失った。写真は何十枚もあり、彼らはひたすら写真に目を落とし、ダガンの詳細な説明に聞き入った。ある一枚の写真は驚くほど鮮明だった。二人の男がコンクリート建造物の前に立っている。一人はアジア系で青色のジャージ姿だった。隣の男は「イブラヒム・オスマンで、シリア原子力委員会の委員長だ」とダガンは言った。

さらに別の写真を見せた。そこには同じアジア系の男が写っていたが、この写真ではジャージ姿ではなく、スーツ姿で黒いネクタイを締めていた。事前の知識情報からチェイニーらはそれが誰であるかわかっていた。写真は最近開催された六か国協議（北朝鮮の核開発問題解決のための関係国会議）で撮影されたもので、この男は寧辺原子炉の責任者で、科学者のチョン・チブだった。

これまで自国の情報機関からダガンが伝える疑惑に関する証拠が上がってきたことはなかった。最初の核兵器実験を数か月前の二〇〇六年一〇月に行なった北朝鮮の野心は誰もが知っていたが、核技術を拡散し、シリアの核兵器開発を支援しているという情報は、兆候さえつかめていなかった。まさに青天の霹靂であり、世界規模の戦略的悪夢であった。

ダガンはブリーフケースから写真を取り出し続けた。いずれも原子炉建設の動かぬ証拠であった。原子炉の上部に垂直に管を入れる開口部が見え、そこに制御棒が入ると思われた。金属製内壁の鉄筋コンクリート製原子炉格納容器も別の写真に写っていた。

ダガンは説明を続けた。「原子炉施設を発見したのはシリア北東部の砂漠の奥深く、ユーフラテス川沿いのデリゾールという地域で、ワジ（枯れ川）の谷の中にアサドは原子炉を建設した。通過する車両やハイカーに発見されることはない。建造物はオスマン帝国時代に造られた砦のような形状をしており、砂漠に散らばる古代の砦とそっくりな外観をしている」

チェイニーの直感は正しかった

以前からチェイニーは、北朝鮮とシリアの関係を情報機関に探らせていた。二〇〇一年の時点で、チェイニーはテロ集団やならず者国家が原子力技術をブラックマーケットで売りさばく危険性を警告し、その売却懸念国のトップが北朝鮮だった。

ダガン長官がホワイトハウスを訪れる数か月前、アメリカの情報機関は監視リストに入っている寧辺原子炉の責任者チョン・チブが頻繁にダマスカスを訪れていることを察知していた。

チェイニーは定期的な情報ブリーフィングで、チョンがダマスカスで何をしているのか、チョンの渡航はシリアと北朝鮮が協同で核開発していることを示唆するものなのか繰り返し担当官に尋ねた。

だが、答えはいつも「ノー」だった。「シリアと北朝鮮がミサイルを協同で開発していることはわかっていますが、核の協同開発を裏付ける証拠はありません」と担当官は述べた。のちにチェイニー副大統領は、「これは情報機関の『失策』ではなく、手元の情報を『あやまって解釈』してしまったため」と弁明している。

チェイニーはワイオミング州選出の下院議員として六期務め、一九八九年から九三年までブッシュ

ディック・チェイニー副大統領。アメリカ単独の原子炉攻撃も辞さないと主張した。

（父）の政権で国防長官を務めた。チェイニーはブッシュ家の親しい友人であり、二〇〇一年に新政権が誕生すると、副大統領に就任した。ブッシュ大統領はチェイニーにすべてのアメリカ情報機関から安全保障上の問題やアメリカが対峙する脅威について最新の情報を得るよう指示した。

　ダガンがもたらした情報で、チェイニーの直感が正しかったことが証明された。北朝鮮は核のノウハウをシリアに提供しているだけでなく、シリアで原子炉を建設していたのだ。

　写真を凝視していたチェイニーは、ほかの二人が見逃した、ある手がかりに気づいた。[3] 原子炉はほぼ完成しており、写真からは稼働開始も数か月以内と見積もられたが、核施設を動かすために必要な電力を供給する送電線が周りにまったく見当たらなかった。[4]

　軍用車両も周辺には配備されておらず、敵機を迎撃する防空システムも皆無であった。アサド大統領はこの特殊な建物を国際社会から隠すために労を惜しまない。チェイニーはそう確信した。

　二〇〇六年一〇月、最初に北朝鮮が行なった核実験を受け、ブッシュは核実験の数時間後にホワイトハウスの外交官応接室から次のような声明を出した。

「北朝鮮による核兵器や核物質の他国や集団への供与はアメリカの重大な脅威であり、このような

行為に対して我々は北朝鮮に全責任を負わせる」(5)

原子炉建設以上に重大な「供与」はあるのか——北朝鮮が核実験を行ない、ブッシュが声明を発表した時点で、すでに北朝鮮は危険な核拡散に首までどっぷりとつかっていた。一連の写真からシリアの原子炉建設は数年前から行なわれており、建設開始時期は早ければ二〇〇〇年とされた。

ミーティングの出席者は建設されているのはガス冷却式原子炉と確信した。

チェイニーはブッシュの副大統領として執務にあたった一期目からダガンのことを知っていた。二人はほぼ同年齢で、外交問題を解決するのに軍事力は有効な手段であるという認識を共有していた。しかし、二人の生い立ちは大きく異なった。チェイニーは一九四一年にネブラスカ州リンカーンで生まれ、イェール大学へ進んだ。ダガンは一九四五年にウクライナの僻地で、ポーランドに逃れる家族が乗車していた鉄道車両の中で生まれた。

シリアとアメリカの蜜月時代

チェイニーはイスラエルの情報能力に深い敬意を払ってきた。一九九〇年七月のイスラエルのモシェ・アレンス国防大臣とエフード・バラクIDF(イスラエル国防軍)副参謀長との会談が思い出される。会談が行なわれたのは、イラクのサダム・フセインがクウェートに侵攻する数週間前で、その後、アメリカは「砂漠の嵐作戦」に向けて動き出し、チェイニーは国防長官としてこの戦争を指揮した。

当時のアメリカとシリアの関係は現在(二〇〇七年)とは異なっていた。一九九〇年当時、アメリカ政府はハーフィズ・アル＝アサド（父）大統領と直接対話していた。事実、開戦の数時間前にアサド大統領に電話する役目を負ったのはチェイニー自身であった。当時のシリアは反サダム・フセインのために一個師団を派兵し、アメリカ軍が設置した統合指揮センターにも軍の代表者を派遣していた。

アレンス国防大臣とバラク副参謀長は、イスラエルが入手したサダム・フセインの核開発プログラムの最新情報をチェイニー国防長官と共有した。一九八一年六月七日、イスラエルはイラクのオシラク原子炉を破壊したが、近年イラクは再び核プログラムを推し進めているという。これはサダムが核に関する野心を失ったというアメリカ情報機関が評価した情報とはまったく異なるものであった。

「砂漠の嵐作戦」中、チェイニー国防長官は秘話回線を長官室に引き込み、テル・アヴィヴにあるアレンス国防大臣のオフィスと直接通話できるようにした。アメリカはイスラエルの参戦を防ごうと必死に外交努力を続けていたため、二人はほぼ毎日電話で話した。

サダム・フセインがスカッド・ミサイルを直接イスラエルに発射したため、交渉は困難をきわめた。チェイニーはイスラエルの特殊部隊がヘリコプターでイラクへ向かい、スカッド発射機を破壊する計画があることを知った。イスラエルが参戦すると、アメリカが多大な労力を払っているシリアやほかのアラブ諸国との国際同盟が危うくなる。多国籍軍が協同して作戦を遂行するには、イスラエルには傍観者でいてもらう必要があった。

戦争終結後、国際原子力機関（ＩＡＥＡ）がイラク国内に入り、サダム・フセインが再び核プログラムを再開していたことが明らかになった。だが、チェイニーは驚かなかった。数か月前にアレンスとバラクが語ったことの方が、アメリカの情報機関がもたらす報告よりも真実に近かったからである。

「イスラエルの情報の精度は我々と同等かそれ以上だ」とチェイニーは語った。

ダガン長官のモサド改革

ダガンの人生は、イスラエルが国家として生き残るための戦いの縮図であった。一族の多くはホロコーストで殺され、大学進学の代わりに、高校卒業後はレバノンやガザ地区など敵陣の奥深くで行なわれる秘密活動に従事した。

徴兵された当初、ダガンはIDF（イスラエル国防軍）の特殊部隊「サイェレット・マトカル」への配属を希望した。この特殊部隊はイスラエルの多くの指導者を輩出し、エフード・バラクとベンヤミン・ネタニヤフの二人の首相も同部隊の出身だった。だが、ダガンは厳しい選抜プログラムに落ちてしまい、代わりに配属された落下傘旅団で勇敢な兵士として着実に昇進し、異彩を放つ戦術家として認められるようになった。そして、隠密行動の経験と優れた創造力から、ガザ地区から拡散するパレスチナ・テロ対処のキーパーソンとして知られていった。

一九七一年一月、若い大尉であったダガンはジープのコンボイを指揮して、ガザ市北部のジャバリア・パレスチナ人難民キャンプを通り抜けようとしていた。ダガンのコンボイをタクシーが猛スピードで追い抜いていった。研ぎ澄まされた精神と常に警戒を怠らないダガンは、タクシーの乗客の一人が手配中のテロリスト、アブ・ニマールであることを見逃さなかった。タクシーに追いつくと停止を命じ、兵士はタクシーの周囲に散開した。

アブ・ニマールはタクシーを降りると手榴弾を取り出し、手荒くピンを引き抜くと、「みんなここで死ね！」と怒鳴った。「隠れろ！」大声で部下に命じたダガンは、アブ・ニマールに突進するとヘルメットで頭突きを加え、爆発前に手榴弾を奪い取った。この勇気ある行動からダガンはＩＤＦ名誉勲章を授与された。

アブ・ニマールは逮捕され、長期にわたり収監された。逮捕されてから数か月後、アブ・ニマールはイスラエルの情報員になることに関心を示した。「ただし条件がある。とっさに行動して命を救ってくれた将校に会いたい」。アブ・ニマールはそう言った。ダガンは会うことに同意し、のちに彼がイスラエルで最も戦略的に価値のある情報員になる手助けをした。

当時のことを聞かれると、ダガンは単純な方程式を用いて説明した。

「我々は、我々を襲撃する人物を攻撃した。我々は彼らを攻撃することで、ほかの敵を思いとどまらせた」(6)

当時、南部軍司令官であったアリエル・シャロン少将は、ガザ地区から繰り返し侵入するテロリストに手を焼いていた。ダガンのことを聞いて関心を持ったシャロンは、この流血の惨事を食い止める方策を講じるようダガンに命じた。

数か月後、ダガンは恐れを知らないコマンド部隊「サイェレット・リモン」を創設し、パレスチナ人に偽装した隊員がガザを攻撃してＰＬＯの戦士を排除した。

その後も「サイェレット・リモン」は危険な任務に従事した。隊員たちはパレスチナ人漁師、農民、女性に扮してターゲットに接近した。交戦規定をあいまいにしたまま、イスラエルは国家の存亡をかけて戦い続けた。

二〇〇一年、シャロンが首相になると、ダガンに対テロ補佐官を命じたが、それとは別にダガンにやってもらいたいことがあった。それは半身不随で機能不全を起こしかけていたモサドの立て直しであった。

当時の対外情報機関「モサド」の幹部は、危険でリスクのあるテヘランやドバイでの作戦よりも、ジュネーヴでアラブ諸国の外交官とのカクテル・パーティーに出席する方を好んでいるとシャロンは感じていた。

一九九七年、アンマンで工作員二人がハマス指導者のハーリド・マシャアルを毒殺しようとして捕まり、彼らを取り戻すため、解毒剤を提供しなければならなくなったモサドは機能不全に陥っていた。解毒剤にくわえて、イスラエルはハマスの創設者で、精神のよりどころでもあるアフマド・ヤースィーンを含む、パレスチナ人テロリストも釈放せざるを得なくなった。「当時のモサドのモットーは『トラブルに巻き込まれるな』でした」と当時の警備官は証言する。

対外情報機関モサドを立て直したメイヤー・ダガン長官。原子炉攻撃作戦では各国との調整に尽力した。

二〇〇〇年代の初頭、モサドの候補生は海外で秘密作戦を実施して現地の警察に捕まった時にどう対応するか講習を受けていた。候補生は抵抗しないように言われ、「なんとかごまかしてその場を立ち去れ、戦ってはいけない」と教えられた。講師は一例として、スイスでモサドがヒズボラの構成員と思われる人物の電話を盗聴しようとして捕まった時の話をした。

「なぜ抵抗してはいけないのでしょうか？」。候補生が講師に尋ねた。答えは、「暴力はモサドの任務遂行の手段ではない」というものであった。かつて世界中の敵に恐怖心を植えつけた無情で伝説的なスパイ機関の性質が正反対のものになっていたのである。

二〇〇二年、シャロンはモサドの現状を打破するために、かつてのコマンド時代の友人であるダガンにモサド長官を命じた。ダガンが生真面で、勇敢で、革新的で、汗を流すことをいとわない気質であることをシャロンは熟知していたからだ。

シャロンは、任命に際してダガンに二つの任務を与えた。「国境に進出したテロリストと戦え！」「核保有に向けたイランの動きを封じよ！」である。ダガンの改革をモサド局員が肌で感じるまでには大して時間はかからなかった。ダガンは組織に大胆さと勇気を持ち込んだ。

「『最善の努力をします』では不十分。命令はあくまでも『阻止せよ！』でした」とのちにダガンはある大臣に語っている。

モサドの歴史上、最も長い任期

テル・アヴィヴの北、ユーカリ並木に面したこれといって特徴のないビルの中にダガン長官のオフイスはあった。ダガンが率いるモサドの気質は、彼の部屋の装飾からも明らかだった。部屋の壁には、あごひげを生やし、タリス（男性ユダヤ教徒が礼拝の時に着用する肩衣）を着た高齢のユダヤ人男性が写った写真がかかっていた。写真の男性は、二人のナチス兵士の前でひざまずいていた。一人の兵士は棒を持ち、もう一人は銃を肩にかけていた。

「この写真を見てくれ」とダガンは客人に言う。「ナチス兵士の前にいるユダヤ人は、殺される直前の私の祖父だ。私はこれを毎日見て、ホロコーストを二度と起こさせないと誓っている」

ダガンはモサドのミッション・ステートメント（業務遂行基本方針）を忠実に遂行した。ダガンが長官に任命されて以降、イランの核開発プログラムが後退したことが明らかになった。科学者は消え、イランに送られた設備は破壊された状態で到着した。イランの核開発プログラムに使用する設備を保管していたヨーロッパにある倉庫では次々に火災が発生した。二〇〇五年にはイラン国内で不可解な航空機事故が相次ぎ、イスラム革命防衛隊の将校数十人や高級幹部数人が死亡した。これらすべての事件にモサドが密かにかかわっていた。

数年後、作戦の成功は予算と名誉になって表れた。イスラエルの情報機関の元上級エージェントによると、二〇〇七年までにモサドの年間予算は五億ドルに増額されたという。世界はモサドの変化に注目した。モサドとＣＩＡの関係がより緊密になったのはダガンの在任中である。

シャロンの後任であるオルメルト首相はダガンの任期を六年に延長した。二〇〇八年、ダガンの任期は再延長され、二〇一一年までその職にとどまった。ダガンはモサドの歴史上、最も長い任期を全うした長官となった。

二〇〇八年、オルメルト首相はテレビ局がエルサレムの執務室に入ることを許可し、ダガン長官とのミーティングの様子を撮影させた。首相が情報機関のトップと親しげに会談する様子を公開するのは初めてだった。

この取材は、テレビ局がこの年に最も活躍した男としてダガンを選んだことで実現した。オルメルトは国民に告げる。

「国民のみなさん、我々の存亡は想像以上にこの男の双肩にかかっています。ダガンに今年最も活躍した男を尋ねたら、彼はモサドにいる二五人か三〇人の部下の名前を挙げたでしょう。だが、ダガンにこの質問をしなかった以上、私はこの選考が正しかったと思います。だれもメイヤー・ダガンの働きに見合う俸給を支払うことなどできないのです」(7)

ダガンがイスラエルで重要視されていたからこそ、チェイニー、ハドリー、エイブラムスはダガンが持ち込んだ資料に真剣に目を通したのである。

最後にダガンは「この問題は解決されねばならない。シリアが核兵器を保有することは許されない」と告げた。

ダガンの主張は揺るぎないものであったが、チェイニー、ハドリー、エイブラムスはダガンが見せたもののすべてについて、自国の情報機関で独自に確認しなければならないと考えた。

そして、ダガンが見せたものが正しいとすれば、さらに困難な問題が待ち受けることになる。どう動くべきか？

この写真はどこで手に入れたのか？

翌朝、ダガン長官はポトマック川を渡り、ヴァージニア州ラングレーに向かうとアメリカ側の交渉相手であるＣＩＡ長官のマイケル・ヘイデンと会談した。ヘイデンは数々の叙勲を受けた元空軍大将で、ＣＩＡ長官になる前はアメリカ国家安全保障局（ＮＳＡ）の局長であった。

ダガンとヘイデンはかつて協同作戦を実施した間柄であり、ヘイデンによると、ダガンはタフで疲れを知らない男だった。二人の主導で複数機関の調整がいまだかつてない規模で行なわれることになった。

ダガンは再びプレゼンテーションを行ない、ヘイデンに写真を見せた。ダガンは同じ写真を複数セット持参し、一セットはすでにハドリーに渡していた。

「ダガンは単刀直入でした。『これをやって、あれをやって』と言わずに、『マイケル、我々の考えはこうだ』と斬り込んできました」とヘイデンは言う。

ＣＩＡでの対話は前日のホワイトハウスでの会談と異なっていた。チェイニー、ハドリー、エイブラムスとは方針を話し合い、彼らに原子炉は排除されなければならないと伝えた。一方、ラングレーでは、のちにイスラエルとアメリカが協同して、あるいは一国で行動する際の決断に必要な情報を提供した。

ヘイデン長官が驚いたのは、ダガンはモサドが収集した原子炉関連の生情報をＣＩＡに渡そうと決めていたことである。イスラエルとアメリカは多くの同盟国がそうであるように「評価された情報」は交換してきた。しかし、生情報を交換することは珍しかった。理由は簡単である。生情報を提供すれば、情報源が割れてしまう。[8]

しかし、この時は違った。ダガンに選択肢はなかったからである。イスラエルはシリアに関する北朝鮮の役割について知るにはアメリカの支援が必要だった。近隣諸国の情報は把握できたが、北朝鮮は暗黒の闇も同然であった。

ダガンはＣＩＡに写真を持参することで、北朝鮮の役割について幅広い見識を得たいのではないか。ヘイデンもダガンが面会を求めてきた理由に気づいた。

「イスラエルの写真は確かに印象的だったが、イスラエルは北朝鮮について詳しいことは知らず、また衛星写真から解析される極東の歴史的な専門知識もなかった。刺激を受けた我々が北朝鮮の最新情報を提供することで、モサドはより優れた考察ができると考えたのだろう」

二日間のワシントン滞在中にダガンと面会したアメリカ人全員の頭に浮かんだ疑問は「イスラエルはどうやってこの写真を手に入れたのか？」だった。しかし、誰もそれを質問できなかった。

軍情報機関「アマン」の要請

その答えは数週間前の三月初旬にあった。オルメルト首相は、ある特異な作戦を許可した。その作戦は、ウィーンでの会合に出席するシリアの核エネルギー委員会のイブラヒム・オスマン委員長を捕捉し、機会があればオスマンのパソコンをハッキングすることだった。[9]

ある一つの見方をすれば、イスラエル建国の構想はオーストリアの首都ウィーンで形になったと言っても過言ではない。ドナウ川のほとりで法学生のテオドール・ヘルツルが反ユダヤ主義を初めて経験し、それがばねとなって現代シオニズムの活動家となった。そしてヘルツルの思想がイスラエルの誕生につながったのである。

またウィーンは、イスラエルの情報活動史においても特別な場所である。一九九三年、嵐の夜にイランへ不法に武器を売り渡す武器商人をオートバイで追跡していた二人のモサド隊員がウィーン近郊で車と衝突して死亡した。

さらに一九七二年にテル・アヴィヴに向けて離陸したサベナ航空571便が「黒い9月（パレスチナの過激派組織）」によってハイジャックされた地でもある。航空機はイスラエルのベングリオン空港に着陸を許可され、整備員に扮したエフード・バラクとベンヤミン・ネタニヤフが指揮する「サイェレット・マトカル」の手によって制圧された。

二〇一〇年一月には、モサドの卓越した働きによって、ドバイでハマスの最高指導者マフムード・アル＝マブフーフが暗殺された時もウィーンは重要な舞台となった。作戦では、モサド隊員十数人からなる暗殺チームがアイルランド、オーストラリア、イギリス、ドイツの偽造パスポートを使ってアラブ首長国連邦に入国し、マブフーフをホテルの部屋で注射により毒殺した。

ドバイの捜査当局は、暗殺チームがオーストリアにいる仲介者を通じて連絡を取り合っていたことを突き止めた。実際、ドバイに入国したモサド隊員らはウィーンに電話することで、別の隊員と通話していたのである。

近年、西側の情報機関は再びウィーンに注目している。ウィーンには、一九五七年、原子力の平和的利用の推進と核兵器の拡散を防止するために設立された国連のＩＡＥＡ（国際原子力機関）の本部がある。IAEAの大きな会議室ではイスラエル、アメリカ、イギリスなどの国々の情報機関の代表が国際条約に違反して核開発を行なうイランのような国々に関する情報を何年にもわたり共有している。会合の秘匿性を守るため、IAEAの報告書は多くの場合、参加国の情報機関である情報源を「参加国」とだけ記載する。その一方で、二〇一三年に告発を受けたイランの代表団はモサドとCIAが誤った情報を国連機関に提供したとしてイスラエルとアメリカを非難している。

IAEAの報告書を自国にとって都合のよいものにするため、イスラエルは情報を提供するだけでなく、秘密工作も行なっているとされる。一例として実行には移されなかったものの、一九九七年から二〇〇九年にかけて事務局長であったエジプトの外交官モハメド・エルバラダイの信用を失わせる策略をモサドは目論んだ。イスラエルはエルバラダイがイランに対して寛大でありすぎるとして、エルバラダイの銀行口座に大金を入金し、イランから資金の提供を受けているという偽の情報を流そうとしたのである。(10)

シリアの核開発に対する疑念が強まると、イスラエル国防軍（IDF）情報機関（ヘブライ語の略称では「アマン」）長官のアモス・ヤドリン少将はダガン長官と面会し、要員を確保して、襲撃を実施するよう依頼している。アマンはモサドよりも予算や人員が豊富な大きな機関であったが、ヨーロッパのような遠隔地で秘密作戦を実行する機関ではなく、このような行動はモサドの担当であった。

ヤドリン長官の要請は、ある根拠にもとづいていた。それより六か月前の二〇〇六年中頃、アマンの調査部員がヤドリンに面会を求め、「非現実的ではあるが疑念を払拭できない情報」として、シリアは条約に違反して核開発を実施しているようだと主張した。報告は一片の情報だけでなく、小さな情報を組み合わせて、パズルのような作業から評価されたものだった。問題は、まだ半分以上のピースが埋まらないことだった。

この核疑惑情報には伏線があった。二〇〇三年、リビアが核開発を中止したと発表した時、イスラエルはショックを受けた。カダフィ大佐が核開発していたことを、イスラエルはまったく知らず、核開発の事実だけでなく、開発がかなり進んでいたことでさらに衝撃を受けた。クネセト（イスラエル国会）は国家調査委員会を設け、情報を見逃さないよう各情報機関に強く申し入れた。

リビアはパキスタンの核兵器開発を主導した科学者アブドゥル・カディール・カーンの支援を受けて、核開発を開始したことから、イスラエルは何年にもさかのぼり、カーンの渡航先を調べた。シリアもその一つだった。しかし、イスラエルが調査を開始した時点では、あまり情報は集まらなかった。結局、カーンはアサド（父）大統領に退けられたようであった。

アマンが関心をもったのは秘匿されていた北朝鮮とシリアの関係だった。これまで二国間に関係があったことはわかっていたが、今回の結びつきは想像以上に深いものがあると思われた。

「情報活動は千ピースで構成されるパズルを組み立てるようなものだが、当時我々の手元には百ピースほどしかなかった。我々が描いた図は、完成からほど遠いものだった」。両国の関係を調査していた情報機関幹部はそう説明する。

「この建物は何かがおかしい」

話は少しさかのぼる。ユーフラテス川からそれほど離れていない場所に建設中の建物を発見したのはアマンの卓越した情報収集の成果であった。アマンは主要対象国シリアに対する日常的な情報収集活動の中で、偶然撮影された衛星写真から発見したが、それが何の建物なのかはわからなかった。周囲はゴミ捨て場のようであり、いくつかのテントがあった。のちにモサドはこれらのテントで北朝鮮の作業員が暮らしていたことを突き止める。工場なのか、兵器保管所なのか、原子炉なのか？　当時、真相を探り当てることはできなかった。

核施設であるという可能性を信じることができなかったのは、シリアには核開発の基盤やノウハウがわずかしかなかったためで、イブラヒム・オスマン以外には数人の核科学者しかいなかった。シリアの原子炉は中国によって技術供与され、一九九〇年代に完成した小型研究原子炉で、核兵器に必要な核分裂物質を得るには、大きさもその能力もなかった。当時、施設の人員はわずか一三人で、稼働時間は一日に二時間しかなかったという(11)。

ヤドリン長官はオルメルト首相との面会で不確かな「疑惑」について言及した。しかし、決定的な証拠がない以上、疑惑は疑惑でしかなかった。極秘書類が作成され、イスラエルの情報機関に回されたものの、決定打に欠けていた。いずれにせよ、政府の目はガザ地区から発射されるロケット弾の牽制にあり、またイランの核開発も年を追うごとに危険になり、目前の脅威となっていた。

また原子力施設が一か所ということも不可解であった。一九八一年にオシラクを爆撃してイラクの原子炉を破壊して以降、いかなる国も核の卵を一つのカゴには入れないだろうとイスラエルは見ていた。核開発を行なっている国はイランのように施設を分散させ、ウランの濃縮とプルトニウムの精製を並行して研究し、核兵器の開発を行なうと考えられた。したがって、当時のイスラエル情報機関の主要な見解は「アサドが単独の原子炉を建設しているとは考えられない」というものだった。これでは発見される危険性が高すぎる。

二〇〇六年一一月、ヤドリン長官はイスラエルを訪問したアメリカ国家情報長官ジョン・ネグロポンテと会談した。オルメルト首相は訪米を控え、ワシントンでブッシュ大統領とイランについて話し合う予定であった。アメリカの情報機関は二人の首脳が会談する前に、イスラエルの評価に変化があったかを知りたかった。

ネグロポンテはまずモサドを訪れ、ダガン長官と会談した。翌日にアマンを訪れ、ヤドリン長官と彼の補佐官と話し合った。ヤドリンは、ダガンがネグロポンテにイランと最近の情報を提供することを心得ていたので、この機会を利用してアメリカ国家情報長官にシリア問題に関するアマンの疑惑を伝えた。ヤドリンはアメリカ側の出方を探るため、ネグロポンテが何を知っているかを試した。

ヤドリンはすぐ本題に入った。アマンが砂漠の中で発見した建造物の衛星写真をネグロポンテに見せ、「これは仮説ですが、原子炉ではないかと真剣に疑っています」と言った。

ネグロポンテは写真を見て、肩をすくめた。ネグロポンテは何も知らず、「昨日モサドにも行ったが、それらしいことは何も言われなかった」(12)と答えた。

このネグロポンテの言葉から、仮説の信憑性は一歩後退した。もしアメリカが何も知らないのであれば、そこで何かが起きている可能性は低い。しかしヤドリンはあきらめなかった。この建物は何かがおかしい。さしたる目的もなしに、ぽつんと砂漠の中に建っている。なんの目的でシリアはこれを建設しているのだ?「これは重要な建物に違いない」。ヤドリンは補佐官に伝えた。これは直感だった。

この時、アマンの研究部が『シリアの核軍事施設の存在の解明』というトップシークレットの報告書を発表した。報告書の表紙にはシリア国旗が描かれ、国旗の上にアサド大統領の顔があった。シリア国旗はシリアを援助していると疑われる北朝鮮とパキスタンの国旗に矢印でつながっていた。表紙の中央には黒々とした大きな疑問符があった。

シリアの核科学者から情報を奪え

シリアの核科学者イブラヒム・オスマンの次の渡航でこの謎は解決するだろう。だが、ダガンはオスマンから情報を盗み出すことに同意しなかった。「モサドはイランに専念する必要がある。このような任務は時間の無駄である」とダガンはヤドリンに伝えた。

二人の主張の違いはヤドリンがアマンの長官になった二〇〇五年から見られた。すでにダガンはモサド長官として名声を手にしていた。一方、ヤドリンはイスラエルの駐在武官としてワシントンで二年を過ごし、外部から登用されてアマン長官となった。

ダガンは初期の会合で「アマンはレバノンとシリアに専念した方がいい。イランはモサドが引き受ける」とヤドリンに伝えた。

ダガンが強引に線引きした境界線は、あいまいながらも二つの情報機関のあいだにはすでに存在していた。シリアはイスラエルと国境を接する国で、最大の通常戦力を持ち、イスラエルの脅威ではあったが、モサドはシリアに興味を示さず、イランが進める核武装を阻止するような大きな問題に関心があった。

しかし、ヤドリンはあきらめなかった。必死にダガンに頼み込んだ。「ユーフラテス川沿いの奇妙な建物は原子力施設ではないか。モサドにはこの疑惑をはっきりさせる能力がある。モサドが力を貸してくれれば、この建物が何であるかを突き止めることができる」

ヤドリンもダガンが乗り気でない理由を知っていた。以前にモサドはオスマンの情報を収集したことがあり、何年もオスマンの行動を監視したが、何の成果も上げられなかった。

ようやくヤドリンはダガンを説き伏せることができた。モサドはシリアに関心はないが、オスマンはイランの核施設に関する貴重な情報を持っている可能性があり、この情報はアヤトラ（イランのイスラム教シーア派最高指導者）の核開発プログラムを頓挫させる決定打になるかもしれない。

アモス・ヤドリン少将。元F-16戦闘機パイロットで、軍の要職を経て、イスラエル国防軍（IDF）情報機関アマンの長官となった。

イブラヒム・オスマンはイギリスのサリー大学で物理の博士号を取得し、当時、シリアの核技術者のトップであった。アメリカ原子力学会の会員であったこともある。放射線防護のエキスパートであったオスマンは核の安全に関する論文を五〇本以上執筆しており、その論文は数十回ほど引用されていた。

一例を挙げれば、オスマンは二〇〇四年に国連軍縮研究所に寄稿して、中東に核非武装地帯の設定を求めている。オスマンはアラブ人によく見られるようにイスラエルが保有すると噂された核兵器が中東を不安定にする大きな要因であると非難していた。

オスマンは大量破壊兵器（ＷＭＤ）の非武装地帯の実現に向けて、九つの必要条件があると述べている。最後の条件が興味深い。「非武装地帯が確立されるまで、当事国は核兵器のいかなる製造、試験、取得を行なわず、また核による兵器、爆発物、装置を国土や支配地域に配備することを許さない」(13)

オスマンがこの提言を発表したのは二〇〇四年であるが、二〇〇七年までにオスマンの考えが変わったことをモサドは知るようになる。

ハッキング

ほかのイスラエルの国防組織と同様、二〇〇六年一〇月のレバノン領内からの撤退にモサドも動揺していた。モサドの情報員は長期間、自らの命を顧みることなく、世界各地で、時には敵国において秘密作戦を行ない、イランと中東に散らばるイランの同調者に関する情報を収集してきた。

注視したのはイランによる核物質の密輸ルートであり、またヒズボラへの先端兵器と技術の供与であった。モサドによって収集された情報により、イスラエル空軍は二〇〇六年のレバノン侵攻が開始された最初の夜にヒズボラの長距離ミサイルを破壊している。

当時、モサドのケシェット部所属の男女がオーストリアのウィーンに送り込まれていた。ケシェット部は情報収集とアパートやホテルの部屋に侵入する秘密作戦を海外で実施する専門部隊であった。(14)

しかし、レバノン侵攻から数か月過ぎても、任務は何もなく、部員は失望していた。

モサド情報員の多くは元ＩＤＦのエリート部隊の兵士であったが、モサドは情報員に予備役部隊に復役して戦闘に参加することを許さなかった。自身もエリート部隊兵士であった部長はこう説明した。「君らは大切な戦力である。ここで即時に行動が必要になった時のことを考えて欲しい」

この種の秘密作戦は、オルメルト首相の許可が必要だった。ＩＤＦは国防大臣が管轄していたが、モサドとイスラエル治安機関「シンベト」（主としてヨルダン川西岸地区とガザ地区でパレスチナ人テロリズムと戦う情報機関）は首相が最高司令官であった。首相在任中、オルメルトは国外で実施したモサドの作戦について常に細部にわたる報告を求め、その実施もすべて彼自身が承認した。

作戦当日、ダガン長官とモサドの高級幹部数人が首相の執務室を訪れ、最後のブリーフィングを行なった。作戦は簡単に見えることもあったが、それゆえにお粗末な理由で情報員が逮捕されることもあった。一九九八年、スイスのベルンでヒズボラ構成員と疑われた人物の電話を盗聴しようとして隊員が逮捕されている。

イスラエルにとって何としても避けたかったのは、シリア外交官が滞在するホテルの部屋に侵入しようとして部員が逮捕されることであった。このような事例は国際問題に発展するおそれがあった。数年前にオークランドでニュージーランドのパスポートを入手しようとした罪で二人のモサド部員が逮捕された。二人は裁判所に出廷して身元がばれ、のちにイスラエルは公式に謝罪した。このような醜態を繰り返すわけにはいかない。

前記の理由からこのような作戦は通常二個チームで行なわれる。部屋に侵入するチームと監視チームである。二時間後、オルメルト首相は作戦にゴーサインを出した。作戦は当日の夜に決行されることになった。

最後のブリーフィングでは、オスマンのノートパソコンに重点が置かれた。部員は何度もオスマンのパソコンにハッキングを仕掛けてファイルをダウンロードし、「トロイの木馬」をインストールすることで、モサドは永続的に彼のパソコンにアクセスできるようにしたとされる。オスマンはいつのまにか油断するようになっていた。彼はデジタルカメラで写真を撮ると、そのままパソコンにデータを移していた。

モサドの隊員はホテルの部屋に入ると、すぐに出てきた。数分後には彼のパソコンはテル・アヴィヴのモサド司令部にデータを送信し始めた。午後一一時までに作戦は終了し、オスマンに知られることなく、イスラエルはシリアの最も重要なコンピューターを最前列で見る権限が与えられた。

原子炉は排除されなければならない

情報がオスマンのコンピューターから吸い出され、モサドに送られると、どういうわけか解析はアマンに依頼された。なぜモサドは自分でデータを精査しなかったかは不明である。しかしこの省庁を隔てた要請が遅れを生んだ。データは一刻を争うことを知らないアマン職員の手に渡され、二週間後の三月中旬にやっと処理された情報がモサドに戻ってきた。モサドの情報員はその内容に言葉を失った。

ダガン長官は直ちに内閣官房に電話し、オルメルトとの面会を要請した。これは異例な申し入れだった。通常、ミーティングはダガンの秘書とオルメルトの首席補佐官が電話で手はずを整えるが、ダガンはオルメルトと直接話したいと言って譲らなかった。

「すぐにお話ししたいことがあります」。ダガンは首相に伝えた。「今日じゅうにです」

その日、オルメルトは多忙で、イスラエル南部のガザ地区の国境線を視察する予定が入っていたが、エルサレムの執務室で午後五時に会うことを約束した。ダガンは、のちに長官となるタミル・パルドー副長官とともにやってきた。オルメルトの反対側に着席すると、茶封筒から写真を抜き出し、テーブルの上に広げた。

「これが原子炉で、シリア国内にあります。作戦で発見しました」

そしてモサドの情報収集作戦の後に撮影された衛星写真には掘削が始まったばかりの導水管が映っていた。この導水管は「疑わしい建物」からユーフラテス川へと続いていた。炉心を冷却するためには安定した水の流れが必要で、導水管はこの建物が原子炉であることを証明するものだった。オルメルトは驚きのあまり言葉を失った。

「我々は何をしたらいいのだろう……」。ようやくオルメルトは口を開いた。

その時、ドアがノックされた。「いまはだめだ」首相は大声を上げたが、ノックは止まずオルメルトの広報官が息せき切って部屋に入って来た。「報道番組の一つが数時間以内に首相の新しい疑惑について報道します。コメントはどうしましょう?」。そんなことに忙殺されたくなかったオルメルトは「『くたばれ!』とでも伝えろ」と吐き捨てた。

オルメルトは深呼吸した。オルメルトだけでなく、イスラエル国家にとっても非常時であった。世界唯一のユダヤ人国家存亡の危機である。

モサドを急襲に駆り立てた疑念についてオルメルトは知らされていたが、脅威が現実のものだと知って、オルメルトは衝撃を受けた。ダガンが見せた写真は疑問の余地がないものだった。これは報道や敵司令官のスピーチのように系統立てて整理された情報ではなかった。写真はシリア原子力委員会委員長オスマンのパソコンに入っていたものであり、原子炉の建設が最後の段階に入っていることを示していた。

この段階でイスラエルは三つの基本的な問いに答えを出さなければならなかった。この建物が原子炉であることを証明できるか？　シリアの原子炉とイスラエルは共存できるか？　もし二番目の答えが「ノー」だったら、イスラエルはシリアの行動を阻止するために何ができるか？

軍事作戦について、オルメルトはベテランであった。彼は二〇〇六年のレバノン侵攻とガザ地区の広範囲な作戦を指揮した。しかし、いま彼が目にしているのはまったく次元の異なる脅威だった。シリアはイスラエルを殲滅できる能力を手に入れようとしている。答えは簡単だった。シリアが核兵器を手にすることは現在のイスラエルに対する直接的な脅威であり、この脅威とイスラエルが共存することはありえない。原子炉は排除されなければならない。

「OK、破壊しよう」。オルメルト首相はすぐに決断した。

「原子炉が熱を持つまでに」。ダガンが応じた。時計の針はいまも動き続けている。軍事行動に出るのであれば、すぐに行動に移さなければならない。

第3章　同じ間違いはできない

CIAとモサドの情報共有

「炉心がなければ、戦う必要はない」。ジョージ・W・ブッシュ米大統領は高級補佐官らにそう告げた。

モサドのダガン長官がラングレーを訪れた翌日、CIA長官のヘイデンはホワイトハウスでイスラエルのカウンターパートが落としていった「爆弾」について、大統領に最新情報を提供していた。ヘイデンはダガンが持参した情報に確信を持っていた。モサド長官が提示した情報によると、シリアは原子炉を建設中で、原子炉は「アルキバール」と呼ばれていた。

情報は百パーセント正確でなければならない。CIAが提供する情報で、中東のアラブ国家で開発されている大量破壊兵器に関する疑惑であればなおさらである

わずか数年前の二〇〇三年、CIAは同じような問題に直面したことがあった。この時はブッシュ

政権による対イラク戦争開戦の正当化に寄与したが、二〇〇七年の時点では、ワシントンで対イラク戦を支持する人間はごくわずかだった。

ヘイデンが最初にとった行動は分析官を集めて、チームを結成させ、ダガンが残していった写真を精査することであった。チームには二つの任務が与えられた。一つは写真が修正されたものでないことを証明し、もう一つはモサドの評価を確認するために、集められるだけの情報を独自に入手することだった。

CIAは数年前に無作為に撮影されたシリアの衛星写真から、ユーフラテス川のほとりで建設工事が進んでいることを突き止めていたが、その目的までは特定できなかった。

米情報活動を支援するため衛星写真を提供するアメリカ国家地球空間情報局も、その建物を重要だが利用目的まではわからない「エニグマティック（不可解）」と分類していたが、ダガンの写真でようやく利用目的の真相が明らかになった。

写真の多くは整合性がとれていたが、なかに一枚だけ不可解な写真があった。この写真はピックアップ・トラックを写しており、車両の側面に描かれていた文字にはモザイクがかかっているようだった。イスラエル人かシリア人の誰かが文字を隠したがっている。(1)

数年後、ヘイデンは「我々はすべてをきわめて注意深く精査した。信頼していなかったわけではない。でもわかって欲しい。我々は五年前にこの質問に間違った回答を出してしまったのだ。今回はとくに慎重にならざるを得なかった。正しい答えを導き出さなくてはならず、ホワイトハウスの疑問や反発に対しても反論しなければならなかった(2)」と述べている。

事実、ホワイトハウスは反発した。その反撃はホワイトハウスでのヘイデン長官とブッシュ大統領の翌日のミーティングで始まった。

すでにヘイデンはダガンとのミーティングで得られた情報を熟知しており、プレゼンテーションの準備も整っていた。モサドは取得した情報と同じくらい取りこぼしもあると考えたからこそ、CIAと情報を共有する決断を下したと推測していた。これはCIAとモサドの関係を反映している。ほぼ無限のリソースと能力を持ったCIAのような大規模機関は、常に世界各地で情報を幅広く収集している。その一方で、イスラエルのような小国は地域内での情報収集に専念し、細部にこだわり、対象国の言語や文化にも精通していた。ヘイデンの言葉を借りるなら、「原子炉に関する情報共有は夫婦関係の素晴らしい一例」だった。

「炉心がなければ、戦う必要はない」

その日の朝、オーヴァル・オフィスで行なわれたブッシュ大統領とのミーティングで、ヘイデンは写真を並べてCIAが発見した情報を大統領に説明した。そして、シリアは核開発を続けていると疑っていたディック・チェイニーに向かって、「おっしゃるとおりでした。副大統領」と告げた。

すぐに内容を理解したブッシュ大統領は二つの指示を出した。原子炉であることが確認できるよう、さらに情報を収集すること、そして情報収集は完全に秘密裏に行なうこと。

ブッシュは方針を固めた。「炉心がなければ、戦う必要はない」

この言葉はのちにアルキバール原子炉の問題に関わったチームの名誉を讃えるため、CIAが作っ

ジョージ・W・ブッシュ大統領。大量破壊兵器に関する誤った情報がイラク戦争開戦につながったため、ブッシュはシリア原子炉攻撃には消極的だった。

た記念メダルにも刻まれた。

ブッシュ大統領は、この情報が漏洩する危険をアメリカは冒してはならないと強調した。のちにヘイデンは彼の部下に「情報が漏れたら、アサドはこの建物をデイケアセンターにするだろう。そうなったら軍事行動は不可能だ」と冗談を言った。

数日後にオルメルト首相はブッシュ大統領に電話をかけ、イスラエルとして受け入れられる選択肢は原子炉の破壊のみであると伝えた。「ジョージ、建物を爆撃してくれないだろうか?」(3)。オルメルトは要請した。ブッシュは問題を喚起してくれたことに感謝したが、辛抱強く待って欲しいと答えた。「情報を熟慮するのに少し時間が欲しい。答えは後日お伝えする」

オルメルトは時間を与えることには同意したが、情報が漏れないよう有効な手立てを講じて欲しいとブッシュに力説した。我々が避けなければならないのは、イスラエルがアサドの重要な秘密プロジェクトを知っていると気づかれることだと強調した。

イスラエルの状況を理解したブッシュは、補佐官に二つの異なる問題——情報と方針——について検討するよう指示した。

任務は二つのチームに振り分けられた。ヘイデンとCIAは情報を精査し、スティーヴン・ハドリー国家安全保障問題担当大統領補佐官は首席副次官補で構成されたチーム「起案グループ」を監督して、原子炉をどう取り扱うかの方針を打ち出す。

「起案グループ」には数人のメンバーがいた。エイブラムス安全保障担当大統領副補佐官（中東担当）、スティーヴン・カペスCIA副長官、エリック・エデルマン政策担当国防次官ならびに国防長官首席補佐官、高名な政治学者であり国務省参事にも任命されたエリオット・コーエン、国家安全保障会議（NSC）出席者ならびにのちの中東担当国務副次官補のジェームス・ジェフリーが困難な仕事に立ち向かうことになった

彼らの任務は複数の行動方針の作成だけではなく、すべてのシナリオと障害を考慮しながら、細部にわたる計画の立案であった。

情報の保全が最大の懸念事項で、ブッシュ大統領はすべてのミーティングでこのことを強調した。情報の閲覧を許可するメンバーの承認はブッシュ自身の手で行なわれた。

シリア原子炉を最初に知ったアメリカ人

五月のある日、エデルマン国防長官首席補佐官は、ロバート・ゲーツ国防長官の執務室に呼ばれた。いつもは部屋に誰かいるのに、この日はゲーツ長官一人だった。

「君はある情報プログラムに参加するようだね。同盟国から提供された情報に目を通すことになる。その情報はとても制限されたものだ」。ゲーツはエデルマンに告げた。

エデルマンはCIAで何枚かの書類に署名し、原子炉に関するブリーフィングを受けた。エデルマンはのちに冗談を言う、情報閲覧の許可はまるで子供の親権を放棄する手続きのように大変だった……。

「徹底的に調査してくれ」。ゲーツはエデルマンに命じた。

実はゲーツはシリアの原子炉の存在を最初に知ったアメリカ人であった。数週間前の四月一八日、ゲーツはイスラエルを訪問した。アメリカ国防長官のイスラエル訪問は八年ぶりだった。オルメルトは、イスラエル訪問中のゲーツ国防長官に情報を伝えなかった場合、恨みを抱かれるのではないかと心配した。そこで、シリア国内の原子炉施設らしきものに関する最新情報をゲーツに提供するが、会談の主題にはしないことをペレツ国防大臣に指示した。

ペレツは原子炉について言及したものの、曖昧な口調にとどめた。ダガン長官が近日中にワシントンに行き、ホワイトハウスとCIAにこの衝撃的な発見について細部まで情報を提供するとペレツはゲーツに約束した。

「情報が漏れたら、全員解任する」

エデルマンと同様、国務省参事のエリオット・コーエンもコンドリーザ・ライス国務長官から似たような話を聞かされた。ダガン訪米の数日後、コーエンはライス長官に呼ばれた。エデルマンとゲーツのミーティングと同様、長官執務室にはライス以外誰もいなかった。

「いまから話すことを知っているのは国務省で二人だけです。私と、これから話を聞くあなたです」

ライスは、北朝鮮がシリアに建設している原子炉の存在を証明する、確たる情報を持って、イスラエルの高官がホワイトハウスを訪れているとコーエンに伝えた。そして、自分の代理人として「起案グループ」に参加するようコーエンに依頼した。

「当時、我々は原子炉が熱を持つまで約一か月しかないと考えた。これは驚愕の新事実だった」。のちにコーエンはそう振り返った。

情報が漏れる可能性についてブッシュ大統領がどれほど心配していたかは、ホワイトハウスのシチュエーションルームで開かれた「起案グループ」の初期のミーティングで明らかになった。シチュエーションルームはホワイトハウスの西棟の地下にあり、ここで大統領は軍事作戦を指揮したり、秘密のミーティングを開く。

「起案グループ」のメンバーが着席すると、突然、ブッシュ大統領が部屋に入ってきた。彼らの多くは大統領とのミーティングに参加したことはあるが、事前の予告なしに首席副次官補の会合に現れることは珍しかった。

「情報がここから漏れたら、私は諸君を全員解任する」。ブッシュはそれだけ言うと部屋を出て行った。

「起案グループ」はブッシュの警告を真剣に受けとめ、厳格なルールが定められた。たとえばパソコンで文書を作成したり、保存することは禁止された。ファイルは国家安全保障会議のオフィスに残され、警護官なしに部屋の移動は禁止された。ファイルが渡されると、分析や情報の更新が行なわれ、保管場所にすぐ戻された。コピーすることは許されず、文書は西棟やＣＩＡの本部から外に出ることはなかった。

ＣＩＡに保管された生の情報を見ることができるのは数人に限られた。情報の閲覧が許可されたメンバーの名前は情報機関がＢＩＧＯＴリストと呼ぶ名簿に記載された。ＢＩＧＯＴとは「イギリスによる対ドイツ支配地域進攻」の頭文字で、この名称は第二次世界大戦時のＤデイに実施された秘密計画を事前に承知していた政府高官のリストを意味していた。

国防省内で字が汚いことで知られていたエデルマンが、情報の提供元、修正が加えられた可能性、情報が意味するもの、時系列での表示等々、一五〇ほどの質問を手書きしてＣＩＡに渡した。

「イスラエルの同僚が持ってきた情報は広範囲にわたるものだった。いかなる情報も捏造することは可能だが、今回に限ってそのような懸念はなかった。それでも我々は情報を適正に評価することで不断の努力をしたと明らかにする必要があった」。エデルマンはのちにそう語った。

エイブラムス大統領副補佐官は「起案グループ」のメンバーであるとともに、閣議の書記を任されていた。ミーティングの多くは、部屋の形と壁の色からイエロー・オーヴァル・ルームとして知られるホワイトハウスのエクゼクティヴ・レジデンスのリビングルームで行なわれた。

あるミーティングのあと、エイブラムスはレジデンスを離れ、国家安全保障会議のオフィスに戻ったが、椅子の下にノートを置き忘れたことに気がついた。息を切らせながらレジデンスに戻ると、幸運なことにノートはそのまま椅子の下にあった。[4]

「執事が黙っていてくれたら、銃殺されずに済む」。エイブラムスはそう思った。

CIAによる情報の確認

エイブラムス副補佐官は、イスラエルの熱烈な支持者でアメリカ保守派の重鎮、長年『コメンタリー』誌の編集者を務めたノーマン・ポドレッツの娘と結婚していた。彼はブッシュ政権の忠実な新保守主義者であり、いまの公職にやり甲斐を感じていた。

エイブラムスは一九八〇年代中盤から政府機関で働き、レーガン政権時代、国務次官補になった。のちにイラン・コントラ事件に連座した政府職員として有罪となったが、一九九二年にジョージ・H・W・ブッシュ（父）大統領により恩赦された。

エイブラムスはアメリカ政府で最もイスラエル寄りの職員であったから、彼がジョージ・W・ブッシュ政権の対イスラエル連絡窓口で、シリア原子炉に関する会議の公式な書記に選ばれたのは当然の成り行きだった。

シリア原子炉関連以外で、エイブラムスが担当していたのはイスラエル・パレスチナの和平交渉を進展させることであったが、これに関してはライス国務長官とたびたび意見が衝突した。

イスラエル・パレスチナ和平を進展させる、あるいはパレスチナの独立を考えるのであれば、イスラエルはパレスチナに譲歩しなければならない。そのためにはイスラエルの安全が保証されていることをアメリカが示さなければならない。アメリカが背後にいると感じることで、「イスラエルは自らを強国と考え、必要とされる妥協を進んですることができる」。エイブラムスは人々にそう訴えた。

ライスの持論は正反対であった。イスラエルに平和に向けた行動をとらせるには、できるだけイスラエルをアメリカに依存させる必要がある。対イスラエル問題で切れるカードが多ければ多いほど、イスラエルは和平交渉でアメリカの言いなりになるとライスは考えていた。

この意見の相違は、シリア原子炉をどうするか決める最後の討議で明らかになった。シリアの原子炉は世界の脅威であるとメンバー全員が認識していたが、対応策は一種の博打になりかねず、中東で戦争を誘発させる可能性がある。

しかし、まずしなければならないのはCIAによる情報の確認であった。ヘイデン長官は、アルキバール・チームとして知られることになる彼のチームに建設地を監視し、集められるだけの情報を収集するよう命じた。またCIAの書庫では分析官が膨大な量の情報から、二〇〇一年以降シリアと北朝鮮のあいだで「謎の輸送」があったという複数の報告書を探し出した。[5] これらの情報がファイルされた当時、この「謎の輸送」は大した意味をなさなかったが、いま新しいプリズムを通して覗くとそこにはまるで新しい光景が見えてきた。

ブッシュ大統領はCIAに対して、百パーセントの裏付けが必要であると厳命していたので、ヘイデン長官は民間人の原子力専門家を招き、情報に目を通してもらうことにした。ヘイデンはこの民間人と多数の秘密保持契約を結び、その後にすべてのデータを開示した。

またヘイデンは局内に「レッドチーム」（訳者注、集団的思考の弊害を取り除くため他者の立場から建設的な批判を行なう手法）を創設し、施設が原子炉でないとしたら、ほかの何であるのか、あらゆる可能性について検討させた。最終的にこれは間違いなく原子炉であると意見が一致した。レッドチームは「もしこれが原子炉でないとしたら、素晴らしい模造品である」とまで言い切った。

「ギャング・オブ・エイト」

地平線の向こうから、突如戦争の気配が薄気味悪く感じられるようになり、ブッシュ大統領は議会に情報を提供しなければならなくなった。もし何かが起き、政権が事前に情報を察知していたことを議会が知ったら、大統領は中東で新しい紛争を起こした、あるいは少なくとも情報を隠したとして再び非難されるだろう。このようなリスクを冒すことはできなかった。

六月のある朝、国家情報長官のマイク・マッコーネル海軍中将は、「ギャング・オブ・エイト」とのミーティングを要請した。ギャング・オブ・エイトとは八人の議会リーダーで、このミーティングは行政府が秘密の情報をブリーフィングするものだった。参加者は下院議長、下院少数党院内総務、上院多数党院内総務、上院少数党院内総務、下院情報委員会の委員長と上席委員、上院情報委員会委員長と上席委員であった。

ギャング・オブ・エイトとのミーティングは当時珍しいもので、通常は年に一回しか行なわれていなかった。しかし、ミーティングの開催と、大統領による議会情報委員会への情報活動は法によって定められ、この情報には予期される重要な活動も含まれていた。[6]

ユーフラテス川の河岸で起きていることは間違いなく「重要な情報活動」である。

ブリーフィングが始まる前に出席者は情報保全の宣誓を行なった。マッコーネル長官は「中東の同盟国」がシリア北東部に原子炉を発見したと告げた。さらにCIAは施設の建設を発見していたものの、その目的まではわからず、「エニグマティック（不可解）」に分類していたと説明した。

マッコーネルは出席者にダガンが持参した写真を数枚見せた。情報の提供元がイスラエルであることは明確に示されなかったものの、八人の議員はブリーフィングでこの同盟国が情報の収集において重要な役割を果たしたことを理解した。

出席者の一人は、下院情報委員会の上席議員、ミシガン州選出のピート・フックストラであった。オランダに生まれたフックストラは少年時代にアメリカに移住し、ほぼ二〇年間にわたり下院議員を務めて、二〇一一年に勇退した。ドナルド・トランプが大統領になった二〇一七年にフックストラは母国の大使として赴任する。

マッコーネルとともに会議室をあとにしたフックストラは、情報の入手元はイスラエルであり、アメリカかイスラエルのどちらか一方が原子炉を爆撃する。そして、シリアの原子炉建設の背後には間違いなくイランがいる、という三つの結論に至った。

「この施設を破壊する時にはお知らせします」

フックストラはブリーフィングでこう告げられた。説明によると原子炉はシリアだけの計画ではないようであった。数年後、フックストラは思い起こす。

「シリアはイランが核武装するための代理人だったのではないか。これはシリアにあるイランの施設で、イランが資金提供を行ない、北朝鮮が設計し、シリア国内で建設されるのであれば見つかることはないとイランは考えたのではないだろうか？」

興味深い仮説だが、誰が資金を提供したかはもはや重要ではなかった。喫緊の課題はブッシュ大統領がどう対処するかであった。

情報の確認がすみ、「起案グループ」の討議は対処方針の立案に重点が置かれるようになった。イスラエル側からの明確な意見はなかったものの、アメリカが軍事行動に出ることを躊躇するのであれば、イスラエルが単独で爆撃を行なうだろうとアメリカ側の多くのグループは結論づけた。これはハドリー大統領補佐官とヘイデンCIA長官がモサドのダガン長官から受けた印象であり、ブッシュ大統領もまたオルメルト首相からの情報でそう解釈していた。

ワシントンではイスラエルの軍事行動は比較的たやすいという考えが支配的だった。イスラエルは近年のレバノンにおけるヒズボラとの戦いで深手を負っていたが、シリアの原子炉は単一の目標であり、イスラエル空軍（IAF）の基地からもそう離れてはいなかった。原子炉の破壊は問題解決のやさしい部分であったが、その後に続くと思われたシリアとの戦争になるとそうはいかなかった。

アメリカの国益にかなうためには、どう行動すればよいのか？「起案グループ」は困難な立場に立たされた。

原子炉攻撃に踏み切れない理由

ブッシュは「起案グループ」に対して二つの方針を早い段階から明らかにしていた。それは、アメリカは単独では動かない、情報を最初に提供したイスラエルはアメリカと協同作戦を実施する権利を有しており、アメリカの行動はイスラエルと協調したものになるというものだった。イスラエルが行動に出ないのであれば、アメリカの国策を定める議論など最初からする必要はないとブッシュは「起案グループ」の安全保障関係者に自身の認識を伝えた。

さらにブッシュは、「起案グループ」は攻撃以外の計画案も作成しなければならないと強調した。

これらの行動案はシリアを強制することができる積極性があり、合理的で、またオルメルトが納得する強固なものでなければならない。アメリカの行動案が消極的で、現実味と説得力が欠けるものであれば、イスラエルは独自の行動に出るだろう。

シリアにおける原子炉建設は全員の懸念事項であったが、すでに現存する中東問題が「起案グループ」と主要メンバーに影響を与えた。

まずイラクにおけるシリアの役割である。イラクでアメリカ軍と戦う外国人兵は間違いなくシリア経由でイラクに入国している。アサド大統領はそれを知りながら、目をつぶっているとアメリカの情報機関は見ていた。ワシントンのタカ派の一部は、軍事力を行使することでシリアに教訓を与えるべきだと以前から公言していた。シリアの原子炉攻撃はこのような考えに合致している。

その一方、政府の一部では、ブッシュはシリアと誠意ある交渉を始めて、外交手段でアサドによる外国人兵の通行を中止させるべきだと主張した。

「アサドはできることはなんでもして、我々のイラク駐留部隊を弱体化しようとしている。このような状態に置かれた我々に対し、アサドがどのような報復措置を講じてくるかは不明だった」と「起案グループ」のあるメンバーは語った。

時期に関する問題もあった。CIAは原子炉への燃料棒の挿入は最短で二〇〇七年八月と予想した。この時期を逃して爆撃すると、放射能廃棄物がユーフラテス川に流れ出し、シリアと当時のアメリカの最優先事項であったイラクの多くの地域は放射能汚染されると予想された

さらに国際法の問題もあった。情報が確かなものとして、アメリカのすべての情報機関は大統領の

攻撃の決断を支持するだろうか?

「もし状況の推移についてすべての情報機関が高い精度を持って同意しなければ、議会の承認を得ることは難しく、また国民もイラク戦争のあとで、このような行動を支持するとは思えなかった」。

「起案グループ」のメンバーが説明する。

そして第四の問題は、アメリカは警告なしに攻撃を始めた前例がなかったことである。グループの主要メンバーであるジェームス・ジェフリーは説明する。「事前警告なしに軍事行動を実施したことはなかった。我々は常に警告を発している。タリバンとの戦いも、サダムとの戦いも、朝鮮戦争も同様だった」

前例に従うのであれば、当初は外交によって原子炉建設中止を求めなければならない。少なくともアサド大統領に警告し、アサドがアメリカ側の要求を飲まない場合のみ攻撃が許されることになる。

第五の問題は、北朝鮮との交渉に与える影響である。北朝鮮は核拡散と、ほかの「ならず者国家」が大量破壊兵器を取得することを支援していると断定されている。シリアへの支援は国際社会の理解を超えるものであると同時に、アメリカが主導する寧辺プルトニウム原子炉の解体と違法な核開発プログラムの中止を求める「六か国協議」の目的も危うくする。

二〇〇三年に開始された六か国協議は北朝鮮、中国、アメリカ、韓国、日本、そしてロシアが参加国になっていた。北朝鮮がミサイルの発射実験を繰り返したことから、道のりは平坦ではなかったが、二〇〇七年二月になって突如進展する兆しが見えてきた。

この二月に開催された第六回目の会合で、北朝鮮は非核化に向けて、六〇日にわたる段階的な期限が与えられ、北朝鮮が提案に合意すれば、経済支援の実施と送金を許可することで参加国の意見は一致した。六月に平壌は原子炉の解体と、何千本もの燃料棒の排除をアメリカ人技術者の指導と監督のもとで開始した。

シリアの原子炉問題が浮上したことで、北朝鮮は六か国協議に参加しながらも、交渉には不誠実であったことがアメリカの調査によって明らかになった。西側と協調して核兵器を廃絶するそぶりを見せながら、その裏で北朝鮮は最も破廉恥な国際犯罪の一つである核拡散を行なっていた。

非核化を受け入れると公言した北朝鮮をアメリカは再び信用することができるか？　北朝鮮が核技術を他国へ売却する意図がないとどう証明できるか？　シリアに対して行動し、同時にアメリカは北朝鮮に対価を支払わせることができるか？　原子炉を爆撃することで、北朝鮮は自国の核開発から手を引くか、それとも核開発に再び突き進むのか？　アメリカは知るよしもなかった。

「起案グループ」がまとめた三つの行動方針

最後に、その場にいる全員が口にするのもためらわれるほどの大きな問題があった。イラクである。

イラク問題には二つの論点があった。大量破壊兵器や中東の情報になるとアメリカはあまり信用がなく、のちに誤りであるかもしれない情報をもとに新たな戦いを始めるのは容易ではなかった。アメリカ国民は、完璧で揺るぎない情報がないまま、シリアに対して新たな軍事行動を起こすことに合意するはずがなかった。

実際、イラクでは戦いが継続され、ブッシュは増派を行なっている最中だった。ブッシュの新たな計画では、アメリカ軍兵力が増強されることで、イラクは自立する機会が与えられるとされた。この戦いで大統領は勝たなければならなかった。別のアラブ国家と戦争することで、イラク問題から国民の関心が移ることをホワイトハウスは何としても避けたかった。

「大統領は、世論の支持が得られない状況で、開戦に直結する地域ではいかなる軍事行動もとりたくはないと思っていた。とくに同盟国（イスラエル）が単独で行動する意思があり、また単独で行動する能力がある場合はなおさらだった」。のちにヘイデンはそう語る。

一か月半にわたり「起案グループ」は週に一度ホワイトハウスのシチュエーションルームに集まった。委員のみ入室を許されたこのミーティングは、部下にさとられないよう、スケジュールは空白にされた。部下の中には怪しむ者もいたが、秘密は守られた。

「起案グループ」は荒削りながら三つの行動方針にたどり着いた。第一は、単純に「攻撃せよ」である。第二は、自力での攻撃ではなく、イスラエルが単独で行動する際に必要とされる援助を提供するというものであった。第三は、シリアの核開発が違法だとして、原子炉の存在を国連安全保障理事会と国際原子力機関（IAEA）に提訴するというものであった。

「起案グループ」のメンバーはそれぞれの選択肢について、成功への道のり、行動時に必要となる細部にまでわたる分析、それぞれの行動を行なう段階と行動の期限の策定に没頭した。多くのメンバーにしてみれば、それは省庁の垣根を越えた協力のモデルとなるものであった。メンバーは各段階でどう行動しなければならないかを熟考し、いつ誰に情報を伝えるか、作戦のどの部分は秘密を守らなければならないのかを考えた。

問題となったのはシリアに何を伝えるかであった。もしアメリカが攻撃を行なうとして、アメリカは沈黙を守るべきか？　これはアメリカが他国を攻撃する際に前例のないことだった。それとも何か発言すべきか？　その場合、何をどう伝えるか？　そしてシリアの反論はどのようなものになるのか？

アサドは攻撃を受けたことを公表せず、また報復もしない――イスラエルはハドリー大統領補佐官に「評価された情報」を伝えた。しかし、アメリカ側は懐疑的であった。仮にアサドは単独で報復しないとしても、アサドにはイラク国境を越える傭兵や反乱勢力への援助を増やす選択肢があった。どんなに可能性が低くても、もう一つの戦争が始まり、イラクがさらに不安定になることはアメリカ政府は避けたかった。

疑念があったものの、「起案グループ」は慎重に検討し、二つの軍事行動計画を立案した。第一の行動は単純な空爆で、強力なアメリカ空軍にしてみればたやすいことであった。原子炉の位置は特定されており、付近にはシリア軍の防空システムもなかった。二機のB‐2ステルス爆撃機を発進させれば、任務の遂行は容易であった。

もう一つの選択肢は秘密作戦で、CIAと統合参謀本部が立案した。小規模チームがシリアに潜入し、原子炉に進み、爆発物を内部に仕掛ける。この作戦には成功したとしても責任を否定できるなど、魅力的な側面もあったが、成功する確率は低く、また部隊の存在が暴露する恐れもあった。

「すぐに問題が明らかになった。建物の大きさと原子炉の出力からこの建物は鉄筋コンクリートで造られており、どのような秘密作戦であっても、十分な爆発物を内部に設置するのは不可能だと思われた。爆発物を背嚢に入れて、徒歩で建物に侵入することなどできることではない」。エイブラムス大統領副補佐官は当時のことを振り返ってそう語る。

ほかにジェフリー国務副次官補から興味深い提案が出された。アメリカが国際社会にこの問題を提起し、シリアに警告を発する。すぐにIAEAの査察を受け入れないと、事前に警告していた日にアメリカは攻撃するという段階的な行動の提案である。これは空爆に向かって時を刻む、時限タイマーを備えた外交方策と言っていい。

政権内の意見の違い

「起案グループ」が打つ手を考えているあいだにも新しい情報は入ってきた。CIAは衛星写真の撮影を強化し、六月はじめにはシリアが原子炉からユーフラテス川へ向けて二本の導水管を掘っていることが明らかになった。これらの衛星写真はアマン（イスラエル軍情報機関）と共有され、原子炉である疑いはさらに深まった。一つの導水管は川から炉心を冷却するための水を取り入れるもの、もう一つは使用済みの温水を川へ放出するものと思われた。

原子炉には通常、棒状の大型コンクリート製建造物である大型の冷却塔が付属し、大気中に熱を放出する。冷却塔ではなく、導水管を掘削していることからこの施設は人目を忍んで建設されていることが明らかになった。

CIAは、原子力科学者チョン・チブのような北朝鮮の核開発に関わっている人物も監視するようになった。彼らの渡航だけでなく、頻繁に輸送される民間向けとされる物資の輸送も監視した。これらの物資は原子炉に必要とされる追加の部品であると思われた。

前述のジェフリー国務副次官補の計画によれば、もしシリアがＩＡＥＡ査察官の立ち入りを拒否すれば、アメリカはユーフラテス川沿いにあるポンプ施設など核関連施設の一部を爆撃し、短期間ではあるが使用を阻止する。このような攻撃では原子炉本体は破壊されないが、稼働は不可能になる。この計画の狙いは、原子炉をそのままにすることで、国際社会が原子炉を目にし、シリアの行動を確認できるようにすることであった。もし国際社会の要請に応じなければ、シリアはアメリカから厳しい制裁を受けて弱体化される。必要とあれば全面的な軍事攻撃が実施される。

ところがイスラエルは、ポンプ場の爆撃は秘匿していた宝物があばかれたことをアサドに知らせてしまうと、ヘイデンＣＩＡ長官と「起案グループ」に訴えた。数時間以内に幼児らが原子力施設に送り込まれ、たとえ安全保障理事会の決議があろうとも、民間人が犠牲になる恐れがあるとして、軍事行動をとる選択肢はなくなる。

この警告を受けて、チェイニー副大統領、ゲーツ国防長官、ライス国務長官、ハドリー大統領補佐官、ヘイデンＣＩＡ長官からなる閣僚は外交政策と軍事行動の選択肢について意見がまとまらなくなった。オーヴァル・オフィスから数メートル離れたハドリーの西棟オフィスの会議室で五人はミーティングを定期的に開いた。昼食を食べながら、あるいはサルサをのせたチップスをつまみながら、それぞれが提案する選択肢を検討し、懸念事項を述べた。

事案発生の当初からチェイニー副大統領はアメリカによる軍事行動が必要と感じていた。チェイニーは先制攻撃の強力な支持者で、大統領に攻撃を許可するよう強く進言していた。チェイニーは対シリアの軍事行動は、核武装しようとしているイランに確固たるメッセージを送ると主張した。シリアを攻撃することで、シリアとその同盟国であるイランのつながりを断つことができるかもしれず、またヒズボラを孤立させ、中東の情勢は劇的に改善するとチェイニーは持論を展開した。

アメリカの軍事行動に反対していたゲーツ国防長官とライス国務長官は同意しなかった。もしシリアがイラクに駐留するアメリカ軍に報復すれば、中東において広範囲の戦争を誘発する。仮に確認されたものであったとしてもイスラエルから提供された情報だけで新たな紛争に加わることは疑問を抱かざるを得ないと二人は述べた。

ライスは個人的にイスラエルの軍事能力を疑っていた。二〇〇六年のレバノン侵攻は八か月前に終わったばかりで、イスラエル国防軍（ＩＤＦ）の能力によい印象を持っていなかった。目標が防空システムなしの単一建造物であり、イスラエルの攻撃機の作戦行動範囲内であったとしても、任務を遂行できないのではないかと危惧していた。

チェイニーにしてみれば、馬鹿げた話であった。チェイニーは政治人生でＩＤＦと協同して数多くの任務を実施した経験があり、常にその能力に感銘を受けてきた。のちに「結果がすべてを物語る」と述べ、イスラエルの爆撃は核施設の敷地内にクレーターを残すだろうと語った。

ライス長官の反イスラエル感情

ライスはオルメルト首相との困難に満ちた関係から、「しこり」が残っているようだった。ライス

コンドリーザ・ライス国務長官。オルメルトとIDFを信用していなかったライスはシリア原子炉問題よりもパレスチナ和平を優先しようとした。

は胸の奥に秘めた一つの出来事が忘れられなかった。二〇〇六年のレバノン侵攻が激しさを増した七月三〇日、前夜イスラエル空軍が投下した不発弾がレバノン南部のカナ村の建物内で爆発し、子供を含んだ数十人が死亡した。

ライスはイスラエルとレバノンの停戦合意の締結に向けて両国を行き来していた。爆発はアミール・ペレツ国防大臣との会談の直前に発生したが、ペレツからそれについて言及はなかった。爆発を知ったのは、ミーティングを遮って、補佐官から見せられたベイルート駐在のアメリカ大使からのメールであった。ペレツを問いただすと、会談前からこの爆発を知っていたと明かした。

ペレツがすでにその事実を知っていたことがライスの怒りの火に油を注いだ。ライスは爆発があったにもかかわらず、平然とペレツと会談したとマスコミに公表されるはめになったからである。ペレツとの会談が終わると、ライスはホテルに帰ってテレビをつけ、瓦礫の下から引きずり出される遺体の生中継を見た。

ライスがレバノン首相のファード・シニオラに電話すると、その日の午後に予定されていたベイルートへの訪問は来るには及ばないと告げられた。この出来事が世界に伝えたものは、（少なくともライスが見る限り）アメリカにはもはや紛争を仲介する強さはないということだった。激怒したライスはオルメルトに緊急の会談を求め、首相は一時間以内に公邸で会うことに同意した。ライスはその場で、対レバノンの爆撃を人道的見地から四八時間停止するよう圧力をかけた。

「もうこれで終わりにしましょう。もはやあなたには会議のテーブルにつく資格はなく、アメリカの信頼があなたとともに地に落ちることもありません」[7]。ライスはオルメルトに告げた。

「起案グループ」の何人かの目には、シリアの原子炉問題を利用してライスはイスラエルに仕返ししようとしているように映った。アメリカがアメリカが攻撃して原子炉を破壊した場合、イスラエルはアメリカから特別な軍事・外交支援を受けていることになってしまう。その一方で、外交ルートに重点を移して国連に情報を提供し、原子炉攻撃を控えることによって、イスラエルの立場は弱くなり、またアメリカの国連活動の結果にイスラエルを拘束することができるようになる。

「長官、あなたは間違っています」

国務省参事のエリオット・コーエンは、ライス長官のイスラエル、とくにオルメルト首相に対する敵愾心に気がついていた。シリアの原子炉が発見されてから数週間後にコーエンはイスラエルに渡り、イスラエル側の感触、とくにオルメルトが何を考えているかを探ろうとした。アメリカの高級外交官がイスラエルとの交渉に臨む際には、アメリカ大使が同席するのが一般的である。しかし、このシリア原子炉に関してアメリカ大使は情報を目にしていなかった。大使が同席すれば、コーエンはイスラエル側と情報を交換できない。

そこでコーエンは巧妙な手段を考えた。オルメルト首相との公式会談が終わると、コーエンは大使に一〇分間だけ古い友人と二人で過ごす時間を与えて欲しいと頼んだ。イスラエル国防軍（ＩＤＦ）参謀総長のガビ・アシュケナジ中将との会談終了後にも同じことを伝えた。

コーエンが知りたかったのは、イスラエルは原子炉をどこまで脅威としてとらえているか、そして全面戦争の危険性があろうとも、攻撃を辞さないのかということであった。

ライス国務長官は、イスラエルは攻撃の事後処理をするとは思えないとコーエンに伝えていた。レバノン侵攻の失敗からイスラエルが地域紛争勃発の危険を冒してまで、攻撃を行なうとは思えず、新たな紛争はヒズボラですら避けたいであろう。

アシュケナジ参謀総長との会合で、単刀直入にＩＤＦは新たな紛争に向けて準備ができているか尋ねた。流暢なヘブライ語を話すコーエンは母国語で質問した。

「我々は危険性を熟知しています。そして我々の即応性は高いレベルに維持されています」

アシュケナジ参謀総長との意見交換を終えたコーエンは、もしアメリカが攻撃を実施しなければ、オルメルトは確実に自分たちで行動に出るだろうと確信した。ワシントンに戻ると、直ちにライス長官とミーティングを行なった。

「ボス、イスラエルの軍事史を簡単にご説明しましょう。ＩＤＦの歴史は絶え間ない失敗の連続です。しかし教訓はすぐに活かされます」

コーエンは続けた。一九二九年のヘブロン事件後、建国前の準軍事組織ハガナーは増強され、一九五〇年代にパレスチナ・テロの報復に失敗するとエリート部隊の第１０１部隊が創設された。このような話はまだある。

「二〇〇六年のレバノン侵攻の失敗からIDFは素早く立ち直るとお考えください。総合的に見て、イスラエル空軍（IAF）は二〇〇六年に目覚ましい活躍をしました。IAFは長距離ミサイルを撃破しています。まさかと思うでしょうが、私はIAFがうまく作戦を遂行できると思っています。失礼を承知で申し上げますが、もしオルメルト首相が政治的決断に欠けて、引き金を引かないと思っているのであれば、長官、あなたは間違っています」。コーエンはライスに告げた。

しかし、ライスは強固だった。アルキバール原子炉問題の討議が行なわれている最中も、ライスは一一月に開かれるアナポリス会談に先立ってイスラエルとパレスチナの和平交渉を再開させようとしていた。もし国連に通報すれば、イスラエルはシリアの武装を解除するためにアメリカの外交ルートを頼らなければならなくなる。原子炉を空爆することは正反対の結果を生むことになる。

さらにライスにとって、予定されていた和平会議にシリアが参加することは重要であった。爆撃すればシリアは会議の席から遠ざかるだろう。

チェイニー副大統領にすればこれも馬鹿げた話であった。イスラエル・パレスチナ紛争を解決しようとする試みは、ある種の「病気」で、すべての国務長官が感染している。「歴代の国務長官は自分で問題を解決できると考えている」とチェイニーは公言してはばからなかった。今回も同じ結果になるとチェイニーは予言した。

エイブラムス大統領副補佐官もライスの考えに反対だった。和平合意に必要とされる譲歩をイスラエルに求めるのなら、イスラエルの安全が保証されなければならない。イランとシリアの二つの核開発プログラムがイスラエルの安全を大きく脅かし、またレバノン侵攻でイスラエルは弱体化したと受け取られている。これでは和平合意の話どころではない。

ゲーツ国防長官は、攻撃反対の点でライスと同意見だが、問題解決のアプローチは異なり、中東でのもう一つの戦争に巻き込まれたくはないというものだった。「すべての大統領は任期中にイスラム教国家へ先制攻撃し、いまの政権もすでに実施している。アメリカが原子炉の攻撃をしてはならない」とゲーツはエデルマン国防次官に語った。

チェイニーの進言

六月一四日、週ごとに行なわれるブッシュ大統領との個別昼食会で、チェイニーはシリアの原子炉問題を取り上げた。チェイニーは「（核拡散は）わが国に対する最大の脅威である」[8]と大統領に伝えた。

チェイニーは近年の歴史を詳細に振り返った。イラクのフセインは権力の座を追われ、リビアのカダフィは核開発プログラムを廃絶して潔白になった。パキスタンのごろつき科学者カーンによる核のブラックマーケットも解体された。しかし、まだイランと北朝鮮が残っている。この二か国は不法な核開発に邁進している。当時、イランは二〇〇七年末までに三〇〇〇基の遠心分離機を保有すると見られていた。

チェイニーは、対シリア軍事行動の必要性をブッシュ大統領に強く主張した。アメリカが抑止力を回復し、アメリカは本気で交渉していると北朝鮮に知らせる必要がある。チェイニーは日本海軍の真珠湾奇襲を予想できなかった一九四一年のアメリカの失策を振り返った。真珠湾攻撃は予想できなかったものの、その数か月後にチェスター・ニミッツ太平洋艦隊司令長官は、日本海軍がミッドウェー島に向かい、再びアメリカを攻撃しようとしているとの情報を受け取った。当時、米海軍に行動可能な空母は三隻しかなかったが、ニミッツは日本艦隊を捕捉するため、この三隻すべてを投入する決断をした。空母は戦闘に間に合い、日本艦隊の空母四隻を撃沈し、ミッドウェー島を守り抜いた。そしてこの勝利からアメリカの反攻が始まった。

チェイニーはさらに続ける。「教訓は単純です。もしニミッツ大将がパールハーバーでの情報戦の失敗に懲りて、情報機関の警告を無視したら、太平洋戦線の結果は異なっていたかもしれません。我々も同じ間違いをしないか危惧しています[9]」

チェイニーは政権内に強い反対意見があることは承知していたが、昼食の終わりまでに、自身の発言がブッシュの心に届いたことを確信した。「シリアに関する情報は確かなものです」。チェイニーは断言した。アメリカが主導する対シリア原子炉攻撃は「このような脅威に対する、より効果的で積極的な戦略です[10]」。チェイニーは話を締めくくった。

ブッシュは耳を傾けたものの、結論を出すことは避けた。ブッシュは、もっと時間が必要で、決断する前には安全保障チームのほかのメンバーからも話を聞きたいとチェイニーに返事した。

核兵器開発の兆候はない

六月一七日午後六時五〇分、閣僚と「起案グループ」による長時間の討議が始まった、場所はレジデンスの二階にあるイエロー・オーヴァル・ルームだった。この会合は大統領の公式スケジュールには記載されなかった。オルメルト首相の訪米はその週末に予定され、ブッシュはイスラエルの指導者がこの問題について話し合いを求めてくることも承知していた。まずブッシュは最新情報を求めた。

チェイニー副大統領、ライス国務長官、ゲーツ国防長官、ヘイデンCIA長官、ハドリー大統領補佐官、エイブラムス大統領副補佐官、ジェフリー国務副次官補、エデルマン国防次官の全員が出席し、統合参謀本部議長のピーター・ペース海兵隊大将も議論に加わった。大統領は会合の進行をハドリーに任せ、ハドリーはヘイデンに直近の情報の再確認を求めた。

ヘイデンはモサドのダガン長官が数か月前にアメリカに持参したものと、CIAが発見した情報を詳細にわたって説明した。ヘイデンは「重要な四つの所見を申し上げます。一つ目はこれは原子炉です。二つ目はシリアは北朝鮮と約一〇年にわたり、核に関する情報を交換していました。三つ目は北朝鮮がこの原子炉を建設しました。四つ目はこの原子炉は核兵器開発のためのものです。これは間違いなく原子炉です。自信があります。ほかの何物でもありません。言葉どおりに受け取ってください」[11]

しかし、一つ大きな問題があり、核兵器開発のための施設が見つからないとヘイデンは言った。再処理工場もなければ、核兵器や核弾頭の組み立てを行なう核兵器チームの存在も確認できない。「兵器化する様子が見られません。したがって、この件に関してはあまり自信がありません」。ヘイデンは結論を口にした。

ヘイデンが「自信がない」と発言したことから、結論は待つまでもなかった。イラク戦争の発端となった情報分析の失敗は、この部屋にいる誰もがギロチンのように恐ろしいものだった。「自信なし」と最終評価された情報にもとづいて開戦を許可したら「民衆」に吊るし上げられるだろう。とくにブッシュ大統領はおびえた。「自信なし」の情報が漏れたら、いや必ず漏れるだろう。完全な情報がないにもかかわらず、爆撃を行なったら、政権が再び非難されるのは間違いない。

二つの選択肢

「起案グループ」によって準備された二つの選択肢が全員に提示された。軍事行動は単純明快で、アメリカ空軍は簡単に任務を遂行できる。コインの裏側は外交政策で、三つの主要な段階からなっていた。

まずアメリカは国際原子力機関（ＩＡＥＡ）に情報を伝え、有罪の証拠を公表することで議論を活発化させる。次に査察官が立ち入り検査してＩＡＥＡが結果を公表し、原子炉建設の中止を求める。だが、シリアは査察官を受け入れるだろうか。もしシリアが査察を拒否したら、アメリカは安全保障理事会に問題を提起し、行動の実施を求める。もし安保理で行動が否決されたり、安保理の決議が消極的なものだったら、原子炉がまだ熱を持たず、また幼稚園らしきものが完成していなければ、アメリカには軍事行動を実施する選択肢が残されている。

ブッシュ大統領はゲーツ国防長官の顔を見た。ゲーツには考えがあった。彼の意見は中東で行なわれている二つの激戦の影響を強く受けていた。兵力の展開は行き過ぎたものになっており、多くの国々は、アメリカは軍事力をたやすく行使すると見ていると意見を口にした。

ロバート・ゲーツ国防長官。シリア原子炉問題の解決にあたり、アメリカが外交的な主導権を握るべきだと主張した。

「アメリカに対して敵対行動をとっている具体的な証拠がない限り、アメリカは国家に対して奇襲を仕かけた前例はありません。我々が真珠湾攻撃をすることはないでしょう[12]」

さらに、イスラエルが言う「軍事的脅威」も疑わしいと発言した。第三者による情報をもとに軍事行動に出たとわかれば、対シリア作戦は国民に支持されない。イスラエルは二〇〇六年のレバノン侵攻で失った抑止力を取り戻すため、新たな紛争を起こそうとしていると国際社会は受け取るだろう。ゲーツはそう警告した。

原子炉の建設を中止させることには同意するが、爆撃でシリア問題を解決できると考えるべきではないとゲーツは述べた。ゲーツは外交手段を好んでいた。「我々が軍事力行使の準備ができていることを疑う国はないでしょう。軍事力は最後の手段です。最初のステップではありません[13]」。ゲーツは大統領に訴えた。

ハドリー大統領補佐官も同じ意見だった。シリアは数多くのトラブルをもたらしている。二〇〇五年にレバノン元首相ラフィク・ハリリが暗殺された後、アメリカとフランスは協同してレバノンからシリア軍の撤退を求めたが、今度もアメリカはアサド大統領に対して、更正の機会を与えるべきだとハドリーは主張した。

そしてアメリカは、すでに国連とともに、シリアを是正するべく行動に出ているとブッシュに伝えた。ハドリーはノルウェー出身のテリエ・ロード・ラーセン国連中東局長と頻繁に会って、いかにしてアサドに圧力をかけるか戦略を練っていた。ラーセン局長によれば、アサド大統領は要請事項に合意するものの数日後に突然、気が変わってしまうという。今回も同じような結末になりかねない。

そしてハドリーは、もしシリアを攻撃するのなら、それはイスラエルではなくアメリカが行なうべきだと持論を述べた。もしイスラエルが攻撃したら、シリア原子炉はイスラエルだけの問題となり、国際社会の問題ではなくなる。しかし、イスラエルは、イランとイランの核開発に対する国際社会の取り組みと同じように、シリア問題も国際社会が真剣に取り組むべき課題と考えている。

まず外交があり、その後に必要に応じて、軍事行動をとるというアメリカの計画はイスラエルの国益にかなっている。もしアメリカが攻撃すれば、シリアの反応はすぐにはイスラエルに向かわない。

「我々は上手に事を運ぶことができます。報復の危険は軽減され、イスラエルが外交面で孤立することも防げます」。ハドリーはそう発言した。

ハドリーの発言を聞いて、チェイニー副大統領は発言の糸口をつかんだ。数日前の個別昼食会でブッシュに伝えたことを繰り返し、アメリカの軍事行動が必要になると持論を述べた。また六か月前の北朝鮮による核実験を受けて出されたブッシュの方針を持ち出して、政策立案者の記憶を新たなものにした。

「外交に内容と意味を与えるのはとても重要で、原子炉攻撃は典型的な例といえます。中東と世界の安全が確保されるだけでなく、我々がどれだけ核兵器の非拡散に真剣に取り組んでいるかを行動で示すことができます。サダム・フセインを拘束した数日後にカダフィは放射能物質を我々に引き渡すと約束し、事実、実行されました。我々は遠心分離機とウラン燃料を受け取り、核兵器の設計図はアメリカが保管しています。これは我々がサダムに対して実力を行使した成果です」。チェイニーは原子炉攻撃が中東におけるアメリカの信頼性を高めると熱弁をふるった。

さらにチェイニーは続けた。シリアの原子炉に対する軍事力行使はほかの不正行為だけでなく、北朝鮮、イラン、そのほか不法な核ビジネスに手を染めようとする国家や集団に対しての圧力となる。原子炉や核技術を拡散させるのであれば、アメリカの攻撃を覚悟しなければならない。

十分に意見を聞いたブッシュは、「もう少し時間をくれ」と閣僚たちに伝えた。今週末にオルメルト首相はワシントンに到着するが、このような重要な決断を下すには、まだ準備が整っていなかった。イスラエルの意見に参考になるものがないか、古くからの友人で、ブッシュが「相棒」と呼ぶ、オルメルト首相にブッシュは会う必要があった。

第4章　「原子炉攻撃」再び

「目標はどこだ？」

一九八〇年一月、飛行隊長のゼヴ・ラズ中佐は、数日前にユタ州のヒル空軍基地での統合飛行訓練を終えて帰国したアモス・ヤドリン少佐を呼び出した。

ラマト・ダヴィド空軍基地は絵画のように美しいエズレル平野にあり、爆音を響かせて離陸する戦闘機がなければ、風光明媚なトスカーナ地方の牧草地のようだった。

イスラエル空軍（ＩＡＦ）第１１７飛行隊副隊長のヤドリン少佐は飛行隊隊長室へ入っていった。ふさふさとした茶色の髪をしたヤドリンは背が高く、引き締まった体格をしていた。

ヤドリンは一九五一年生まれで、ネゲヴの小さなキブツ（農業共同体）のハツェリムで育った。一五歳の時、隣接地に空軍基地が開設され、ヤドリンは一日中、飽きもせず離着陸する航空機を眺めて過ごした。

ヤドリンの父親はクネセト（国会）議員で、文部大臣も務めたアハロン・ヤドリンで、祖父は第一期のクネセト議員を務めたダヴィッド・ハコーヘンであった。叔父の一人は有名なウジ・ナルキス将軍で、一九六七年の六日戦争（第三次中東戦争）でイスラエル軍を指揮して、エルサレムの旧市街と神殿の丘を解放している。

ラズ中佐はヤドリン少佐の帰国を喜んだが、すぐに命令を与えた。「遠隔地に目標がある長距離任務の準備をするよう命じられた。パイロットの準備を頼む」

ヤドリン少佐の任務は、F‐16パイロットの養成であった。しかしラズ中佐の命令は通常の任務と違っていた。イスラエルの敵は近くにあり、たとえばシリアの首都ダマスカスはラマト・ダヴィド空軍基地から七〇マイルしか離れていない。しかし、今回の任務は、その一〇倍の約七〇〇マイルを飛行する必要があるという。ヤドリンは地図を広げたが、目標が何か見当がつかなかった。一年前にイスラエルはエジプトと和平協定を結んだので、目標がエジプト国内にあるはずはない。北へ七〇〇マイル進むと、そこはトルコだった。トルコはシリアの先にある。最も疑わしいのはイラクであったが、なぜパイロットはイラクに行かなければならないのだろう？

一九七九年、イランがイスラム革命に飲み込まれ、パーレビ国王が退位し、亡命先から帰国したホメイニ師が最高指導者の座についた。イランはアメリカから七五機のF‐16を購入する予定だったが、革命を受けて、ジェネラル・ダイナミクス社は新たなF‐16の売却先を見つけなければならなくなった。アメリカ国防総省は超音速多用途戦闘機の導入を検討しているイスラエルに調達を働きかけた。本来であれば、F‐16を保有する見込みすらなかったため、イスラエル空軍は大いに喜んだ。当時イスラエルが保有する戦闘機の中でF‐16は傑出した航続距離を誇っていた。

ヤドリンはただちに作業にかかった。現時点で目標はわからないが、追加の指示が来れば何かヒントが得られるだろう。

F‐16は戦闘機パイロットの夢であるドッグファイト（格闘戦）を想定して設計されているが、IAF司令官のダヴィッド・イヴリー少将は、対地爆撃任務の訓練にあたらせるようラズ中佐に指示した。

「遠く離れた場所で爆撃任務だって？　目標はどこなんだ？」。ヤドリンたちはひそひそ声で話した。

のちに明らかになるが、それはイスラエルだけでなく、アメリカも、また世界の誰もが経験したことのない任務であった。

さまざまな障害

任務を遂行するためには、いくつかの障害を乗り越える必要があった。最初の問題は技術的なもので、五〇〇マイルしか後続距離がないF‐16をどうやって七〇〇マイルまで飛行させるかであった。当時イスラエルは空中給油機を保有しておらず、必然的にF‐16に必要な燃料を搭載しなければならなかった。

第二の問題はパイロットの身体的なものであった。この時、IAFのパイロットは一時間、長くても九〇分の飛行しか経験したことがなかった。七〇〇マイルを飛行するには、パイロットは約四時間連続して操縦する必要がある。長時間飛行に耐えられるよう備えて、パイロットはスタミナと持久力をたくわえ、ストレスに耐えることのできる心身を作らなければならない。もっと単純な問題もあった。飛行中にトイレに行きたくなったら、どうしたらいいのか？　一時間と四時間我慢するのではまったく話が違う。

第三の問題は、南北二〇〇マイル、東西数十マイルしかない国土のどこで訓練するかということであった。当然、地中海上空で訓練することになった。

最後の問題は、どうやって発見されずに、イスラエルから七〇〇マイルも飛行するかということだった。パイロットは敵国の上空を飛行し、敵国は領空侵犯の警報を発令し、撃墜しようとするだろう。極限まで燃料が必要となる飛行で、敵機を振り払うためにアフターバーナーを使用すれば、それはパイロットが帰還できるか、捕虜になるかの境目となる。

最初に取り組んだことは、必要とされる距離をF‐16が飛行できるようにするための改修作業であった。ヤドリンたちはIAFの技術部門と密接に協同し、技術者は機体表面をなめらかにして抵抗を最小限に抑えた。さらにイスラエルでは初めての使用となる増槽型燃料タンクを取り付けた。パイロットの訓練も始まり、地対空ミサイルを回避する新たな方法も学んだ。

ヨム・キプール戦争のトラウマ

しかし、ヤドリンたちは七年前のヨム・キプール戦争（第四次中東戦争）がいまだにトラウマになっていた。この戦いで二〇〇〇人以上のイスラエル兵が戦死し、一〇〇機以上の航空機が撃墜され、数えられないほどの戦車と装甲兵員輸送車が破壊された。とくにソ連製地対空ミサイル（ＳＡＭ）は大きな脅威で、ＩＡＦは航空機の三分の一と、五三人のパイロットを失い、捕らえられたパイロットは四四人にのぼった。

ヨム・キプール戦争の初日、ヤドリンはハツェリム空軍基地のサイレンで叩き起こされた。ヤドリンはスエズ運河の上空をＡ‐４スカイホークで飛行し、七発の五〇〇ポンド爆弾をエジプト軍に投下した。その日の夕方までにヤドリンは戦争とは何かを実感した。実戦は若いパイロットがこれまで学んできたこととは大きく異なっていた。適切な情報もないまま前線に送られ、目標を確認する航空写真もなかった。地上わずか一〇〇フィート（約三〇メートル）を飛行して敵のレーダーとＳＡＭを回避した。まさに死と隣り合わせの戦闘だった。

スエズ運河の西岸にあるエジプトの街イスマイリア上空を飛行中にミサイル攻撃を受け、危うく撃墜されるところだったが、機体のコントロールを失うことなく、なんとかイスラエルに帰投した。数日後、コックピットに戻ったヤドリンを待ち受けていたのも地対空ミサイルだった。このミサイルは永遠に続くと思えるほど長い時間、ヤドリンの機体を追跡し、後方わずか一〇ヤード（約九メートル）で爆発した。

一八日間に二五回の戦闘任務に参加したヤドリンは、戦争がどういうもので、生存をかけて国家が戦うことがどういうことかを身をもって理解した。ヤドリンの飛行隊では一七機が失われ、七人のパイロットが戦死し、五人が捕虜（ＰＯＷ）となった。血みどろの「戦線崩壊」を経験して、ヤドリンは強く生まれ変わった。

戦死した戦友の冥福を祈ると同時に、ヤドリンは国家レベルで軍が戦争準備を怠っていたことに失望した。その一方で、生き残って上官の期待に応えた一兵士としての自信は保った。多くの犠牲を出しながらも、IDFはカイロから六〇マイル（九七キロ）の地点まで進軍し、ダマスカスに対しても砲撃できる位置まで肉迫した。

ヤドリンは脆弱性を学び、その反面、強さについても学んだ。弱さがどれだけみじめであるか、また窮地からの脱出がどれだけ困難であるかを痛感した。自らを奮いたたせ、終戦の数週間後、軍務延長を申し出た。ヤドリンは生涯をIDFの立て直しに費やし、またイスラエルの国力、誇り、抑止力を取り戻すことを一生の仕事にすると決めた。

直前に延期されたイラク原子炉攻撃

一九八一年一月までに飛行隊は準備を整えた。ヤドリン少佐はいまだに目標が何であるか知らなかったが、何であろうとも準備はできていた。同僚のパイロットたちも十分に訓練されていた。

数週間後、ラズ中佐が部下を召集した。

「諸君たちが、目標が何であるか知りたいのはよく承知している。五月一〇日、我々はエツィオン空軍基地を飛び立ち、イラク・バグダッドの南にある原子力施設まで飛行し、オシラク原子炉を爆撃する」(1)。ラズは告げた。

パイロットは沈黙していた。任務は困難なものになるだろう。それまで誰も攻撃目標は原子炉で、それが残酷なイラクの指導者サダム・フセインの手によって建設されていることなど想像していなかった。当時、ＩＡＦではソ連のＴｕ‐22超音速爆撃機の飛来が予想されていたハバニヤ飛行場が目標になるのではと噂されていた。

イラクは一九六〇年代に核開発を開始したものの、肝心の原子炉は一九七〇年代半ばにフランスが売却を同意したオシラクと呼ばれる四〇メガワットの軽水原子炉が導入されるまで存在しなかった。イラクは研究が目的としたが、イスラエルは信じなかった。モサドはイラクの核プロジェクトを注意深く監視し、フセインは核爆弾を製造しようとしていると確信した。

ラズ中佐は任務計画を説明し、一月にイランが爆撃を試みたことで、さらに強化された原子炉付近の防空システムについて説明した。困難な作戦になるだろうが、ラズとヤドリンは、パイロットたちが任務を遂行してくれると信じた。

五月、パイロットはラマト・ダヴィド空軍基地からシナイ半島のエツィオン空軍基地に移動した。イスラエルはエジプトと和平協定を締結したものの、シナイ半島はもう一年イスラエルの支配下に残ることになっていた。そのエツィオン基地にイヴリー空軍司令官が来訪したことでパイロットたちは驚いた。さらにラフル・エイタン参謀総長も同行していた。

エイタン参謀総長は、数日前に戦闘機パイロットの息子ヨーラムを訓練事故で亡くし、シヴァ（ユダヤ教の七日間の喪）も明けていなかったが、パイロットを見送るため基地にやって来た。計画では少なくとも二人のパイロットが帰還できないと予想された。

パイロットが任務に向けて最後の準備をしているあいだ、エルサレムでは政治面で綻びが生じ、メナヘム・ベギン首相は任務実施を延期した。軍事作戦が対立政党党首のシモン・ペレスに漏れ、ベギン首相のもとを訪れたペレスは、同日に行なわれていたフランスの選挙が終わるまで作戦を延期するよう迫ったからだ。フランソワ・ミッテランが当選すれば、イラクの原子炉に対する技術面と補給面の支援は終了するとペレスは主張した。ただ待つだけでイスラエルは武力を行使しなくてすむ。

ベギン首相はがっくりと肩を落とした。情報が漏洩した以上、攻撃は延期しなければならない。このままではオシラク原子炉は現代のナチス殺人収容所になる。ヒトラーが始めた計画をサダムが完成させる前に、オシラクは破壊されなければならない。

ベギン首相の決断

ベギンは一九七七年に保守派リクード（団結）党の党首として首相に選出され、イスラエルは約三〇年にわたる改革派政党の支配に幕を下ろした。新しい時代の幕開けであり、ベギン政権は労働者が主導したかつての政権とは大きく異なる方針を打ち出した。ベギンは入植事業の信奉者であり、イスラエルの経済を社会主義から市場経済へ移行させた。

リトアニアで生まれたベギンはシオニズムに興味を持ち、幼い頃からユダヤ独立国家の夢を見ていた。リトアニアで目にした反シオニズムは長く記憶に残った。一九三〇年に修正主義を唱えたロシア人作家ゼエヴ・ジャボチンスキーとの出会いがベギンを変えた。背が低く色白であったにもかかわらず、ベギンは生まれ持っての戦士であった。

ジャボチンスキーの修正主義によれば、イスラエルは妥協することなくかつてのイスラエルの国土を回復しなければならない。この主張は、国連が提案しているパレスチナ分割決議を受け入れて、細長い国土にユダヤ人国家を創設するよう主張するイスラエルの初代首相ダヴィッド・ベングリオンの方針とも相容れなかった。

第二次世界大戦が勃発すると、ベギンは自由ポーランド軍に身を投じ、パレスチナに送られた。その一方で、ベギンの父は一年後に五〇〇人のユダヤ人とともに故郷で拘束され、近くの川で溺死した。数週間後に母は入院先を追い出され、殺害された。

一九四三年に三〇歳になったベギンは、ハガナー（イスラエル国防軍の基礎となったユダヤ人軍事組織）から離脱したシオニスト準軍事地下組織「エツェル」の指導者となったが、エツェルは崩壊寸前だった。兵士の数は少なく、武器はさらに少なかった。組織を立て直すと、ベギンは破壊工作に打って出た。破壊工作のうち最も有名なのは、一九四六年のキング・デイヴィッド・ホテル爆破事件で、九一人が命を落とした。

ベギンは、イスラエル建国のためにはイギリスの撤退が必要という単純な方程式でこの恐ろしい作戦を実行した。ベギンにしてみれば、徹底的な破壊工作も道理にかなうものであった。

ホロコーストはベギンの政治人生に大きな影を落とした。一九七八年、ベギンがキャンプ・デイヴィッドの合意に応じた根本的な理由と、エジプトとの和平条約締結の引き換えにシナイ半島から撤兵する決断もホロコーストの影響といわれている。

ベギン首相はオシラク原子炉に関する閣僚会議でたびたび第二次世界大戦を引き合いにして「生涯に二度ホロコーストを経験した男」にはなりたくないと決意を表明した。(2)

ミッテランが大統領に就任しても何も変わらなかった。フランスはイラクに原子炉を完成させようと支援を続けた。ベギンはわかっていた。イスラエルが行動に出るのなら早い方がいい。

一週間後、ベギン首相は最も信頼できる二人の閣僚と会合を持ち、攻撃を再許可すると、エイタン参謀総長とイヴリー空軍司令官を呼び、攻撃が実施されることになったと伝えた。

新たな攻撃開始日は、IDFがエルサレムの旧市街と嘆きの壁を解放した日の一四周年の記念日である六月七日とした。「再びイスラエルは、ベールに包まれているが実在する脅威を回避できる」。ベギンはそう考えた。

攻撃の実施は、核施設から人影が消えると予想された日曜日で、攻撃時間は夕刻とされた。必要とあれば、撃墜されたパイロットを救出するだけの長い夜がある。

イラク原子炉攻撃

飛行隊副隊長のヤドリンは八機編隊の二番機に搭乗した。F‐16戦闘機はイラク領空に侵入するとレーダー探知を避けるため超低空を飛行するよう命じられていた。F‐16は地上数百フィートを飛行し、僚機とは約二〇〇〇フィート（約六〇〇メートル）の間隔が保たれた。

目標のオシラクに近づくとユーフラテス川が見えてきた。その悠久な流れはどこまでも続き、イスラエルにはこのような大河がないことをヤドリンはあらためて気づいた。国籍マークを消して低空を飛行するF‐16に向かって地上のイラク兵が熱狂的に手を振っているのが視界の隅に見えた。

オシラク原子炉の手前で高度を上げ、その後、急降下して二発のMk84爆弾を投下した。残りのパイロットもヤドリンに続いた。史上初めて国家が他国の原子炉を空から破壊した。イスラエルが再び現代戦の姿を変えた。

オシラク原子炉爆撃後、ヤドリンは国民的英雄となった。ＩＡＦでの昇進も早く、二〇〇〇年、空軍副司令官になった。飛行時間は四〇〇〇時間を超え、二五五回の戦闘任務に従事した。

二〇〇四年、少将に昇進したヤドリンはワシントンに赴任し、イスラエルの最も親密な同盟国の駐在武官となった。二〇〇六年、ＩＤＦ参謀総長に任命されたかつての空軍司令官ダン・ハルツに請わ

1981年6月7日、イスラエル空軍機はイラクのオシラク原子炉とそれを囲む核研究センターを爆撃し、フセインの核保有を阻止した。下は離陸数分前に撮影されたF-16戦闘機パイロット全員の写真。前列左が飛行隊副隊長のヤドリン（のちアマン長官）。

れてアマン（国防軍情報機関）長官となった。

アマン長官はイスラエルで最も重要なポストの一つであり、その能力が試される役職でもある。アマン長官の多くは任期途中で、スキャンダルや作戦ミスが原因で解任された。奇襲を許した一九七三年のヨム・キプール戦争や一九八二年のサブラー・シャティーラ事件の余波で、当時の長官は辞任した。これが情報戦の本来の姿とも言えるが、客観的とは言いがたい。作戦失敗の責任を他人に転嫁するのは簡単で、軍司令官や政治家は保身のため、情報が間違っていたと情報機関を責め立てた。またアマン長官が抱える責任が膨大であることも状況を複雑にした。

ヤドリンが長官となった二〇〇六年当時、アマンはイラン、イラク、シリアなどの戦略的脅威に関心が向き、地上軍に対する潜在的な目標リストにあまり力を入れていなかった。目標リストの軽視は二〇〇六年のレンバノン侵攻で表面化し、更新されていないレバノンの地図を手にした兵士は敵味方境界線を越えて、ヒズボラが支配する村に入ってしまった。レバノン侵攻が終了すると、ヤドリンはさまざまな改革に着手し、作戦局と地上部隊が容易にアマンと連絡がとれ、情報を入手できるよう改善した。


「ベギン・ドクトリン」

一九八一年にオシラク原子炉へ向かう途中で目撃したユーフラテス川を、二五年後にシリアで目にするとは思ってもいなかった――ヤドリンはシリア原子炉を地図で確認しながら回顧した。

オシラク原子炉攻撃後、ベギン首相が唱えた原則は「ベギン・ドクトリン」として知られ、シリア、イランという実在の脅威に対するイスラエルの戦略の根拠となった。
二〇一九年時点でイスラエルは、イスラエル全土をカバーする一三万発のロケットとミサイルを保有しているヒズボラに対して先制攻撃をしていない。それはなぜか？　ミサイルとロケットは脅威だが、通常戦力である。多少イスラエルは被害を受けるが、通常戦力では国土の征服は不可能で、ユダヤ人国家が消滅することはない。

だが、核兵器となると話は別である。テル・アヴィヴ上空で核爆発が起きると放射性物質は全土に散らばる。安全な者などいない。すぐには明文化されなかったが、ベギンが実行したオシラク原子炉攻撃作戦はイスラエルの指導者に新たな行動基準を設けた。「ベギン・ドクトリン」ではユダヤ人国家の存亡にかかわる兵器を敵が取得しようとする時、イスラエルは行動に出る。一九八一年、ベギンは「先制攻撃が可能であれば、先制攻撃が望ましい」と結論づけた。

「我々が二年、三年、最長で四年傍観していたら、サダム・フセインは三発、四発、五発の核爆弾を製造していたでしょう。そうなったら、この国と国民は失われていた。これはホロコーストです」。オシラク爆撃の二日後にテル・アヴィヴで開かれた記者会見でベギン首相はそう述べた。

「ユダヤの民族史上、二度目のホロコーストが起きようとしていた。二度目はありえない。友人に伝えなさい、会う人会う人に伝えなさい。我々は使えるものはすべて使って、我々民族を守る。我々は敵が大量破壊兵器を開発し、それを我々に向けることを許さない」(3)

さらに数日後のCBSとのインタビューでベギンは強調した。

「この攻撃は将来のイスラエル政府にとって前例となる。未来のイスラエル首相は、似たような状

況が発生した場合には、同じ行動をとるだろう」(4)

決断を迫られるオルメルト

エルサレムの首相執務室はクネセト(国会)からほど近い旧市街にある古びた石造りのビルの中にある。くすんだ灰色の、これといった特徴のないこのオフィスビルは、ワシントンのホワイトハウスや、パリのエリゼ宮殿のようなエレガントな国家元首のオフィスに比べてかなり質素である。

官邸の二階には首相と側近が使う続きの間があり、「水族館」と呼ばれる。室内に入るドアは大型の防弾ガラス製だからだ。

携帯電話は執務室の外側に置かれた木製の棚に置かれ、訪問者は大きな茶色の革製のソファに腰かけて、呼ばれるのを待つ。立ち入りが制限されている続きの間は数人の高官のオフィスである。首席補佐官、国家安全保障会議議長、首相軍事顧問やその他数人の重要な補佐官が詰めている。廊下の奥には安全保障閣僚会議を開催する部屋があり、木目調の壁の首相執務室の隣には首相の会議室がある。

オルメルト首相は執務室のデスクで重大な決断が自分の双肩にかかっているのを感じていた。かつてベギン首相が勇敢にもイラクの原子炉を爆撃するよう許可してから二六年目、オルメルトは同じような決断を迫られていた。

地域紛争の危険を冒してでもシリアの原子炉を攻撃して、アサドが核兵器を手にするのを阻止するべきか? あるいはアメリカの決断を待つべきか? もしブッシュが外交手段で解決を図ろうと言ってきたら、事態はどうなるか？　夜遅くになっても考えはまとまらなかった。しかし、早い段階から心に決めていたことが一つあった。外交手段だけでは不十分である。

当初からイスラエルは三つの任務を見据えていた。情報収集、作戦計画立案、外交努力である。情報収集はモサドが先行したものの、責任はアマンが担っていた。アマンは偵察衛星と国家シギント（通信諜報）部隊の第８２００部隊を運用し、イスラエル版ＮＳＡ（国家安全保障局）の役割を果たしていた。

モサドが入手した写真のいくつかは数年前のもので、クロであるのは確かだったが、いま起きていることを知る最新情報が必要だった。情報チームは三つの基本的な質問の答えを求めていた。いつ原子炉が稼働するか？　誰が運用しているか？　どれくらいで核兵器は製造できるか？

パズルを埋める別のピースも必要だった。使用済み核燃料を兵器級プルトニウムに精製する再処理工場など、核兵器製造に必要な構成部分はどこにあるのか？　さらに核弾頭もしくは核爆弾の組み立てを担当する科学者チームは存在するのか？　もし存在するなら、どこにいるのか？

ヤドリンと分析者チームは、原子炉の状況とイスラエルの軍事行動を時系列的にまとめた。その結果は原子炉が稼働したら作戦は手遅れというものだった。

「放射性物質がユーフラテス川に流れ出し、何世代にもわたってシリア人とイラク人が不利益をこうむる。誰もその責任を取りたくはなかった」。後日ヤドリンはそう説明した。

当初からオルメルト首相は、情報が漏れないよう関係者に厳命していた。イスラエルが原子炉のことを知っているとアサド大統領に悟られない限り、稼働前に原子炉を破壊できる。メンバーは密接なつながりを持つ者ばかりで、人数も少なかったが、その数はしだいに増えていった。

原子炉が発見されてしばらくして、オルメルトはかつての防衛最高幹部を召集し、情報の再確認を依頼した。アマンの元調査部長のヤコブ・アミドロール少将が議長となり、六日間にわたって委員らはすべての情報を確認し、モサドとアマンの最終報告書に間違いがないか精査した。

シリア原子炉を知る人数は増えたが、情報が情報機関にとどまる限り外部に漏れる心配はない。情報機関の職員は退職後も、信念を持って秘密を守る。今回の事案も同様である。

「欠陥を洗い出してくれ。おかしなところがないか見つけて欲しい」。オルメルトは委員に命じた。

審議ののち、アミドロール少将は、短い報告書をオルメルトに提出した。その結論は明快で、全会一致であった。「シリアは原子炉を建設している。そして、この原子炉は破壊されなければならない」

外交と軍事作戦

外交ルートでの問題解決にあたり、オルメルトは最も信頼するヨラム・トゥルボヴィッツ補佐官を頼りにした。「ターボ」という愛称で呼ばれたトゥルボヴィッツは二〇〇六年の国政選挙後にオルメルトの首席補佐官に任命された。ワイン、葉巻、高級レストランなどの愉しみを共有する二人はアメリカ流の経営スタイルを信奉していた。

トゥルボヴィッツはハーヴァード・ロー・スクールで法務博士の学位を取得し、ニューヨークのサリヴァン&クロムウエル外国法共同事業法律事務所に勤務した経験もあった。二人の出会いは、オルメルトがエルサレム市長の時で、トゥルボヴィッツは学校に問題があると苦情を申し立てる父兄を連れて面会にやってきた。トゥルボヴィッツは存在感のある男で、その後、二人のあいだに太いパイプができた。

オルメルトはトゥルボヴィッツを信頼していた。ダガン長官の訪米後、トゥルボヴィッツはホワイトハウスとの交渉役を任され、アメリカがイスラエルの承諾なしに国連安全保障理事会に議題を提出しないと確約したことからも、トゥルボヴィッツが重要な役目を果たしたのは明らかである。

軍事対応については、三人の将官に託された。ガビ・アシュケナジＩＤＦ参謀総長、アマンのアモス・ヤドリン長官、エリエゼル・シュケディＩＡＦ司令官である。

新たな情報が入るにつれて、一か月前に任命されたばかりのアシュケナジ参謀総長は、もし攻撃するのであれば、冬になる前に実施しなければならないと比較的早い段階で結論づけた。また準備は慎重に行ない、原子炉が熱を持つまでに実施しなくてはならないとして「三つのＨｅｔ」（ヘブライ語で熱、慎重、冬はＨｅｔから始まる）を策定した。

多くの政治家の集まりがそうであるように、オルメルト政権も一枚岩ではなかった。安全保障顧問のミズラヒはオルメルトの補佐官から冷遇されていると感じていた。ミズラヒは首相と直接交渉できたが、政策に及ぼす影響は限られていた。

ミズラヒは二〇〇三年まで副長官を務めていたモサドから官邸にやってきた。当時モサド長官のエフライム・ハレヴィはミズラヒを次期モサド長官として推薦したが、アリエル・シャロン首相はダガンをモサド長官に据えた。

一九七二年、ミズラヒはモサドに入局し、四〇年以上も行動エージェントとして活動した。専門はヒューミント（人的諜報）で、エージェントの採用と、世界各地に散らばったエージェントの行動を指揮した。

いかにミズラヒが冷遇されていたかは、シリアの原子炉の情報などでも明らかだった。オルメルトがシリアの原子炉について最初に知った時、ミズラヒは輪の中にいなかった。数日経って、モサドのかつての同僚と話をしていて初めてミズラヒは知った。

ミズラヒは、一九九〇年代後半のCIAとのミーティングを思い出した。出席者はモサド長官のハレヴィとミズラヒ、そしてCIA長官のジョージ・テネットであった。ミーティングはイスラエルとアメリカの情報機関幹部による地域と域外での情報評価を交換する定期的なものであった。

そのミーティングで、テネットはシリアを「見張る」ように、そして核開発の可能性があるとイスラエル側の出席者に爆弾発言をした。しかし、モサドはテネットの発言を裏付ける情報を持っていなかった。ハレヴィは補佐官にテネットの警告を調べるよう指示したが、何の成果も上げることができなかった。イスラエルの情報ファイルにはテネットの警告を立証するものは何もなかったのである。

アメリカに攻撃させるメリット

原子炉の存在を知ったミズラヒは、オルメルト首相とトゥルボヴィッツ補佐官に面会した。オルメルトはミズラヒにイスラエルの選択肢について要約した書類を作成するよう指示し、書類は安全保障局会議コンピューター・ネットワークに載せないよう命じた。

ミズラヒは手書きで報告書を書き上げた。報告書には三つの基本的な問題が記述されていた。

一つはIDFの即応性と民間防衛についてである。第二次レバノン侵攻で、イスラエルはヒズボラから四三〇〇発以上のロケット弾を打ち込まれた。もしイスラエルがシリア原子炉を攻撃し、シリアとレバノンからロケット弾が打ち込まれたら国民は耐えられるか？　通常戦力では侮りがたい敵になっているシリアとの全面戦争に、IDFは準備できているか？

ミズラヒは、アサド大統領の政策に一貫性がないと分析した。二月にオルメルトはアンカラを訪問してトルコのエルドアン首相と交渉し、トルコがイスラエルとシリアの和平交渉を仲介することで合意した。その数週間後にシリアを訪問したアメリカ下院議長のナンシー・ペロシが、アサドは交渉の席につく準備ができているとイスラエルに伝えた。しかし、アサドはイスラエルとの和平交渉を進める一方で、原子炉の建設を決断していた。

そうしたシリアの行動にミズラヒは疑問を感じた。アサドは和平交渉のテーブルに着くことで、原子炉の建設を隠蔽し、イスラエルを騙せると思っているのか？　それとも核爆弾の製造が可能になるまで時間を稼ごうとしているのか？　あるいは偽りなしにイスラエルと恒久的な和平を望んでいるのか？

最後の疑問は今日も謎で、答えはシリアとイランの関係にある。ミズラヒはメモに疑問を記した。イランは原子炉建設のパートナーなのか？　もしそうであればイスラエルの行動はシリア、ヒズボラ、イランと三方面で戦争を引き起こす可能性がある。

ミズラヒは自国とアメリカが収集した情報を深く考慮するよう最初に首相に進言した補佐官の一人であった。論点は明快である。アメリカはイラク戦争を継続していることに内外から厳しく批判されており、これらの非難と増え続ける戦死者から、アメリカの抑止力と影響力は徐々に低下している。アメリカは「ならず者国家」の原子炉攻撃を主導することで、世界規模での抑止力を取り戻すことができる。アメリカに攻撃させることはアメリカ、イスラエル双方にメリットがある。イスラエルの介入なしで原子炉が排除できれば、大規模な戦争勃発の可能性は低減され、当時ＩＤＦ参謀本部が支持した和平交渉の進展も見込める。

「原子炉の即時解体を要求する最後通告をアメリカが発するよう情報を提供すべきです」。ミズラヒは初期の安全保障会議で提案した。

その一方で、不利な立場に立たされる可能性も無視できなかった。もしアメリカが原子炉攻撃に同意した場合、その代償としてイスラエルに対パレスチナで譲歩を要求してくるかもしれない。それでは安全保障上、イスラエルは過酷なリスクを負ってしまう。

さらには核開発プログラムの終了と引き換えに和平交渉に応じれば、アサド大統領は自信を持つだろう。これでは北朝鮮・イラン・ヒズボラとの積極的な関与で制裁を受けなくてはならないシリアが、逆に賞賛を浴びて国際社会で地位を高め、外交面での影響力を強めてしまう。

またミズラヒは、リビアのカダフィの時のようにアメリカがアサドと合意できるか疑問に思った。リビアは核開発をあきらめ、その見返りとして制裁が解除され、西側諸国との国交も正常化された。今回も同じように合意できるか疑わしかったが、試してみるだけの価値はあると考えた。

だが、モサド長官のダガンはミズラヒの意見に反対だった。ダガンは軍事行動を強く主張した。アサドが誠意をもってイスラエルと和平交渉に臨むとは考えておらず、アサドとの和平などもっての外だった。

オシラク攻撃の英雄

情報が確認されると、オルメルト首相は選択肢を絞り込み始めた。軍事作戦立案の補佐として三人の元軍幹部をアシュケナジ参謀総長に召集させた。アムノン・リプキン・シャハック元参謀総長、ウリ・サギ元モサド長官、ダヴィッド・イヴリー元空軍司令官の三人である。

ある金曜日（会合は記録に残されなかった）、三人はオルメルトの公邸でブリーフィングを受けた。モサド長官のダガンとアマン長官のヤドリンも同席し、写真と原子炉の現状に関する評価情報を提供した。

三人の元軍幹部の目には首相はすでに決心しているようにみえた。

「原子炉の稼働を許すわけにはいきません。この問題にどう対処するか、計画を立案している最中です」。オルメルトは三人に告げた。時間との戦いである。

シリアは当時最新鋭のロシア製地対空ミサイル（SAM）を保有していたが、ミサイル砲兵や対空砲が原子炉の周辺に展開している様子はなかった。おそらく核開発プロジェクトの隠蔽工作であろう。かりに周辺に部隊が展開していれば疑惑を持たれてしまう。このことからもアサドが極秘に開発を進めていることがわかる。そして、イスラエルが原子炉建設を察知したことをシリアが気づけば状況は一変してしまう。

　イヴリーが召集されたのにはわけがあった。イヴリーは元空軍司令官で、オルメルト首相とアシュケナジ参謀総長が運命的な決断を下すにあたり、彼らに自信を与えることのできる数少ない存在だった。伝説的な戦闘機乗りのイヴリーは、帰還の可能性が低い、敵地奥深くへ部隊を進出させるのがどのようなことであるかを知っていた。またイスラエルがイラクのオシラク原子炉を攻撃した際に指揮中枢にいた。そして、戦争が一人の人間とその家族にとって悲惨な結末をもたらすことも体験していた。イヴリーの息子の一人、ギルはF-16の飛行中に墜落死していた。

　イヴリーは空軍の能力に精通しているだけでなく、戦略的に中東情勢をとらえていた。退役後、イヴリーは国防次官となり、駐米イスラエル大使も歴任した。大使としての経験からブッシュ政権を細部まで理解し、チェイニー副大統領とはとくに親しかった。

　一九八一年、イスラエルがオシラク原子炉を攻撃した時、アメリカは事前に計画を知らされていなかったこと、そしてイスラエルの軍事行動は国際社会によるサダム・フセインの核開発プログラム中止を目指す外交努力を台無しにしたとしてイスラエルに激怒した。ロナルド・レーガン大統領はイスラエルへの懲罰として、最新型のF-16戦闘機の追加引き渡しを拒み、国連安全保障理事会の非難決議にも賛成票を投じた。またアメリカはサウジアラビアに兵器の輸出を倍増したとして議論を呼び、この疑惑に今度はイスラエルが激昂した。

　一九八一年末、イスラエルとアメリカは戦略協力合意を結び、両国間の特異な同盟は成文化され、兵器の禁輸解除と対イスラエル軍事援助の増強が行なわれた。それでもアメリカがオシラク爆撃に感謝するには一〇年の歳月が必要であった。

一九九一年の第一次湾岸戦争終了後、当時国防長官であったチェイニーはイヴリーに爆撃後の原子炉の衛星写真を送り、写真には「一九八一年の貴国による目覚ましいイラク核開発プログラムの阻止に感謝して。貴国の活躍により、砂漠の嵐作戦の遂行は容易になりました」と謝辞が記されていた。

オルメルトとの会合でイヴリーは二つの重要な洞察を披露した。ベギン首相は選挙が数週間後にひかえているという政治的な理由からオシラク爆撃を決断したと思われているが、ベギンがアメリカに計画を伝えなかったのは賢明な選択だったと思う。アメリカが計画を知れば何らかの行動方針を示しただろう。

今回の問題に関して言えば、アメリカが攻撃するのが理想的なシナリオで、これが実現すればイスラエルは新たな戦争に巻き込まれるリスクがなくなる。しかし、もしアメリカが攻撃を決断せず、外交努力に傾くのであれば、イスラエルは計画を前倒しして、攻撃をできるだけ早期に行なわなくてはならない。イヴリーはそう説明した。

数年後、イヴリーは振り返る。

「このような攻撃では越えてはならない一線がある。一九八一年、我々は原子炉に核燃料が搬入されるところが越えてはならない一線だと判断した。しかし、二〇〇七年のシリアのケースはどこに越えてはならない一線があろうと関係なかった。もしアメリカが軍事行動に『ノー』と言うのであれば、イスラエルが攻撃する。イスラエルは原子炉の存在を知っていると他国に気づかれる前に行動を起こさなければならなかった」

地理的要因から、イスラエルにとって越えてはならない一線は、アメリカよりも早い時点で引かれるとイヴリーは続けた。

「イスラエルにとってリスクは高いものだった。アメリカの国益はイスラエルの国益と一致しない。アメリカと情報共有した場合の否定的な側面は、攻撃するのが我々でなくなるという公算が大きいことだった」

この問題に関してオルメルトはすでに決断しているようだった。アメリカと情報を共有する必要があり、アメリカに攻撃させることはイヴリーが示したリスクよりもはるかに政治的メリットがあった。

シリア問題をチャンスに変える

シリアの原子炉はイスラエルの重大な脅威となったが、その反面、これは稀有なチャンスでもあるとオルメルト首相はとらえていた。オルメルトの目はシリアだけに向いているのではなく、イランにも向いていた。イランが核開発を止めるのは、主としてアメリカとロシアのような大国が積極的な行動に出た時である。オルメルトはそう三人に告げた。

シリアは実験である。オルメイトは言う。「シリア問題の解決法は中東世界に響き渡り、とくにイランの耳にこだますだろう。もしシリアがうまくやり通せたら、それはイランを大胆にする。しかしアメリカがどこの誰であろうと核開発および原子炉の保有を許さないと発言し、その言葉どおりにシリアの原子炉を破壊したなら、それはイランに対する強いメッセージになる」

アメリカが攻撃した場合の方が、シリアが報復に出る可能性は低い。そして現在の脅威だけでなく、次の脅威についても、オルメルトは首相として戦略的に考えていた。

安全保障会議のメンバー

基本的な戦略の概要がまとまると、オルメルト首相は一部の閣僚に最新の情報を提供する時だと考えた。アメリカ大統領はシリア原子炉を破壊する軍事行動を単独で裁可できる軍の最高指揮官だが、イスラエル首相の権限は限られていた。オルメルトは行政府の長であったが、開戦の布告や軍事作戦の開始は安全保障会議の権限であった。

安全保障会議には内閣総理大臣、外務大臣、国防大臣、警察を監督する国家公安委員長、法務大臣、財務大臣が出席するよう法律によって定められていた。連立政権に加わるほかの党の党首も、前記の国務大臣でない場合は出席を要請されるのが通例であった。

オルメルトは安全保障会議をただちに召集せずに、個別に閣僚と会って最新状況を伝えることに決めた。マスコミに気づかれることなく安全保障会議を開くのはほぼ不可能だったからである。マスコミの質問には回答しなければならない。たとえわずかでも閣議の真の目的が漏れる可能性があるのであれば安全保障会議の開催は避けなければならない。

さらに閣僚の一部は、最初から首相は攻撃が必要だという結論に導くつもりだったと見ていた。何人かの閣僚は首相の公邸で秘密裏に会合した。時にはヤドリンとダガンが同席し、最新情報を提供し、現時点で想定されるアサドの思考を伝えた。閣僚は全員、秘密漏洩しないよう誓約書を書かさ

F-15戦闘機（複座型）の前でスタンバイするパイロット。

れ、原子炉攻撃までに約二五〇〇人が誓約書に署名した。

当初から前年（二〇〇六年）夏のレバノン侵攻の悪夢がその場の空気を制していた。レバノン侵攻は二つの欠点を明らかにした。国内では対爆弾用シェルターが崩壊し、シェルターのない都市もあった。ＩＤＦもヒズボラのロケット弾攻撃を防ぐのに苦労した。

レバノン侵攻作戦が終結してすぐのタイミングでシリアを攻撃することは、イスラエルを再び戦火にさらすことになるかもしれない。これまで経験したことのない戦争が勃発する危険性について全員が同じ認識を持っていることをオルメルトは確認したかった。

最初にオルメルトが話をした閣僚は、アミール・ペレツ国防大臣とツィッピー・レヴニ外務大臣であった。ペレツはモサドがシリアの核科学者オスマンのパソコンをハッキングしたあと、すぐに報告を受けた。三月一三日、モサドのダガン長官はオルメルトに最新情報を提供するためエルサレムに車で向かったが、テル・アヴィヴのＩＤＦ司令部で参謀総長にもブリーフィングした。参謀総長はその情報をペレッツ国防大臣に伝えた。

この段階でオルメルトは、レヴニ外務大臣（のちに重要なキーウーマンになる）にも状況を説明しておかなければならないと考えた。レバノン侵攻に際して戦時の政策決定で外務省は蚊帳の外に置かれたと首相は非難されていたからである。

三月下旬のある金曜日、レヴニはオルメルトの公邸に呼ばれ、オルメルト自身からモサドの工作活動で明らかになった最新情報が提供された。すでにこの時点でオルメルトは軍事行動の開始を決断していたようだった。

オルメルトはシリアの原子炉に関して官僚の誰にも話してはいけないと念を押したが、その後、イスラエルの選択肢が明確になり、足並みが揃った時点で、レヴニは外務省の二人の高官、アーロン・アブラモヴィッチ次官とタル・ベッカー法務担当副顧問を政策決定の輪の中に入れる許可を取りつけた。

最初の会合でオルメルトは、シリアの原子炉が自分の政治人生を好転する格好の機会になると、レヴニにほのめかした。この会合で二人は珍しく親密に話し合った。二人はカディマ（前進）党の党員であったが、レヴニは首相の座を狙っていた。数週間後にはレバノン侵攻の失策を調査するウィノグラード委員会が中間報告書を発表し、手厳しくオルメルトを責め立てるだろう。レヴニはこの機会を逃さず首相の辞任を要求しようと考えていた。

伝説のモサド隊員

国家安全保障会議のメンバーであるラフル・エイタンは、一九二六年、イスラエル北部の小さなキブツで生まれ、一二歳でユダヤ人地下軍事組織「ハガナー」に入隊し、その後コマンド部隊「パルマッハ（突撃隊）」の隊員になった。成長した彼はイスラエルの国防・情報機関で重要な役割を果たすことになる。一九六〇年にアルゼンチンで大胆な作戦を展開して、悪名高い元ナチス将校アドルフ・アイヒマンを逮捕（拉致）したのは伝説的なモサド隊員となっていたエイタンであった。

第二次世界大戦後、エイタンはまだイギリスの統治下にあったイスラエルにユダヤ人が密入国するのを支援した。ハイファ港に設置されたイギリス軍の監視レーダーをエイタンが爆破したことをイスラエル国民は決して忘れない。レーダーに近づくため、エイタンは下水管の中を腹ばいになって進んだ。この行動から「臭いやつ」というニックネームがついた。

その生涯を通じて、エイタンの行動は論争を引き起こし、また秘密に包まれていた。一九六八年、エイタンはアメリカの原子力燃料工場を訪問したが、その後、二〇〇キロの濃縮ウランが行方不明になった。濃縮ウランはイスラエルに運ばれ、極秘核開発プログラムに使われたと噂された。(5)

のちにエイタンは、ホメイニ師の帰国を阻止するため、イラン国王を手助けしてイラン軍の創設に関わった。

一九八一年、ベギン首相の顧問であったエイタンは科学情報を収集する国防省の秘密機関「LAKAM」の長官となった。ここでエイタンはアメリカ海軍の情報局に潜伏したイスラエルのスパイ、ジョナサン・ポラードを運用した。この事案は数十年にもわたるアメリカ・イスラエル間の緊張の原因となった。

一九八七年、ポラード事件の責任をとって、エイタンは辞任し、ＬＡＫＡＭは解体された。ビジネス界に身を転じた彼はキューバにおける農業ビジネスに力を注いだ。二〇〇六年、年金者党の党首になることを要請され、彼の政党は消滅間近と見られていたが、驚いたことに選挙で大きく躍進し、クネセトで七議席、閣僚ポストを二つ獲得し、エイタン自身も入閣した。

エイタンは、シリア原子炉の存在をダガンから直接話を聞いて初めて知った。一九七〇年後半にベギン首相の補佐官であったエイタンと、当時ＩＤＦの最高司令官だったダガンは、レバノンで対ＰＬＯ作戦を協同で実施したことから親しかった。

二〇〇二年、シャロン首相が次のモサド長官を選考していることを知ったエイタンは、シャロンの執務室を訪ね、ダガンが勇敢で高い作戦遂行能力を持つ男として推薦した。四時間に及ぶ説得でダガンが長官に起用された。後日、ダガンはモサドに戻って副長官になるようエイタンに懇請した。

オルメルト首相に呼ばれたエイタンは、「もはや時間はありません。すぐにでも攻撃しなければなりません」と首相に伝えている。

先に決めるのはブッシュ大統領

それ以外の安全保障会議のメンバーは、超正統派を主導するシャス（トーラーを遵奉するスファラディー同盟）党党首のエリ・イシャイ、イスラエル治安機関「シンベト」元長官のアヴィ・ディヒター、元首相で七月に大統領となったシモン・ペレス、元ＩＤＦ参謀総長ならびに国防大臣であり、当時は交通大臣であったシャウル・モファズである。

九月に結婚する予定のハイム・ラモン法務大臣は、原子炉の存在を知って、一〇月まで式を延期してくれるよう婚約者を説得した。「一〇月の方が気候がいいから」と言って本当の理由を口にしなかった。

国家安全保障会議のメンバーではなかったものの、労働党のイツハク・ヘルツォグを含む数人の閣僚にもオルメルトは最新情報を提供することを決めた。イツハクはアマン長官を経てイスラエルの六代目大統領となったハイム・ヘルツォグの息子で、アマンのシギント部隊「第８２００部隊」の要職を務め、二〇〇三年にクネセトに初当選している。

ライバル政党の党員であるにもかかわらず、オルメルトとは親密な関係を築いていたヘルツォグはオブザーバーとしての参加で、意見は言えるが、投票の権限はなかった。

四月のある閣議で、終了の仕方が不自然だったことにヘルツォグは違和感を覚えた。閣議が終わって出席者は席を立ち、部屋を出ようとしたその時、オルメルトは最後の議題について話し合うことを忘れていたと言い出した。

「北部の状況に鑑みて、特別内閣北部委員会を立ち上げたい。参加者は安全保障会議のメンバーだ」。オルメルトは閣僚に告げた。

ヘルツォグはバラク政権の時に内閣官房で勤務したことがあり、このようなやり方での方針の決定は不適切であると感じた。閣僚が参加する委員会は、閣僚が退出する最後に議題を持ち出すような性質のものではない。それにしてもオルメルトの言う「北部の状況」とは何なのか？

「賛成者は?」オルメルトは部屋に残った閣僚に尋ねた。全員が手を挙げ、閣議は終了した。

翌五月にヘルツォグは何が起きているかを知ることになった。ある日、オルメルトはヘルツォグを執務室に呼んだ。ほかに同席者はなく、首相の机の上にはファイルがあった。オルメルトはファイルから写真を取り出し、一枚一枚並べた。それはモサドが入手したシリアの原子炉の写真だった。

オルメルトは「一部の閣僚による委員会を設けたい。君にも参加して欲しい」と告げた。情報の重要性に気づいたヘルツォグはすぐに決断した。「閣僚委員会」とは安全保障会議の別名で、委員会であれば注目されることもない。

オルメルトは秘密保持の宣誓書を取り出し署名するよう求めた。シリア原子炉の情報が提供される人数は増え、オルメルトはすでに「破壊」を決断していたが、イスラエルはまだ待たなくてはならなかった。最初に決断するのはブッシュ大統領である。

第5章　時計の針は進む

ブッシュのエルサレム訪問

一九九八年、ジョージ・W・ブッシュは初めてイスラエルを訪問した。ブッシュは、テキサス州で史上初めて二期続けて知事に選出されたばかりで、大統領になる野心を抱いていた。

ブッシュは同行した数人の共和党知事と共にお決まりのコースを回った。ネタニヤフ首相への表敬訪問、クネセト（国会）、ホロコースト記念館、嘆きの壁の見学などが行き先であった。その後、一行はヘリコプターでゴラン高原を視察した。案内人はIDFの元勇将アリエル・シャロン外務大臣（のちの首相）だった。ブッシュとシャロンは三年後に再び出会うことになるとは思わなかったに違いない。

ヘリによる視察が行なわれることで、イスラエル、アメリカ、パレスチナのあいだにちょっとした摩擦が生じた。シャロンはヨルダン川西岸地区に着陸して現状を視察してもらおうとしたが、パレスチナはこれを拒んだ。パレスチナは知事の訪問をきっかけにイスラエルが入植事業を正当化することを恐れた。シャロンはこのような策略にたけていたのである。

最終的にイスラエルは妥協した。ヘリは着陸しなかったものの、ブッシュはエルサレムの古代建築、ヨルダン渓谷、赤い屋根と漆喰の壁でできたイスラエル人入植地の家屋、人口密度の高いパレスチナ人街を低空から視察した。

機内でシャロンは、ヘッドホン越しにブッシュらに自らの人生を語り、かつて対アラブ戦で戦った丘陵や渓谷を指し示した。シャロンがイスラエルの国土の幅は、ある時わずか一〇マイルでしかなかったと言うと、将来のアメリカ大統領はテキサスでは公道から屋敷に至る私道でも一〇マイル以上あると冗談を返した(1)。

ブッシュは当時エルサレム市長であったオルメルトとも会談した。ブッシュは係争地にある市長として最も困難な問題は何かと尋ねた。

「ごみの収集です」。オルメルトは即答した。ブッシュは耳を疑った。紛争で混乱し、緊迫しているエルサレム市で、市長はごみの収集を気にしている。

その後もブッシュは、懐かしそうにこれを話題にした。二〇〇四年、ワシントンで開かれたアメリカ・イスラエル公共問題委員会政策会議で壇上に立ったブッシュは、古くからの友人であるオルメルトが聴衆の中にいるのを確認すると、笑いをとるため、ごみ収集の話をした。

父はイスラエルに対して冷淡であったが、若いブッシュはユダヤ人国家を愛した。ブッシュは、イスラエルを訪問したことで、イスラエルは狭隘《きょうあい》な国土を持つ脆弱な国家であることを感じただけでなく、国民は国土とユダヤ人国家に深い思い入れを持っていることを理解した。またイスラエルが中東における唯一の民主主義国家であり、その活気のある民主主義にブッシュは強い感銘を受けた。

ゴラン高原を視察した際に、ブッシュはテキサスから移住した女性と面会した。彼女の夫はイスラエルで最大規模のアボカド農園を経営していた。「彼女のような国を愛する女性から、生活の脅威となりうる隣国シリアと国境を接する場所で暮らす恐怖を直接聞けたことはとても感慨深かった(2)」とブッシュはのちに語った。

エルサレム訪問はブッシュに強い印象を残し、のちに大統領となったブッシュは、二〇〇一年一月、国家安全保障チームに対して前政権が残した「不均衡」を是正するよう命じた。「親イスラエルの姿勢に立ち返り、我々は終始変わらぬ立場をとらなければならない」。ブッシュはシャロンとのヘリ視察を引き合いにして「ひどいものだった。今できることは少ないが、情況を好転させなければならない(3)」と語った。

オルメルト・ブッシュ会談

ブッシュとシャロンの関係は特別なものだったが、オルメルト首相も関係をより深いものにしようとした。二〇〇六年三月の選挙後、しばらくしてオルメルトはアメリカに渡り、首相として初めてアメリカ大統領と会談した。両首脳は多くの点で共通するものがあった。オルメルトの方が一〇か月ほど早く生まれただけでほぼ同じ年齢で、二人とも政治に熱心な家庭で育った。ブッシュの父はアメリカの第四一代大統領で、オルメルトの父は元クネセト議員だった。

二人は過去に数回会っていたが、二〇〇七年六月一九日のオルメルト首相のワシントン訪問は戦略的な意味があった。内閣官房は報道陣に対して、首相はパレスチナ問題について話し合うためにアメリカに向かうと発表していた。その数日前にガザ地区でハマスがパレスチナ自治政府を圧倒し、すでにイスラエルはガザ地区から自主的に撤退していたため、これはテロ集団がガザ地区を蹂躙したことを意味した。両首脳が話し合わなければならないことは多かった。

オルメルトは補佐官とともに何時間も会談の準備をした。オルメルトはこの会談がシリアの原子炉に対して、アメリカが行動しなければならないことを理解してもらういい機会と考えていた。人好きのするオルメルトは、必要とあれば自身の魅力を精いっぱい利用して、ブッシュを説得するつもりだった。

この日の午後、オーヴァル・オフィスで両首脳は、ジョージ・ワシントンの肖像画の下、暖炉の前に置かれた青と黄色のストライプ模様の肘掛け椅子に腰を下ろした。カメラの前で二人は主としてガザとパレスチナ問題を話し合い、ブッシュは二国体制への支援を再度約束し、パレスチナ自治政府が早くガザ地区を再統治できるよう希望を伝えた。両首脳の冒頭の挨拶が終わると、ブッシュは報道陣の質問を受けつけた。

記者の質問の多くはガザ問題に集中したが、一人だけが違っていた。この記者はイランの核開発と、イスラエル・シリア間の和平交渉の再開の可能性について尋ねた。アサド大統領がダマスカスを訪問中のアメリカ議員団に対して、イスラエルと和平交渉を行なう準備ができていると伝えていたからだ。

ブッシュは「イスラエルは独自にシリアと交渉できるでしょう。もし首相がシリアと交渉したいのであれば、私が仲介する必要はありません」[4]と軽く質問をかわした。

報道陣が退室すると、オルメルトとブッシュは本題に移った。チェイニー副大統領も同席したが、ほとんど喋らなかった。「時間はなくなりつつあります。行動に出るのであれば、急がねばなりません」。オルメルトは大統領に告げた。

会談の途中でブッシュは補佐官を退席させ、階上のレジデンスにオルメルトを誘った。そこでなら膝を突き合わせて話ができる。これはブッシュ流のもてなし方で、自宅に招いていることを実感してもらう狙いがあった。また現実的な話として、レジデンスでの会話は録音されない。

ブッシュはオルメルトに懸念事項を伝えた。その一つは数日前のヘイデンCIA長官とのミーティングで明らかになったことで、原子炉建設はCIAも確認したが、核物質の濃縮と弾道ミサイルに搭載する核弾頭を組み立てる兵器チームの存在が不明確だということだった。このままでは軍事攻撃を承認するのは難しいとブッシュは伝えた。

オルメルト首相の返事は明確だった。シリアが存在を秘匿する科学調査研究センターには核開発を実施する部門があり、シリアの核開発プログラムはイスラエルと中東全域にとって実在する脅威であると主張した。

「人類史上、私の記憶に間違いがなければ、核爆弾が都市に落とされたのは二回だけです。それは貴国が行なったものです。当時、ミサイルはありましたか？　飛行機から落としただけじゃないですか。今回の事案とどこに違いがあるのですか」。オルメルトは大統領に告げた。

さらに「考えてください。もしシリアから三五機の飛行機が同時に飛び立ち、イスラエルに向かってきたとします。そのうちの二機に核爆弾が搭載されています。イスラエル空軍は即時に対処し、多数の飛行機を迎撃しますが、数機は領空に侵入するでしょう。その中に核爆弾の搭載機が含まれているかもしません。シリア機は離陸すると一分もしないうちにイスラエル上空に到達します。シリアにミサイルは必要ありません」

残された時間はもうなかった。アメリカ主導でシリアを攻撃すれば「一石二鳥」である。「攻撃はアメリカがイランに対して無視できない警告を発することになります」。オルメルトは主張した。

ブッシュは言質を与えることなく、聞き手に回った。大統領は、時間がもう少し必要であること、数週間以内に回答すると返事した。

しかし、オルメルトには議論の行く末が見えていた。彼の目にはブッシュは何もできないように映った。イラク戦争開戦につながった誤った情報が大統領を自由に動けないようにしている。発見できない大量破壊兵器がブッシュの行動範囲を狭め、さらには情報機関も文書で大統領に攻撃を勧めてはいない。

変わらぬチェイニーの信念

この日の夕方、オルメルト首相はチェイニー副大統領と夕食を共にした。二人は長年の友人だった。チェイニーはジェラルド・フォード大統領の首席補佐官で、保守的なシンクタンクであるアメリカン・エンタープライズ公共政策研究所がコロラド州ビーバー・クリークで毎年開催する世界フォーラムに参加していた。オルメルトも一九九〇年代から定期的にこのフォーラムに参加し、当時チェイニーは国防長官だった。二人の関係は親友と呼べるほどではなかったが、互いのことはよく知っていた。

チェイニーは、原子炉を破壊するために軍事力を行使するのはイスラエルではなくアメリカでなくてはならないという信念をオルメルトに明言した。オルメルトは同意したものの、チェイニーはライス国務長官、ゲーツ国防長官、ハドリー大統領補佐官から猛烈な反撃を受けることになるだろうと考えた。オルメルトはチェイニーにもし核拡散の継続が許されるのであれば、それは危険なメッセージをイランと北朝鮮に与えることになると告げた。アメリカが行動に出なければ、イスラエルが動く。

チェイニーは同意した。彼もオルメルト首相と同様に、シリアの原子炉については「真剣であり、拡散を考えている者がいれば、考えを改めた方がいい」と考えていた。チェイニーは核能力を破壊するには先制攻撃が適切と考え、その考えは終始変わらなかった。一九八一年、イスラエルがイラクのオシラク原子炉を爆撃した際、当時下院議員であったチェイニーはイスラエルへの賛同を公式に表明し、彼の行動は共和党政権に激しく非難されたものの、その立場を変えることはなかった。

オルメルト首相はチェイニー副大統領に、もしアメリカが爆撃を決定したら、政権はその責任を公にするかどうか検討しなければならないと語った。逆にイスラエルが行動した場合、イスラエルはアサドを挑発しないために、またアサドに報復されないために、沈黙を守ると述べた。

チェイニーは異議を唱えた。

「誰かが核の拡散は容認されないと全世界に伝えなければなりません。アメリカが爆撃すれば、その目的はシリアの原子炉破壊にとどまりません。いくらなんでもイランにもそれはわかるでしょう」

副大統領を味方につけたのは心強かったが、これだけでは成功とは言えないことをオルメルトは理解していた。最終決断は大統領が下すべきものであり、軍事行動に反対する声は予想以上に大きかった。

ブッシュ大統領の決断

数日後、ブッシュ大統領は再びイエロー・オーヴァル・ルームに国家安全保障チームを集め、この問題に関する最終討議を行なった。オルメルト首相は帰国し、決断の時が訪れた。イスラエルは原子炉を発見し、情報を持ってアメリカを訪れ、決断を迫っている。ブッシュはイスラエルの行動は理にかなったものだと思い、すぐにでも返答したかった。

閣僚らは自らの立場から意見を明らかにし、オルメルト訪米の感想を述べた。ゲーツ国防長官とライス国務長官は国連で提議し、外交手段でアサドの動きを封じる順序立てたアプローチを力説した。この方法が成功しなかった時のみ、軍事行動は許される。あくまでも軍事行動は最後の手段である。統合参謀本部議長ペース海兵隊大将も同じ意見だった。ペース大将は大統領に「勝利の道は二つあります」[5]と告げた。

ライスは年末までにイスラエル・パレスチナ和平交渉をまとめようと躍起になっていた。アメリカによるシリア攻撃は交渉のすべてを水の泡にしてしまう。

ゲーツは自他ともに認めるイスラエル支持者だったが、オルメルトが大統領に影響を及ぼすことを良しとしなかった。オルメルトはブッシュに無理強いして、アメリカの国益と相容れないことをさせようとしていると自身の見解を大統領に伝えた。アメリカは独自の決断をしなければならない。もしアメリカが外交を選択し、イスラエルが同調しなければ「大統領はオルメルトにはっきりとアメリカとイスラエルの関係は危ういものになると伝えなければならない」。ゲーツはそう発言した。

イスラエルが爆撃を公表しない限り、アサドは報復措置をとらないというオルメルトが強調した「論理」を多くの閣僚は信じていなかった。逆にイスラエルによる攻撃はイスラエル・シリア間の戦争を誘発し、その戦争はアメリカと中東に予期せぬ悪影響を及ぼすとゲーツは考えていた。(6)

これはエデルマン計画担当国防次官が早い時点で質問したことに類似していた。もしアメリカが爆撃を実施したとしても、作戦に不具合が生じた場合、捜索救難チームは空路から投入せざるを得ず、同チームがイラクへ向かった場合、同国に着陸できるだろうか？　イラク政府の反応はどうか？

チェイニー副大統領は形勢が不利なことは感じつつも、アメリカの軍事行動を強く求めた。副大統領は力説する。軍事行動は、イラン、北朝鮮、その他いかなる国であっても、核兵器の保有を意図する者に対して、実体性のある警告を送る唯一の手段である。「アメリカにしてみれば、これは簡単な軍事作戦です」

チェイニーの発言が終わると、ブッシュ大統領は参加者に質問した。「原子炉を爆撃するという副大統領の考えにほかに賛成する者は？」(7)

誰も言葉を発しなかった。エイブラムス大統領副補佐官は原子炉攻撃には賛成したが、この作戦はイスラエルが行なうべきで、アメリカが主体になるものではないと考えていた。イスラエルは二〇〇六年のレバノン侵攻で失った抑止力を自国の手で取り戻さなければならない。もし爆撃がアメリカ主導で行なわれた場合、イスラエルは単独で作戦を遂行できないほど弱体化していると受け取られてしまう。秘匿された原子炉を攻撃することは、イスラエルの国力は回復しているという力強いメッセージになる。

「起案グループ」でゲーツの代理人であったエデルマン計画担当国防次官は、チェイニーの案に理解を示したものの、別のアプローチを選択した。「いずれの政権もイスラム国家と戦争する」というゲーツの発言がエデルマンの頭に残っていた。またアメリカによるシリア攻撃がイラクを安定させようとする試みを頓挫しかねないという懸念から、アメリカ主導の軍事作戦には反対した。

「我々はイラク増派の真っ只中にあり、シリア爆撃は反動を伴うかもしれなかった。イラクへの増派自体、アメリカでは政治的にとても敏感な問題で、戦死者の数はこの時期、最大となっていた」(8)。数年後、エデルマンは語った。

一人孤立したチェイニーは幼少期を過ごしたワイオミング時代を思い出していた。みなヘビに噛まれている。「ヘビに噛まれた」ことがトラウマとなって、萎縮してしまい必要な行動に出ることができない。この場合のヘビとはイラクに関する誤った情報である。同じような情報にもとづいて、軍事行動を始めることは、立ちすくむような恐怖であったに違いない。

もしほかに副大統領の意見に賛成する者がなければ、ウィーンのＩＡＥＡ（国際原子力機関）に最新情報を提供して、軍事力行使の威嚇をしながらシリア問題を国連に提議する。外交工作が失敗したら、この段階で初めて軍事行動が検討される。

討議の結果を受けてブッシュ大統領が明言した。

オルメルトにどう伝えるか

ブッシュは、原子炉はアサドの手綱を握るいい機会であるというチェイニーの考えに賛同したが、軍事行動に踏み切るのはまだ早いと考え、原子炉の存在を公表することで、アサドが国際社会から嫌《けん》厭《えん》される道を選んだ。アサドの顔に泥を塗ることで、アメリカは原子炉だけでなく、ほかの差し迫った問題についてもアサドを影響下に置くことができるとブッシュは信じていた。

ブッシュは参加者にオルメルト首相はどう反応するか尋ねた。ライス国務長官は、イスラエルは外交交渉を受け入れざるを得ず、国連主導の動きに同調すると発言した。チェイニー副大統領は反論した。「オルメルトの言う行動に出るという言葉は本物だ」

すでに悪い前例があった。二〇〇三年、スーダン共和国西部のダルフール地方で虐殺が発生し、人権擁護団体が大量殺戮を防ぐため、軍事行動をとるよう、ホワイトハウスに圧力をかけた。ブッシュは側近に実行可能な計画を出すよう命じた。軍司令部はスーダン空軍の基地を爆撃して、大量殺戮は容認できないという明確なメッセージを送るよう進言した。ブッシュは作戦実施にゴーサインを出そうとした。ブッシュにしてみれば、これは善と悪の典型的な例であり、虐げられた弱者の殺戮を阻止する大義もあった。作戦自体も簡単で、アメリカ空軍は一回の出撃で任務を完遂できるはずだった。

しかし、側近は手を引くよう説得した。すでにアメリカはアフガニスタンとイラクの問題に深く関与しており、さらなるイスラム教国家に対する攻撃は、アラブとイスラム諸国で反米感情をあおると主張した。「複雑な事案は支持率の低下につながります。まず派兵先の問題を解決するのが先決です」

「もしこの時の大統領のジレンマをイスラエル首相が理解していれば、オルメルト首相はブッシュがシリアの原子炉を爆撃するとは思わなかっただろう」とエイブラムス大統領副補佐官はのちに語った。

次の議題はオルメルトにどう伝えるかであった。ブッシュは考える時間がもう少し欲しかった。国家安全保障チームの各陣営は、最終的にブッシュがイスラエルにどう伝えるか、また両首脳の会話にどう持説を反映させるか争った。

数日後、ブッシュと二人きりで会ったゲーツ国防長官は、アメリカの同意なしにイスラエルが行動しないよう圧力をかけるべきだと再度主張した。イスラエルは事前にアメリカに情報を提供したので、もしイスラエルが単独で行動しても、アメリカが共犯者と見られることは避けられない。「原子炉の稼働を許さないが、アメリカは自分たちのやり方で対処すると、オルメルト首相にお伝えください。もし承諾しないのであれば、イスラエルは自力で事にあたらなければなりません」

同じ頃、エイブラムス大統領副補佐官はハドリー大統領補佐官と会い、シリア原子炉に関する覚書を手渡した。エイブラムスはブッシュが外交工作を選んだ場合の政治・外交面での悪影響を懸念していた。

エイブラムスは主張した。中東をよく見てください。ハマスはガザ地区を奪いました。二〇〇六年夏、南レバノンでの戦争終結のため、安全保障理事会決議１７０１が採択され、国連軍が増強されたにもかかわらずヒズボラは再武装しました。イランは独自に核開発を進め、シリアも原子炉を建設しています。これらの問題に対するアメリカの対応はどうなのでしょう。「まさか国連に一任するとでもおっしゃるのですか？　保守派の友人たちは、現政権が思考停止に陥っていると思うでしょう」。さらに「力を行使することなく、国連に働きかけ、同時にイスラエルにパレスチナとの最終和平交渉の席に着くよう圧力をかけるですって？　これは茶番です」と主張した。

しかし、すべては遅かった。ブッシュ大統領はオルメルトに何を伝えるか決断していた。七月一三日の朝、ブッシュはオーヴァル・オフィスからオルメルトに電話をした。ワシントンは午前八時で、エルサレムは午後三時だった。ブッシュのかたわらにはハドリーとエイブラムスが通話に立ち合い、オルメルトのそばにはトゥルボヴィッツ首相補佐官と外交アドバイザーのシャーローム・ターグメンが控えた。

「わが国の情報機関が、これは核兵器開発プログラムと断言できない以上、私は独立国家に対する攻撃を正当化することはできない」。続けて国際原子力機関（ＩＡＥＡ）に問題を提起する決断も伝えた。「ＩＡＥＡはあなたの権益と国家を守ってくれるでしょう。そして、この方法を選択することで、我々の国益も確保できると思います」(9)

ブッシュは話を続け、オルメルトは黙ったまま聞き役に回った。もし私が攻撃の決断をしたら、議会に最新の情報を提供しなくてはなりません。そうなったらどこから情報を得たのかと聞かれるでしょう。「私はイスラエルから情報提供を受けたと言わなくてはなりません。アメリカはイスラエルのために他国を攻撃するという知らせは瞬時に世界中に広まります。そうなればイスラエルとアメリカの関係は弱体化し、我々の中東政策は危ういものになります」

すでにワシントンの一部で、イスラエルがイラクを攻撃するようブッシュに圧力をかけたという説が流布していた。


「我々は邪魔をしません」


「これはあなたが望むことではないのはわかっています。二人で問題を解決しましょう」。ブッシュはオルメルトに言った
ライス国務長官が月曜日にイスラエルを訪問し、オルメルトと共同で記者会見を開いて、シリアの原子炉の存在を公表して外交努力を開始し、原子炉を解体しようとブッシュは提案した。

オルメルトは即座に強く反応した。

「大統領閣下、あなたの主張は理解できますが、忘れないでください。最終的にイスラエル国の安全を保障する責任は私の肩にかかっています。必要な措置を講じます。私の言葉を文字通り受けとっていただいて結構です……私は原子炉を破壊します」

そして、「貴国の決定はわが国の神経を逆撫でするものです。率直に申し上げます。あなたの戦略は私にとってとても不愉快なものです」

ブッシュはオルメルトの攻撃的な反応にたじろいだ。エイブラムスは大統領が逆襲するのではないかと心配したが、ブッシュはオルメルトの怒りを発散させることに終始した。会話の最後で、「どうぞ、ご自由に。我々は邪魔をしません」と伝えた。

最後にオルメルトから要請があった。「今後も情報が広まらないようお願いします。我々の唯一の強みは、我々が原子炉のことを知っているとシリアは気がついていないということですから。大統領閣下、誰にも口外させぬようお願いします」

ブッシュに異存はなかった。「あなたは私の大切な友人です。秘密を守ります」

通話が終わると、「たいした男だな。情報が漏れることがあってはならない。みな口外しないように」とブッシュは言った。

アメリカは積極的にイスラエルの攻撃を支援することはできない。しかし、誰であろうともイスラエルを妨害してはならない。ブッシュはハドリーとエイブラムスに命じた。この指示が意味するものは、アメリカはイスラエルの情報機関とのみ協力を継続するということであった。情報面の協力は「イエス」であり、軍事援助は「ノー」ということになった。

ハドリー補佐官にしてみれば、ブッシュの反応はとても彼らしいものであった。

「これがブッシュの信奉するリーダーのあるべき姿だった。ブッシュの目にオルメルトは理想的な指導者に映ったのだろう。ブッシュの決断に敬意を払うが、シリアの原子炉はイスラエルとユダヤ人にとって実在の脅威であり、最も親しいアメリカであっても、脅威の排除を委ねないとオルメルトは言った」。のちにハドリーはこう語った。

翌日、ブッシュは再び国家安全保障チームと会合を持った。ゲーツ国防長官は激怒した。オルメルトはアメリカの支援を求めながら、アメリカがシリアを攻撃するという回答しか受け入れようとしない。アメリカを言いなりにしようとしている。ゲーツはそう断言した。

ブッシュはオルメルトに赤信号を出さないことで、実質的にゴーサインを出したとゲーツは感じていた。イスラエルによる秘密作戦は原子炉攻撃のみに焦点が当てられているが、重要なのは北朝鮮による核の拡散である。外交努力が始まれば、暗黒の闇はやがて明らかになる。

さらにゲーツは警告した。イスラエルの爆撃で、アメリカの国力は低下したと思われる。「我々の外交努力による解決策の提案はやがて明らかになるでしょう。そうなれば、中東で手痛い失敗をした弱国イスラエル政府に、アメリカは戦略的国益を差し出したも同然です(10)」

電話会談でブッシュはオルメルトに圧力をかけなかった。ブッシュはオルメルトの「固い決意」に感銘を受け、イスラエルの妨げになることはしないと約束した。

ワシントンでは、イスラエルは攻撃すると見られていたが、確かな攻撃日時は誰も知らなかった。だが、おおよその予定はわかっていた。攻撃は原子炉が稼働するまでに行なわなくてはならない。原子炉の建屋は完成し、冷却システムの準備も最終段階に入っている。攻撃が行なわれるのであれば、その日は近い……。

オルメルトとバラクの反目

ブッシュ大統領との電話会談から数日後、オルメルト首相は安全保障会議を召集した。閣僚たちにアメリカの決断に関する最新情報を知らせる必要があった。これまでの安全保障会議がそうであったように、今回も会合の内容を偽っていたので、不定期に閣議を開催する真の理由を国民に知られる恐れはなかった。

オルメルトはブッシュとの会話を閣僚に知らせることから始めた。そしてヤドリンとダガンが最新情報を提示した。閣僚たちに質問と意見を言う機会が与えられた。

「アメリカが回答した。アメリカは動かない」とオルメルトは報告した。

「だから言っただろう」。一か月前に国防大臣として再入閣したエフード・バラク元首相が苦笑いした。

六月にバラクは労働党の党首選で勝利し、アミール・ペレツを党首の座から引きずり下ろした。党首になったその日にバラクは、国防大臣を辞任するようペレツにファックスを送った。バラクは党首になりたかっただけでなく、再入閣したかったのである。

ペレツはそのファックスをシリア原子炉に関してオルメルトと会合している最中に受け取った。それは思いもよらない知らせだった。イスラエルの運命を決める会議の最中に、新しい党首が辞任を迫る。

当時、政治評論家の一部は、バラクの辞任勧告は非礼で姑息な手段と批判した。しかし、のちにバラクは、モサドによるシリア科学者のハッキングが実施されたあと、オルメルトから元首相として説明を受けており、安全保障会議の一員として最終的な攻撃計画立案に参画することで、内閣の力になれると語った。

それより少し前の四月のある日、オルメルトはバラク元首相を公邸に招き、そこでヤドリンとダガンが原子炉の発見に関する詳細なブリーフィングを行なった。「我々はこの原子炉の稼働を許すわけにはいきません。どう対処するか立案中です」。オルメルトはバラクに伝えた。同様のブリーフィングはネタニヤフ元首相にも行なわれた。

バラクは首相の話に聞き入った。そしてアサドが手にする原子炉はイスラエルにとって実在の脅威であり、首相は適切な対処法を理解していると答えた。

イスラエル国防軍（ＩＤＦ）の元参謀総長であり、数多くの叙勲を受けたバラクの軍歴と政治生涯はイスラエル史の一部であった。

一九四二年、キブツで生まれたバラクは幼少期、政治家にも、軍人になることも考えたことはなかった。すべてはＩＤＦに入隊してから変わった。バラクは精鋭部隊の「サイェレット・マトカル」に配属され、その後、同部隊の指揮官になった。巧妙な戦術家であり、優れた戦略家と知られるバラクは、一九七六年の「エンテベ空港奇襲作戦」を立案した主要人物であり、一九七二年に「黒い九月」によってハイジャックされたサベナ航空５７２便に整備士に扮装して突入した部隊の一員でもあった。翌七三年には女装したバラクが「サイェレット・マトカル」を指揮してＰＬＯの首謀者三人を排除している。

エフード・バラク国防大臣（元参謀総長、首相）。シリア原子炉の排除に関してはオルメルト首相と意見は一致したが、その具体的方法については意見が分かれた。

バラクの軍歴はまだ終わらなかった。バラクは昇進を続け、アマン長官と計画局の局長を歴任し、一九九一年に参謀総長になった。退役から六か月後の一九九五年に労働党に入党すると、内務大臣になった。一九九六年の選挙でシモン・ペレスがネタニヤフに政権を明け渡すと、バラクは党首となった。その三年後、かつての部下だったネタニヤフを選挙で破ると、イスラエルの首相となった。しかし、バラク政権は長続きしなかった。二〇〇〇年の選挙でアリエル・シャロンに首相の座を奪われ、政界からビジネスに身を投じた。

バラクは二〇〇六年のレバノン侵攻を政界に復帰するチャンスととらえた。閣僚全員に厳しい目が注がれていたからである。元IDF参謀総長で、首相経験もあったバラクは、次の選挙で圧勝し、権力の座に返り咲くことができると踏んだ。実際、労働党の党首に立候補したバラクは、ペレツから党首の座を奪った。

バラクは国防省に復帰しただけでは満足せず、すべての会議でオルメルト首相と衝突した。国防大臣となって数日後、バラクはオルメルトとの定期的な会合のため、首相公邸を訪れた。時間を守らないことで知られるバラクは、この会合にも遅刻した。遅れて到着するとすぐに、首相がIDF参謀総長と個別に会ったことを非難した。オルメルトはバラクをなだめようとしたが、その激しい怒りはなかなか収まらなかった。それから数か月にわたり、オルメルトはバラクと一緒に仕事することがいかに大変かを身に沁みて知ることになる。

ほかの閣僚にとっても、オルメルトとバラクが同席する会合は居心地が悪かった。「二組の夫婦で外出して、一組は常に喧嘩している。そのような状況では早々に逃げ出したくなる」とある閣僚は語った。

相手を見下し、打ち解けることを知らないバラクの目に、オルメルトは戦略的思考に欠ける指導者として映った。原子炉は排除しなければならないという最終ゴールには合意したものの、首相は結論を急ぎすぎ、すべての選択肢を十分に検討していないように思われた。

一致協力する閣僚

六月に国防大臣に就任して以来、バラクはシリア原子炉関連の事案に没頭し、モサドとＩＤＦからブリーフィングを二度受けていた。オルメルト首相からは、ブッシュとの個別会談の内容とともに、アメリカが攻撃してくれればいい、という希望的な観測も伝えられた。

だが、それについてバラクは否定的だった。アメリカ人との個人的な経験から、ブッシュがシリア攻撃を承認することはありえない。「アメリカは中東で行なっている戦争で手いっぱいだ」とバラクはオルメルトに伝えた。

当時、複数の案を軍から提示されたとバラクは語った。その一つは大規模なもので、数派に渡ってシリアを爆撃する計画だった。この作戦であれば必ず原子炉は破壊されるだろう。ただし、イスラエルの関与を否定するのはむずかしく、大規模な作戦を実施すれば、アサド大統領は報復に出る恐れがある。そのような事態は避けたい。ほかに陸上からイスラエルの特殊部隊が攻撃する案も検討された。[11]

バラクはいずれも賛成せず、オルメルトが主宰したＩＤＦとモサド幹部との会合でもそう発言した。原子炉の破壊には賛成するが、「何度でも言う。我々はこの作戦を賢く実施しなければならない。我々は原子炉の破壊を確実なものにするだけでなく、アサドに何も起きていないふりをさせなければならない」と主張した。

オルメルトを含む出席者の一部からは、バラクは政治的野心から行動しているように見られ、また再入閣したばかりで時間を稼いでいるように思われた。バラクの考えた作戦が成功したら、オルメルトだけでなく、バラクの功績にもなる。

レバノン侵攻を検証するウィノグラード委員会の報告書が二〇〇七年末に発表される予定で、内容は厳しいものになり、オルメルトは辞任に追い込まれるだろう。その後にシリア攻撃を指揮すれば、バラクには首相再任の道が拓ける。

「国防大臣はすべてを引き延ばそうとしています。首相が退任し、バラクが首相になれば、攻撃成功の功績は彼のものになります（12）」。ある日、ロニ・バルオン財務大臣はオルメルトに告げた。

一部の人には、バラクは責任感を持って行動しているように映った。ミズラヒ安全保障会議議長も、イスラエルには時間があり、原子炉を急いで攻撃する必要はないと考えていた。ミズラヒには、バラクが対シリア戦争の準備が十分にできているか憂慮しているように見えた。

バラクからすれば、このような一部閣僚の政治的発言はまったく馬鹿げた話だった。バラクは、これまでの準備は見事だが、攻撃日が近づいても軍は作戦の立案をやめるべきではないとオルメルトに伝えた。バラクは、空軍を使うことに賛成したが、大がかりな作戦にしてアサドが報復に出ることは避けたかった。

オルメルト首相の頭の中は「攻撃」で凝り固まり、細部に注意が行き届いていないのではないか。そしてその傾向は、レバノン侵攻以降、顕著になったとバラクは見ていた。開戦の夜、オルメルトはヒズボラの長距離ミサイル基地に向けて極秘作戦を発動した。ヒズボラが保有するロケット弾やミサイルは数年かけて秘密裏にイランから入手したもので、テル・アヴィヴを射程に収めていた。

ミサイルの位置情報は、バラクが首相であった二〇〇〇年代前半にモサドによって収集された。IDFは一九八二年からレバノン南部に防衛区域を設定し、現地に駐留していたが、二〇〇〇年五月、バラクはこの地区からIDFを撤兵させた。撤退から五か月後、ヒズボラは三人のイスラエル軍兵士を拉致した。軍の一部は長距離ミサイルを使って報復攻撃するよう進言したが、大規模戦闘を回避するため、ヒズボラのミサイルを攻撃することをバラクは許可しなかった。

五年後、アリエル・シャロン首相時代にも同じことが発生した。IDF兵士を拉致しようとヒズボラが越境攻撃を仕かけてきたのだ。この時はイスラエルのスナイパーの銃弾がヒズボラの携帯式対戦車擲弾発射機（RPG）に命中し、RPGは爆発、三人が死亡した。さらにスナイパーは四人目を射殺。しかし、シャロン首相もミサイルは攻撃しなかった。バラクと同様、ミサイルを攻撃したなら、それは大規模衝突につながる危険性があると見たからである。

それに対し、二〇〇六年に二人の予備役兵士が拉致されると、オルメルトは対ミサイル攻撃を許可した。「オルメルトには興奮を抑えられない時がある。それが何であれ、できることに飛びつく」。バラクは腹心に語った。

三四日間に及ぶレバノン侵攻が発生した時、バラクは政治の世界から離れていたが、戦いの推移には注目していた。ヒズボラからの攻撃後、オルメルトは少し間をおいてから反撃した方がよかったとバラクは思った。IDFに準備させ、予備役を召集し、イスラエルの国益とは何かを真剣に考える一週間があってもよかったのではないか。バラクの時間の使い方は独特だった。長時間に及ぶ安全保障会議の最中、席を立って壁から時計を外すと、分解してまた組み立てる。

シリアの原子炉事案に関する会議は何時間も続き、参加者は意見を出し合った。ある閣議で、一人の閣僚がシリアに原子炉が存在するとBBCのような国際報道ネットワークにほのめかしたらどうかと提案した。ニュースにすることで、アサドの反応を正確に判断することができ、また報道が原子炉建設に及ぼす影響についても観察することができる。仮定にすぎないが、アサドは安全であると思えるまで計画を凍結するのではないか。だが、この提案はアサドが原子炉の完成と稼働を急がせるかもしれないという懸念から否定された。

のちに多くの閣僚は、安全保障会議に出席した時が自分の政治家人生の山場だったと語っている。全閣僚がイスラエルの存在を脅かす実在の脅威を排除する作戦に参加したのである。党利党略は片隅に追いやられ、イスラエルの安全保障という純粋な目的に向かって閣僚は一致協力した。

ある日、クネセトでヘルツォグはレヴニ外相に偶然に出会い、夏の休暇はどうします？と尋ねた。ヘルツォグは妻とどこかに行こうと話していたが、シリアの状況が過熱することが心配で遠くに行くことは不安だった。レヴニは夫とイスラエルから飛行機で四五分ほどのキプロスへ行くと話した。ヘルツォグも同じことをしようと決めた。二人は何かあれば、飛行機をチャーターしてただちにイスラエルに帰国しようと約束した。

新しい構想「否認ゾーン」

この時、テル・アヴィヴにあるＩＤＦ情報機関「アマン」の司令部では、首席分析官のヨッシー・バイダッツ准将が新しい構想を提案した。それは「否認ゾーン（逃げ場）」である。

その発想はシンプルで、仮にイスラエルが原子炉攻撃しても、沈黙して原子炉問題をアサドに突きつけない限り、アサドは報復を差し控える可能性が高いというものであった。

つまり、イスラエルはアサドのために「否認ゾーン」を設けておけば、アサドは原子炉を建設していたと認める必要がなくなる。イスラエルが黙っている限り、アサドは攻撃後も何もなかったふりができる。

この戦略は二つの前提からなっていた。一つは原子炉の存在を知る者の数が極めて少ないこと。アマンによれば、シリア軍の最高幹部でも原子炉が建設されていることを知らない。アサドにしてみれば、閣僚と軍幹部にユーフラテス川のほとりで何をしていたか説明するより、何もなかったふりを選択するのではないか。イランも知らないし、ロシアも知らない。イスラエルによる原子炉破壊に衝撃を受け、アサドは戦争を始めるより、すべてを引き出しの奥に仕舞い込むことを選択するのではないか。手痛い仕打ちには違いないが、アサドにしてみればより望ましい選択であろう……。

事実、イスラエルはアサドに何度も恥をかかせてきた。アサドの支援を受けたテロ集団がイスラエルで事件を起こした報復に、近年でも二回ほど避暑に訪れたアサドの頭上をイスラエル軍機が轟音を立てて飛行している。二回ともアサドは沈黙し、報復するのを耐えた。だが、今回も同じ反応をするかどうかはわからない

外務大臣であったツィッピー・レヴニは即時攻撃に驚いたが、後日のイスラエルの隠蔽工作では大きな役割を果たした。

イスラエルのレヴニ外務大臣は、早い段階から外交交渉の余地はないと見ていた。レバノン侵攻に関しては、レヴニは当初から政府に「終戦の戦略」を考えるよう求めてきたが、誰もレヴニの話に耳を貸そうとしなかった。ライス米国務長官との激しい交渉のすえ、国連安全保障理事会で決議1701が採択され、結果として外交が戦争を終結させた。

しかし、シリアの原子炉に関しては、外交努力では問題解決できないことをレヴニは理解していた。もしイスラエルがアサドを非難し、国際社会や国連がシリアに圧力をかければ、逆の結果をもたらす。国際社会はシリアと交渉し、アサドとの合意を目指すだろう。それはのちの二〇一五年に結ばれたイラン核合意と同じである。

もし国際社会がアルキバール原子炉に関してシリアと交渉を開始したら、アサドはすぐに六日戦争（第三次中東戦争）でイスラエルが併合したゴラン高原やレバノンなど既存の問題も議題にするだろう。イスラエルは原子炉以外の問題を一緒に交渉する気はなかった。

レヴニ外務大臣は、ハッキングで入手した写真やその他の重要な証拠をまとめた資料をモサドとともに編纂し、それをフランス、ドイツ、ロシア、トルコにあるイスラエル大使館の金庫に保管した。

これら四か国はイスラエルが原子炉を破壊した際に最新の情報を提供する必要があると思われる国々だった。

また、それ以外の国の外相から、攻撃にイスラエルが関与したかどうか質問された時に備えて声明を用意した。メッセージはシンプルだった。「ご質問をありがとう。何かあったようですが、わが国は控えめな立場を堅持したいと思います」。レヴニの用意した声明文はそれだけだった。さらに話が長くなりそうな相手には、「手短にお願いします。電話をかけなければならないところがあります。のちほど担当者から細部にわたる説明があると思います」と言って、話を打ち切ることに決めていた。

レヴニは対シリア戦争についても準備を始めた。首席補佐官で法務の専門家のタル・ベッカーに、シリアで何が起き、自衛のためにイスラエルがどう行動したか、そして、核拡散防止条約に違反して核兵器を開発しようとしたシリアを非難することで事態を収拾しようとしたことなど、安全保障理事会の決議文を起案させた。

アサドの行動を推測

この時期、アマンとモサドは心理学と精神分析学の権威に助言を求め、アサドが爆撃のあと、どう行動するかを予測しようとした。のちに情報分析官はオルメルト自身も大学で心理学を専攻したと知って驚いた。

オルメルトの学生時代の知識ぐらいでは、アサドの行動を推測するのは難しかった。事実にもとづいた予測は簡単だが、ある人物が何をするかを推測するのは容易ではない。

「アサドが保有する航空機やミサイルの数、それらを使って何ができるかなど、技術的な質問でしたら、百パーセントの精度でお答えできます」。アマンのヤドリン長官は首相にそう説明した。

実際、外国首脳の脳内の動きを予測するのは難しく、さまざまな要因が考えられ、そのすべてを考慮するのは不可能であった。のちにヤドリンは、客観的な情報ではアサドは報復しないことを強く示唆していたと語った。しかし、爆撃前夜にアサドが夫婦喧嘩をしていたらどうなるだろう？　腹を立てたアサドは我々のあずかり知らないところで、報復を決断するかもしれない。

「秘密がばれていることを知らない指導者が、その場で何をするか予測するのはとても困難だった。我々は控え目にせざるを得なかった」とヤドリンは言う。

アシュケナジ参謀総長は、本当の試練はイスラエルの政治家が沈黙を保てるかどうかだったと語る。彼は、ある閣議で五〇パーセントの確率でアサドは報復すると述べた。そして、残りの「報復しない」は、我々が無言でいられるかにかかっている。

「もし誰かが口をすべらせたら、その人に次の戦争が始まる責任をとっていただきます。我々は、アサドが嘘をつきやすくする〝隙〟を与えなければならないのです」

第6章　オルメルトの戦い

拉致されたイスラエル兵

シリア原子炉が発見される約一年前の二〇〇六年七月一二日、オルメルト首相は朝早く官邸に出勤した。官邸は妻のアリザと暮らす西エルサレムのタルビーヤ地区の公邸からほど近くにあった。この日も政治と軍事をめぐる闘いになるはずだったが、想像すらしない試練が首相を待ち受けていた。

イスラエル国防軍（ＩＤＦ）はガザ地区で作戦を実施中で、ＩＤＦがガザ地区に進出したのは、二〇〇五年夏の撤退以来だった。

二〇日ほど前にＩＤＦの兵士、ギルアド・シャリートがガザ地区の実質的な支配者であるパレスチナのテロ組織ハマスに拉致されていた。ハマスは早朝に秘密トンネルを通って、イスラエルに侵入し、近くにあったメルカバ戦車を攻撃して、二人の兵士を殺害すると、軽傷のシャリートを引きずって、ガザへと帰って行った。戦車の乗員の多くは睡眠中で、テロリストの接近に気づかなかった。

それまで、攻撃は空軍だけで行なわれていたが、前日の一一日、オルメルト首相は地上部隊をガザに進出させることを承認した。第84「ギヴァティ」旅団はAH‐64アパッチとAH‐1コブラ両攻撃ヘリコプターに守られて国境線を越え、パレスチナ領に進出した。旅団の任務は、国境近くに前方拠点を築いて、ハマスのミサイル攻撃を阻止することにあった。

イスラエルの情報機関は、ハマスのイズ・アド・ディン・アル・カッサム旅団の悪名高い指導者、モハメッド・ディフの居場所をようやく突き止めた。彼こそイスラエル領内で発生した複数のテロ事件の首謀者であった。情報機関は何年にもわたってディフの居場所を探したが、果たせなかった。ディフのようなテロリストの居場所を発見できるのは、情報官にとって何度もあることではなく、この機会を逃すわけにはいかなかった。

ガザ国境からほど近いIDF南部司令部の特別指揮所では、スクリーンに電源が入れられた。担当官は長円形のデスクに座り、密告者、ドローン、衛星など、さまざまな情報源から届く情報を注視した。

空軍の各司令部ではディフが潜伏する建物の大きさが分析され、投下する爆弾の量が検討された。爆弾は巻き添えの被害を局限するため、小型のものが望まれたが、イスラエルから逃げ続ける男を殺害できるだけの威力は必要だった。

ディフの存在は何度も確認され、指揮官は攻撃に自信を持った。

F‐16戦闘機を発進させる許可がようやく出た。目標はガザ市のシェイクラドワン地区にあるコンクリート製の三階建てのアパートだった。

午前三時に爆弾は投下され、アパートを直撃した。しかしディフは重傷を負いながらも、なぜか生き延びて闇夜に紛れて逃走を図った。この爆撃で九人が死亡した。

官邸に到着したオルメルトは、継続中の作戦とディフに対する爆撃についての詳細なブリーフィングを受けた。午前一〇時、拉致されたシャリートの両親、アヴィヴァとノアムが「水族館」に案内されてきた。オルメルトは両親に子息に関する最新情報を伝えた。

現在行なわれている軍事行動で、ハマスがシャリートを解放する可能性はわずかだが、オルメルトとIDFはテロ組織に大きな対価を支払わせることで、シャリートの解放につなげようと考えていた。さらにイスラエル兵の拉致は容認できないことをハマスに知らせることも重要だった。

会合の途中で軍副官が入室し、首相にメモを渡した。オルメルトは、メモを広げ、内容に目を通すと、信じられないという顔をした。首相は黙ってメモを父親に渡し、妻にも見せるよう伝えた。

そこにはレバノンとの国境近くでIDFが攻撃を受け、二人の兵士が行方不明になったと走り書きされていた。「どうやら拉致されたようです」。副官はそう言った。

オルメルトは落胆し、考えがまとまらなかった。ガザ地区で拉致された兵士の親が目の前にいる。一年前の撤兵以来はじめて、IDF部隊はガザで行動している。そのうえ新たな戦争の風が北から吹いてきた。

「軍には慎重に行動しろと伝えろ！　ヒズボラが待ち構えているぞ！」。オルメルトは部屋を出ようとする副官に怒鳴った。

首相は自分の不安が的中したことをやがて知ることになる。国境のそばに配置されていたIDFの戦車がレバノンに進入し、逃走する誘拐犯を捕捉しようとした。対するヒズボラは用意周到で、数多くの地雷を戦車の進路に敷設し、その結果、戦車は粉々に破壊され、乗員全員が死亡した。拉致被害だけでも十分な悪夢なのに、今度はさらに戦死者まで出ている。

オルメルトはシャリート夫妻との会話を切り上げ、ガザの進展について最新情報を提供すると約束した。そして、オルメルトは側近を集め、レバノンでの越境攻撃にどう対処するか意見を聞いた。

側近は全員が積極的な攻勢が必要と考えていた。ただ問題は日本からの公賓がイスラエルを訪問中で、オルメルトはホスト役を務めることになっていた。数度にわたり延期されていた小泉純一郎首相のイスラエル訪問が実現し、この日は公邸で昼食を一緒にしたあと、会見を開くことになっていた。

二時間後、オルメルト首相は「この場を借りてはっきりさせたい。今朝の事件はテロなどではない。これは主権国家によるイスラエルへの攻撃であり、無論イスラエルは挑発などしていない。ヒズボラを含むレバノン政府は地域の安定を転覆させようとしている。レバノンは本件の責任を負わざるを得ず、またレバノンは重大な結末を受け入れなければならない」

「イスラエルとその国民は試練の場に立たされている。かつて我々には難題が突きつけられ、当時の状況は現在よりも複雑で困難だった。我々イスラエルの国民は全員、我々を痛めつけようとする者に打ち勝つ方法を知っている」と力強く述べた。

オルメルトの政治姿勢

オルメルト首相の声明はやや時期尚早であった。これから続く戦争では不幸な出来事、失敗、政治的試練、災難が続き、ウィノグラード委員会の調査はのちにこの戦争を「重大な失策」として、オルメルトに多くの責任を負わせることになる。

オルメルトに攻撃の報告があった数分前にペレツ国防大臣はその知らせをテル・アヴィヴで聞いた。竣工したばかりの国防省ビルの一四階にある大臣執務室で、ペレツはガザで進行中の作戦について将軍たちと協議していた。

IDFの作戦局長が、ハンヴィー（高機動四輪駆動車）二台がヒズボラの待ち伏せ攻撃にあったという情報を伝え、レバノン戦線を管轄する北部軍が、兵士が拉致された恐れがある場合に発動される「ハンニバル」作戦を発令した。

会議を終了すると、ペレツは全員に北方を注視するよう指示した。「本件は現在の最重要課題である。本作戦に注力しなければ、大混乱が生じる」

そしてペレツは空軍に国境沿いのヒズボラ陣地と、テロリストが拉致兵士を連れて逃走する際に使用する可能性のあるレバノン領内深くの道路を爆撃するよう命じた。

皮肉なことにオルメルトもペレツも本来であれば、首相や国防大臣になるはずの人物ではなかった。半年前に伝説の将軍、また狡猾な政治家として知られるアリエル・シャロン首相が脳卒中に倒れたことで、オルメルトに首相の座がころがり込んだのである。

二〇〇三年のリクード党予備選の結果、オルメルトの名前はクネセト選挙の比例代表者名簿の三二番目に載せられた。党への忠誠心と、比例代表名簿の順位が低かったことの見返りに、シャロンはオルメルトを通産大臣に任命し、ガザからの撤退に先駆けてベンヤミン・ネタニヤフが辞任すると、今度は財務大臣のポストが与えられた。シャロンがリクード党を離党して、カディマ党を設立するとオルメルトは副総理に任命され、シャロンは脳卒中に襲われた。

一九四五年、オルメルトは建国前のユダヤ人準軍事組織の一つであるエツェルの対イギリス戦基地で生まれた。父親のモルデカイはロシアに生まれ、中国のハルビンに移住すると、ゼエヴ・ウラディーミル・ジャボチンスキーが設立したベタルと呼ばれる青年修正主義運動の地方支部に参加した。一九三〇年代にイスラエルに移住して政治家になり、一九七〇年代後半に与党になり領土拡張を訴えていたヘルート党(リクード党の前身)から出馬してクネセトの議員になった。

一九六三年、オルメルトは徴兵されてゴラニ歩兵旅団に配属となった。しかし高校時代の古傷が悪化し、戦闘部隊を離れるとIDFの部内週刊誌『バマハネ』の記者となり軍役を終えた。

一九七三年、オルメルトは二八歳でクネセトに初当選した。議員としてのオルメルトは権力中枢から離れたところに位置し、リクード党のタカ派となった。

当時のオルメルト議員は、舌鋒鋭く、辛辣な発言をする元ジャーナリストとして知られ、権力という権力を追い詰め、ほかの新人議員と共闘して政治の腐敗を追及した。オルメルトが最初に標的にしたのは犯罪組織が牛耳るサッカー・クラブであった。さらにエルサレムの麻薬組織を追い詰め、記者と協力して武器の密売組織を解体した。

オルメルトは政治家としての道を順調に歩んでいった。一九八八年に無任所大臣として入閣し、二年後には厚生大臣に任命された。当時高まりつつあった人気に乗じて、一九九三年にエルサレム市長選に立候補した。すべての世論調査は、伝説的な市長として長年君臨してきたテディ・コレクが優勢と伝えていたが、最終的に勝利した。

エルサレム市長として、オルメルトは世界に向けて施策を発信し、右派の論客としての立場も不動のものにした。労働党に反対するデモでは常連の演説者になり、イツハク・ラビン首相がヤセル・アラファト（パレスチナ穏健派指導者、自治政府初代長官）と進める和平プロセスに反対した。

オルメルトは建設事業の推進者で、市長在任中にエルサレムのインフラは格段の進歩を遂げた。新たな道路が開通し、トンネルは掘削され、革新的なライト・レール・システムの建設計画も始まった。

市長として一〇年務めたあと、二〇〇三年、国政に復帰した。新人議員時代の腐敗追及や市長時代の雄弁は鳴りを潜め、リクード党と新政権の中道派となった。二〇〇三年一二月一日、シャロンの名代として、建国の父ダヴィッド・ベングリオン初代首相の追悼式にも参列している。

オルメルトはベングリオンの言葉を引用しながら語った。

「イスラエル西部の土地すべてを軍事占領することは可能だった。でもそうしたら、何が起きただろう？　一つの国家が成立する。その国家は民主主義国家であろうとするだろう。そうなれば国民すべてによる選挙が行なわれ、我々は少数派に転じる。ユダヤ人だけの国のない全体的国家か、一部の国土におけるユダヤ人の国家を選ぶか。我々は一部の国土におけるユダヤ人国家の成立を選んだ」

さらに続ける。「近い将来、この国の指導者はユダヤ教の力とシオニズムの信念をかき集めて、国の将来を決めなければならない。そして、平和のために痛みをともなう妥協を容認しなければならない」

来賓席には元首相で、将来の大統領となるシモン・ペレスがいた。ペレスはエフード・バラクの方

に体を傾けつぶやいた。「おやおや、どうしたんだろう？　あいつがベングリオン主義者になったとは……」(1)

オルメルトは自らの政治姿勢の転換を説明したことはなかったが、それまで提唱してきた修正主義では、ユダヤ人国家を長期に維持することができないという冷静な判断が働いたようだった。さらに、首相を目指すなら、大衆にアピールできる中道派にならなければならないという政治的な打算もあったとされる。オルメルトはパレスチナ領土におけるイスラエル入植運動のゴッドファーザーであり、のちにはガザ地区からイスラエルの痕跡を消し去ったシャロンの足跡も追っていた。オルメルトは指導者になろうとしていた。

オルメルトの新構想

オルメルトは二〇〇六年三月に首相に選出され、イスラエルの将来について壮大な計画をぶち上げた。支持率が公表される前に、オルメルトは目玉となる施策を発表した。「収束計画」である。それは二〇〇五年夏にガザ地区から自主的にユダヤ人入植者と軍事基地を撤退させたものと同様な構想であった。

オルメルトは、イスラエルが六日戦争（第三次中東戦争）でヨルダンから奪い取ったヨルダン川西岸地区でも同じことをしなければならないと考えていた。元首相らはパレスチナの独立に向けてパレスチナ側と交渉したが、パレスチナ指導者が合意に必要とされる妥協を早期にできるか疑っていたオルメルトは、ユダヤ人が入植地を立ち退き、領土はパレスチナの支配に任せる「収束計画」の推進を決断した。

選挙の前夜に行なわれたインタビューで、オルメルトは「新たなイスラエル」を提唱した。「私たちの国境は変わり、私たちはパレスチナ人の多くとは別の場所で暮らすことになります。国内の暴力事件は減少し、より安全な国が誕生します。国家は社会問題により真剣に対応できるようになり、快適な生活が送れます。イスラエル国民は国を愛するだけでなく、どれだけ愛しているか、声に出したくてたまらなくなるでしょう(2)」

オルメルトは自身の計画に自信を持ち、進行スケジュールまで発表した。パレスチナとの最終合意がなくとも、四年後には自主策定した国境線までイスラエルは後退する。

オルメルトは選挙を圧勝し、カディマ党は二九議席を獲得した。一二議席にとどまったネタニヤフのリクード党はその勢力を以前の三分の一に減らした。数週間後、オルメルトは外遊し、各国の指導者に新たな計画を説明した。五月にはワシントンでブッシュ米大統領と会談し、議会で演説した。アメリカ議会で演説したイスラエル首相はオルメルトが最初であった。

一週間後、オルメルトはシナイ半島にあるシャルム・エル・シェイクでエジプト大統領のホスニー・ムバラクと会談し、その四日後にはアブドゥッラー二世ヨルダン国王に拝謁した。その後、ロンドンでトニー・ブレア首相に自らの計画を売り込み、パリでジャック・シラク大統領と会談した。

この入念に準備された外遊は、短期間で外交勝利を収めることを目的としたが、各国首脳の反応はさまざまだった。ブレア首相は「私は交渉による入植以外、いかなる選択肢も受け入れるつもりはありません(3)」と答えている。

アメリカでは好意的な反応を得た。ブッシュ大統領はオルメルトの発案を「大胆なもの」と呼び、「イスラエルとアメリカ両国が支持する平和への重要なステップである」と発言する一方で、パレスチナとの交渉を継続するための真摯な努力と、合意を得るための交渉もあきらめないよう強く求めた。

各国首脳との会談の中で、ブッシュとの会談は最も重要なものであった。オルメルトは第一印象の重要性も認識していた。二人の生い立ちは似通っていた。二人とも政治家の息子であり、生まれながらに政界のプリンスであった。前首相のシャロンもブッシュと密接な関係があったが、その関係は年下の大統領が二〇歳年上の首相を仰ぎ見るものであった。オルメルトはブッシュよりわずかに一〇か月年長なだけで、ほぼ同い年だった。

大統領と首相はオーヴァル・オフィスで会談した。オルメルトは自身の計画を力説したが、ブッシュはパレスチナ大統領のマフムード・アッバースと協力して交渉を継続するよう説得した。それに対してオルメルトは、交渉は続けるが、成功する確率は低く、交渉が不首尾に終わった場合は単一国家による計画を採用せざるを得ないと答えた。

会談を終えたブッシュはオルメルトと妻アリザを、南庭を見渡せるトルーマン・バルコニーに誘い、夫妻と打ち解けた会話を楽しんだ。この親密な環境で、両首脳は互いのことを理解し、ブッシュは、オルメルトは真剣に和平に取り組み、シャロンの遺産を継承するにふさわしい後継者だと感じた。

しかし、七月一一日、レバノンでの突然の開戦がすべての幕を閉じた。オルメルトは経験不足を気力で補おうとした。ＩＤＦの予備役兵士がヒズボラに拉致されてから一二時間が経過すると、オルメルトは閣僚を召集した。ＩＤＦはヒズボラを国境から撃退しようとしたが、作戦は順調に推移しなかった。

「いい加減にしろ！」。オルメルトは補佐官に告げた。六年前のレバノン撤退以降の北部国境の状況に痺れを切らし、イスラエルは攻撃する必要があるとオルメルトは意見を口にした。オルメルトが知らなかったのは、二〇年以上続いた太平の世はまもなく終わりを告げ、イスラエルは戦争への道を突き進んでいるということだった。

レバノン侵攻

初日の損害が明らかとなり、オルメルトはいかにして報復するか閣僚と協議した。ＩＤＦ参謀総長のダン・ハルツ空軍中将はレバノンの国家インフラを大々的に爆撃すべきだと強く主張した。その論理は単純で、国際社会の目を中東に向けてもらうには、イスラエルは狂気じみた反応をしていると世界に知らせる必要があるというものだった。

だが、オルメルトは同意しなかった。レバノンの上下水道設備、電力供給網、道路などのインフラの破壊は一般市民の反イスラエル感情をあおり、一部の市民はヒズボラとイランに合流するだろう。「私はレバノンにいる二五〇万人のキリスト教徒をイスラエルの敵にしたくない。国際社会と衝突しようとも思わない」と述べた。

戦闘が始まってすぐに、オルメルトはライス国務長官に電話した。ライスは同感の意を示すと、ブッシュ政権はイスラエルが報復しなければならないことを深く理解していると伝えたうえで、レバノン政府を攻撃しないよう求めた。レバノン首相のファード・シニオラは、ワシントンの目には将来性のある指導者に映り、シニオラに危害が及ぶことは避けたかった。オルメルトは要請に応えると返答した。

ところが、その日の午後五時、ベイルートでカリスマ性のあるヒズボラの指導者サイード・ハサン・ナスルッラーフが十数人のジャーナリストを前に記者会見を開いた。当時、ヒズボラの議長はレバノン国内を自由に移動できた。戦争が状況を一変し、開戦後、ナスルッラーフが公の場に姿を現すことはほぼなくなる。ナスルッラーフは言う。拉致したIDF予備役兵士はレバノン国内で安全に拘留され、イスラエルとの捕虜交換の場でのみ解放される。拉致されたシャリートについても話し合う用意がある。

会見の最後でナスルッラーフは「オルメルトは新しい首相で、国防大臣も参謀総長も新人だ。今夜、以前の首相や閣僚からレバノンに関するアドバイスを聞こうと閣議を開くだろう。警告する。衝突を望むのであれば、あとで驚くことがないよう、しっかり覚悟するように！」[4]と言い放った。

二〇〇〇年、ヒズボラはイスラエル軍兵士を拉致し、二〇〇五年にも拉致を試みたが、前任のバラクとシャロンは反撃を自制した。オルメルトも自制するとナスルッラーフは判断して挑発したが、その思惑は外れた。

午後八時、オルメルトと閣僚は、ヒズボラの長距離ロケット弾のすべてを目標にした攻撃計画を承認した。

「比重」作戦は何年にもわたり温められてきた計画であった。立案を主導したモサドは、ヒズボラが厳重に防備する長射程のロケット弾発射機の配置図を入手していた。秘匿されていたのは、カチューシャ（多連装短射程）ロケット砲ではなく、イラン製のファジル・ロケット砲であった。これは一〇〇キロ近くの射程があり、イスラエル全土が脅威にさらされる。

モサドとイスラエル空軍は、発射機は民家の内部に保管され、発射時に屋外に引き出されると内閣に説明した。ＩＤＦの攻撃計画に将官たちは逡巡した。ロケット弾は民家に保管されているため、ＩＤＦは五〇〇人から一〇〇〇人の犠牲者が出ると予想したからだ。さらに攻撃は、ロケット弾発射機の位置を事前にイスラエルが把握していたことがヒズボラに知られ、情報提供者の生命を危険にさらす恐れがあった。

国防大臣であり、かつて労働組合委員長であったペレツは反論を押し返した。「ロケット弾に添い寝しているような人間であれば、ある日、自分の家がなくなっていても驚きはしないだろう」

オルメルトも同意し、閣僚は攻撃を決断した。作戦は当日の夜に実施され、数十機の航空機が六八か所の目標を攻撃し、四〇分で終了した。ヒズボラのファジル・ロケット弾は壊滅した。

作戦の成功はオルメルトとＩＤＦに自信を与えたが、ヒズボラのロケット弾攻撃はエスカレートし、イスラエルは猛反撃を受けた。ＩＤＦは長距離ロケット弾の位置を特定し、破壊に成功したものの、短い射程のカチューシャ・ロケット弾への攻撃は同じようにはいかなかった。カチューシャは小型で、位置の特定と破壊は難しかったからである。

作戦が暗礁に乗り上げるにつれて、イスラエル北部からは不気味なほど人影が消えた。逃げられる市民は南部に避難し、北部にとどまった市民は爆弾シェルターに何日も身を隠した。イスラエルはヒズボラのロケット弾攻撃の人質となった。

削減された国防予算

戦闘が激化していた時でさえ、オルメルトは自身の「収束計画」をあきらめようとはしなかった。海外メディアとの会見で、オルメルトはヨルダン川西岸地区からの独自撤退計画の提唱を続け、戦勝はパレスチナとの恒久的な平和実現を加速すると見解を述べた。

だが、戦いが終わった時、オルメルトの「収束計画」は過去の物語になっていた。入植地の市民は兵士を死の戦場へ送り込むことで、入植者を立ち退かせようとしているとしてオルメルトを非難した。終戦から二週間後の八月中旬の世論調査で、国民の六三パーセントがオルメルトは戦争指導に失敗し、辞任すべきだと答え、七四パーセントの人がアミール・ペレツも同様に辞任すべきだと回答した。

この結果は、数週間前のヒズボラ戦の初期段階で行なわれた世論調査とは大きく異なっていた。ある日刊紙の調査では八〇パーセントがレバノン侵攻を支持し、七四パーセントの人がオルメルトの働きを高く評価していた。しかし、今や民心は完全にオルメルトから離れた(5)。戦争の失敗をもはや隠すことはできなかった。

偶然でしかなかったが、開戦の前日、オルメルトはIDF参謀本部の長テーブルの椅子にペレツ国防大臣とハルツ参謀総長とともに腰を下ろした。オルメルトが背にする壁にはイスラエル建国の父ダヴィッド・ベングリオンの言葉が金文字で刻まれていた。「すべてのユダヤの母に伝えなさい。あなたの子の運命は庇護者たる指揮官に委ねられたことを」。その翌月、ベングリオンの真理がオルメルトを試すことになる。

この年に行なわれた選挙では社会問題が焦点となり、候補者は誰もがＩＤＦをこき下ろし、当選後は防衛予算を削減すると訴えた。選挙後、ハルツ参謀総長と将軍たちはオルメルトとの初会合で国防予算が削減された時の予期せぬ悪影響について注意を促した。

一人の将軍は、ある予備役旅団は二〇〇二年から訓練を実施しておらず、戦時動員された場合、目的を達成することはどう考えても不可能だと首相に打ち明けた。アマン長官のヤドリンは、国防予算は削減ではなく、増額すべきだと訴えた。「戦費に比べたら、安いものです」

だが、オルメルトは軍の要求を拒絶した。「テル・アヴィヴの老人介護に必要な予算ですら困っているのだ(6)」

問われる戦争責任

新たな戦争は将軍たちの意見が正しかったことを証明した。ＩＤＦの対ゲリラ戦エリート部隊「エゴズ」がレバノンに進出した際、ヒズボラから予期せぬ猛反撃を受けた。エゴズはこの戦争で最初に投入された地上部隊で、隊員たちはイスラエルのアヴィヴィン村から国境線を挟んだレバノンのマロウン・エル・ラス村へ向かった。アマンによれば、この村にはヒズボラの方面軍最高司令部があるはずだった。

作戦は容易なはずだった。村の東部を確保する、いくつかの家屋の中で配置につく、重火器を使用して、村の残りの地区を制圧する。エゴズの隊員はこのような任務に関する特殊な訓練も受けていた。エゴズはヒズボラが基地を構え、ロケット弾発射機を配備し、塹壕を掘る南レバノンのような岩だらけの山岳地帯で行動する訓練を継続して受けている数少ない部隊の一つであり、兵士たちは訓練を「無意味だ」と愚痴ったものの、ヨルダン川西岸地区とガザ地区での六年にわたる戦闘経験から、エゴズは対ヒズボラ戦のエキスパートになっていると考えられていた。

兵士たちは、激しい抵抗を予想して進んだ。狙撃手が待ち構え、迫撃砲の砲弾も降り注ぐだろう。道路に爆弾が仕掛けられているもしれない。にもかかわらず国境を越えてすぐにエゴズはヒズボラの偵察チームに発見され、予期せぬ対戦車ミサイルを含む攻撃で五人が戦死した。これがIDFによるレバノン地上戦闘の始まりであった。

この戦いでは予備役兵士も多く動員された。戦時における予備役の役割は大きく、数多くの若者が志願した。二人の兵士が拉致され、ロケット弾攻撃が母国を襲っている。当時イスラエル国内では、国家は存亡をかけて戦っているという感情が一般的だった。しかし、予備役兵士が動員センターに到着し、装備品が支給されると、その装備品が旧式なことに衝撃を受けた。M16小銃の弾倉は錆つき挿入できない。戦闘ベストは一九六七年の六日戦争当時のものでサイズも合わず、ヘルメットには蜘蛛の巣が張っていた。

さらに上層部からの指示は明確さを欠き、命令は二転三転した。いくつかの部隊はレバノン南部の村に送られ、何日も待機するよう命じられた。これではヒズボラの対戦車ミサイルの格好の目標である。別の予備役兵士は適切な情報や火力を与えられない状況にもかかわらず目標の制圧に向かわされた。

戦争が進行するにつれて、損害も増え、オルメルトはメディアから非難を浴びるようになった。左派系日刊紙『ハアレツ』の著名な社外コラムニストは、当初はオルメルト支持派だったが、「オルメルトよ、去れ」という記事を執筆し、一面に掲載された。イスラエル賞の受賞者で、イスラエルで最も影響力を持つコラムニストのナホム・バルネアは「逃げろ、エフード、逃げるんだ」と題したコラムを発表した。バルネアは、オルメルトにこれ以上の損害を出すことを思い止まらせ、レバノンからの撤退を提唱した。「IDFは勝っていない、そしてこれからも」

戦争が終結した数日後には、何百人もの青年男女が首相官邸の反対側にあるローズ・ガーデンでオルメルトの辞任を求める抗議活動を始めた。一部の政治家は帰還した予備役兵士が政権の転覆を図っていると厳しく非難したが、当の兵士たちは国家に忠誠を尽くしていると信じて疑わなかった。戦いの準備ができていなかったことは長年の怠慢であったが、イスラエルの将来の安全を考えると、オルメルト、ペレツ、ハルツは辞任しなければならないと予備役兵士たちは主張した。

抗議活動する若者たちは前回の選挙でオルメルトに敗れたネタニヤフ元首相から密かな支援を受けていた。ネタニヤフはこの抗議活動を政治的なチャンスととらえていた。

各メディアは抗議運動を詳細に報じた。開戦当初に見られた愛国心にもとづく報道は、戦争の失敗と失策の解説に取って代わった。いくつかの報道機関はIDFの不適切な運営に焦点をあて、ほかのメディアはオルメルトとペレツの二人に集中砲火を浴びせて、政治的に無能だとこき下ろした。いずれにせよ、多くの人々は何かが変わらなければならないと考えていた。抗議の声は無視するには大きすぎた。

オルメルトは圧力に屈して、終戦から数週間後の九月一七日に、エリヤフ・ウィノグラード元最高裁判所判事を国家調査委員会の委員長に任命し、ウィノグラード委員会が戦争を調査することになった。委員会は二〇〇七年四月に第一次報告書を発表し、政権は大きな打撃を受けた。

誰もが批判から逃れることはできなかった。委員会は責任の多くをオルメルト、ペレツ、ハルツに負わせた。ハルツはすでに退役を公表していた。

ウィノグラード委員会によると、オルメルトは適切に計画することなく、開戦を急ぎ、また軍への配慮も欠けていた。内閣はＩＤＦからあいまいな計画を提案され、閣僚は漠然とした閣議決定を採択し、この決議は閣僚自身も軍の最高司令官も理解できなかった。戦争指導部が理解できなかったことを戦場に展開した部隊が理解できるはずもなく、戦争の目的は不明確で、ＩＤＦは勝利につながる計画を提案するだけの創造力に欠けていた。軍は、内閣が求めていたことと、現実にできることの違いを、文民指揮官に警告することを怠ったと委員会は結論づけた、

「これらの重大な失策は、首相、国防大臣、そして（離任する）参謀総長の責任に帰すべきである。この三人を責める理由は、この三人の中でたとえ一人であっても賢明な行動をとる者がいたら、当時下された決断と作戦決定の手法、ならびに戦果は大きく改善されたと見込まれるからである」。ウィノグラードは報告書にそう記した。

すぐには明らかにならなかったものの、レバノン侵攻の結果は、イスラエルとＩＤＦの新たな脅威と挑戦への対処能力に焦点をあてる何人かのアメリカ人のものの見方を変えることになった。

レバノン侵攻が始まると、ブッシュ大統領とチェイニー副大統領は六日戦争の再演を目にすると予想した。ヒズボラは瞬時に敗北し、戦争は長くとも二週間で終わるだろう。イスラエルにはアメリカ製の航空機、スマート（誘導）爆弾、高性能戦車、優れた情報収集能力がある。ヒズボラは取るに足らないゲリラ組織で、ロシア製対戦車ミサイルはあっても、このような兵器にＩＤＦが手を焼くはずがない。

その一方、戦争の推移を追っていたライス国務長官は、七月三〇日のレバノン南部のカナ村での空爆で多数の民間人が死亡したことに激怒しており、終戦とぶざまな結末は、オルメルト首相との関係を見直す大きなきっかけになった。ライスはシャロンを称賛し尊敬してきたが、オルメルトは信じることのできない男に成り下がった[7]。

オルメルトの片腕であるレヴニ外務大臣と親密な関係を築いていたライスは、オルメルトの退陣も間近であると考えた。その一方、オルメルトの目には、ライスはすでに自身の後継者であるレヴニとの関係を強化しようとしていると映った。

一変したレバノン侵攻の評価

レバノン侵攻（二〇〇六年）に対する国際社会の評価は、二〇一九年までに一変した。一九六七年以来最長となる約一三年におよぶレバノン国境の落ち着きは、過誤があったにせよ、イスラエル軍の侵攻の成果と見られた。ヒズボラの行動は消極的になり、イスラエルはヒズボラに手痛い教訓を与えたとされた。その後、イスラエルはシリアに対して何度も攻撃を加えたものの、ヒズボラは何年にもわたり、一度も報復することはなかった。時間の経過とともに、オルメルトの戦争は正当化され、十分な効果があったと認められた。

しかし、当時このような歴史的変化を予想できた人は少なかった。しかも二〇〇七年には前例のない脅威がシリア北部で浮上していた。政治的な生き残りをかけて戦っていたオルメルトは、首相在任中で最も重大な試練にさらされようとしていた。シリアで発見された原子炉にどう対処するかである。

オルメルトにとって、シリアの原子炉破壊はイスラエルに対する実在の脅威の排除以外の意味もあった。名誉の回復と政治的復権である。成功裏に事態を収拾できれば、原子炉の破壊はオルメルトが決断力に優れ、アメリカに逆らってでもユダヤ人を救った指導者であることを証明するだろう。

初期段階でオルメルトが知り得なかったのは、シリア原子炉爆撃の功績は永遠に公表されないということだった。実際、一〇年以上もイスラエルは作戦を肯定も否定もしなかった。オルメルトは沈黙を誓い、ほかの者にもその誓いを守らせた。

オルメルトのような政治家にしてみれば、沈黙が作戦の中でいちばん困難なことであったに違いない。

これは、国政選挙の三週間前に実施された、一九八一年のイラクのオシラク原子炉爆撃とは大きく違っていた。ベギン首相は選挙の公示前に爆撃を決断していたものの、ＩＤＦと政府間の合意を反故《ほご》にして、原子炉破壊の決断と作戦敢行を公表した。ベギンの行為は浮動票の取り込みだと、反対政党を中心に多くの人は考えた。

オルメルトは政治的窮地に陥っていた。イスラエルの政治家は血の匂いを嗅ぎつけると、容赦なく敵をなぶり殺しにする。そして、戦いを生き延びる政治家はいない。オルメルトも戦争の返り血を浴び、極めて脆弱だった。作戦を成功させた首相としての名声は、喉から手が出るほど欲しかったに違いない。

だが、オルメルトは何が重要なのかをわかっていた。それは国の安全と戦争の回避であった。その二つは、手にすることができたかもしれない政治的な報酬よりも重要だった。

第7章　攻撃のとき

近づく稼働開始

闇夜に紛れて、2機のCH‐53シー・スタリオン輸送ヘリコプターがレーダー探知を避けるため、低空を飛行していた。機内にはM16小銃の代わりにAK47小銃を携行し、シリア軍兵士に偽装した特殊部隊員が乗っていた。さらにCH‐53ヘリには迷彩塗装された旧式のシリアと同型のジープが積載され、着陸後、移動に使われることになっていた。(1)

二〇〇七年八月、イスラエル国防軍（IDF）情報機関「アマン」のヤドリン長官が立案した作戦にもとづき、最精鋭の特殊部隊「サイェレット・マトカル」がシリア奥地に送り込まれようとしていた。部隊に与えられた任務は、原子炉にできるだけ近づき、写真を撮影し、土壌のサンプルを持ち帰ること。ただしイスラエル軍兵士がその場にいたことを誰にも知られてはならない。

このような秘密作戦の実施は首相の承認が必要だった。モサドが入手した写真の多くは数年前に撮影されたものであり、衛星写真を日々入手しているが、正確な状況を知るには不十分だった。イスラエルは燃料棒が運び込まれているかどうかを知りたかった。それがわかれば、原子炉の稼働開始がどれだけ近いかが明らかになる。

「サイェレット・マトカル」の潜入は、情報の収集だけでなく、地上から原子炉に到達できるかを確認する目的もあった。内閣は攻撃を承認するまでにどのような選択肢があるかを知る必要があり、地上作戦も候補の一つであった。

ＣＨ－53ヘリのパイロットの視界にシリアの砂漠の小高い丘と、遠くを流れるユーフラテス川が入ってきた。特殊部隊員を乗せたＣＨ－53の後方には攻撃ヘリ、そして作戦に支障が生じた時に備えて航空捜索救難部隊を乗せた救難ヘリが続いた。レーダーと地対空ミサイルが届かない高高度には、シリア軍の通信を傍受する指揮機が旋回飛行していた。

このような特殊作戦を実施する際は、「サイェレット・マトカル」に通常数か月の準備期間が与えられ、参加メンバーは一年前に指名されることもあった。隊員にとって作戦は生活のすべてになり、訓練の合間に息をつく。しかし、往々にして作戦は中止される。軍の統計によると、一般的な「サイェレット・マトカル」の隊員は在隊中に三～四個の特殊作戦の訓練を実施するが、作戦の半分は中止となる。

政治家はしばしば気が変わり、新たな情報が届けられて当初の作戦要求は変更される。「マトカリスト」という愛称で呼ばれる隊員にはこのような事態がいちばん堪《こた》える。

アマンの監督下に行動する「サイェレット・マトカル」はスリルに満ちた作戦に参加したことで知

られる。二〇〇六年のレバノン侵攻で、マトカリストはいくつもの特殊作戦を実施した。ある作戦では、IDFが二人の予備役兵士が拘留されていると誤認したヒズボラの勢力地であるベッカー高原に進出した。別の作戦ではヒズボラへ武器を届けるイランのコンボイを密かに破壊した。

シリア原子炉の偵察へ向けて、準備する時間は限られていた。原子炉が発見されてから、攻撃を実施しなければならない最終期限までの時間が短かったからである。訓練は六月初めに開始され、一か月半継続した。

これまでの特殊作戦がそうであるように、IDFの情報保安部門は隊員に特別秘密保持宣誓書に署名するよう求めた。二週間ほど家を空けて何をしていたのか、どこにいたのかを家族に説明できないことには慣れていた。数日おきに高級将校が現れ、訓練に参加したり、作戦環境を模した訓練場で行動する隊員たちを確認した。

作戦前には携行する火器や偵察器材、偽装品などについて検討される。ヘリから降りたあと、隊員は自力で行動しなければならず、作戦に問題が生じた場合、救助される確率は低い。

ヘリは原子炉から数十キロ離れたところで隊員を降ろす。隊員は原子炉までジープもしくは徒歩で進む。マトカリストはランドナヴィゲーション（地上航法）のエキスパートで、コンパスなしでも目的地に到達できるよう十分に訓練されている。隊員はシリアの地形についても学んだ。

このような作戦では、特殊部隊は通常いくつかのグループに分かれる。偵察担当の分隊が本隊の前方を進み、障害物を排除していく。指揮官は計画どおり、三〇分ごとに休息を命じ、隊員は背嚢から出ているチューブから水分を補給し、エナジーバーを口にする。その包み紙はポケットに入れて持ち帰り、痕跡は残さない。

偵察隊は本隊の一〇〇メートル先を進む。新しい区間に進出する際には、偵察隊の分隊長が双方向無線機のボタンを二度押す。これは事前に取り決めた信号で、本隊が前進するのに支障がないことを意味する。

イスラエルの超エリート部隊である「サイェレット・マトカル」は必要な装備品はなんでも入手できる。暗視ゴーグル、対戦車ミサイル、各種爆発物はもちろん、衛星通信も可能である。部隊には専属の技術班がいて、カスタマイズされた武器や装備品を作製する。今回の作戦では、隊員は地質学者や科学者からブリーフィングを受け、探し出すべきもの、どのようなサンプルを持ち帰ったらいいかを学んだ。

原子炉の近くまで来ると、指揮官は数人の兵士に、土やほこり、植物をプラスチック製のケースに採取するよう命じた。兵士はサンプルを得るために地面を深く掘った。イスラエルが求めていたのはウランのかすかな痕跡であった。原子炉が建設されれば、付近にウランが散らばる。

サンプルの採取は数分で終了した。一人の兵士が小さなほうきのような道具を使って、採取した痕跡を消し去った。シリア陸軍の警備隊に発見されるわけにはいかない。

指揮官は信号を発すると、離脱地点まで後退した。兵士を回収したヘリがイスラエルの領空に達すると生還の知らせが官邸に届き、オルメルトは深く安堵した。

数日後、土壌サンプルの結果が出た。結果は陽性だった。これにより、この施設は間違いなく原子炉だと判明した。しかも稼働開始が近づいている。攻撃するなら、早期に実施しなければならない。

イギリスへの情報提供

オルメルト首相とヤドリン長官の関係はよく、数日前の閣議で、ヤドリンは部屋の片隅にオルメルトを誘うと、原子炉を排除するには、数機による限定的な攻撃で十分だと保証した。

シリア攻撃は、一九八一年のヤドリン自身も参加したイラク原子炉爆撃とは大きく異なる。当時は数機の未帰還機が想定され、原子炉まで進出できるかどうかも危ぶまれた。「任務完遂を保証するには大規模な編隊が必要でした」。ヤドリンは説明する。シリアの目標は近く、ほぼ隔離されており、まったく防御されていない。「作戦を遂行するにあたり、必要なのは数機だけです」

何人かのアドバイザーは大規模攻撃が必要と主張していたが、オルメルトはヤドリンに異議を唱えなかった。危険を冒してイラク原子炉を破壊した八人のF-16戦闘機パイロットの一人であり、情報機関の長であるヤドリンと言い争いをしたくはなかった。

サンプル採取を行なった数日後、オルメルトはダガンとヤドリンをイギリスに派遣した。ブッシュはすでにシリア原子炉攻撃を実施しない意向をイスラエルに伝えていたが、もう一つの同盟国であるイギリスに報告をしておきたいと考えたからだ。(2)

オルメルトはゴードン・ブラウン英首相に電話し、ダガンとヤドリンが対外情報機関のMI6のジョン・スカーレット長官と面会する許可を求めた。イギリスと情報を共有するのは二つの理由からだ。MI6は世界で最も実力のある情報機関であり、中東全域に影響力を持っている。また戦争が勃発した時に備えて、オルメルトはロンドンの承認を取り付けておきたかった。さらにMI6がシリア原子炉の存在に気がついていないこと、MI6がイスラエルの計画に障害となる作戦を実施していないことを確認したかった。

スカーレット長官は会談の場に二人の副長官を連れて現れた。スカーレットの反対側にダガンとヤドリンが着席し、そのかたわらには二人のイスラエル情報官が控えた。情報官がブリーフケースから取り出した資料を見てイギリス側の出席者は驚愕した。スカーレットはすぐにこの状況を「容認することのできない事態」と判断した。

イギリス側は、ダガンが三か月前にワシントンに持参したものと同じ写真、さらに新たに収集した詳細情報に目を通した。施設の建設は周到に隠蔽され、いかなる「シリアの一般政府組織」も関与していないと、ヤドリンはスカーレットに告げた。

スカーレットは衝撃を受けた。ＭＩ６はアラブ諸国の奥深くに潜入していることで知られている。スカーレット自身もシリアのバシャール・アサド大統領と面識があり、彼のことはよくわかっているつもりだった。ところが、アサドが核兵器の開発を進めているという情報をまったくつかめていなかった。

過去に多くの国々が大量破壊兵器を手に入れようと試みたが、アサドの大胆さにスカーレットは愕然とした。人里離れた砂漠の中に核施設を建設し、限られた人しか知らないのであれば、アサドは制裁を受けないですむと考えている。

イスラエルの情報機関は、スカーレットと彼のエージェントに三つの大きな置き土産を残して帰った。シリアは荒涼とした地に確実に原子炉と思えるものを建設している。限られた者しか原子炉の存在を知らず、原子炉はシリアの政府組織に属していない。イギリス政府は、北朝鮮の関与も不愉快だが、シリアの原子炉が中東、ひいては世界の安定におよぼす影響について強い懸念を抱いた。

この会合は、アサドが起こそうとしている危機についてイギリス側に最新の情報を提供することだけが目的ではなかった。イスラエルはイギリスの洞察力によって原子炉建設の背景も知りたかった。誰の発案なのか、どこから資金の提供を受けているのか、イランの関与はあったのか、北朝鮮はここで何をしようとしているのか？

最後の疑問については、イギリスの答えがとくに有益であると考えていた。シリアのアルキバール原子炉は北朝鮮の寧辺原子炉のレプリカであり、寧辺原子炉はイギリスが一九五六年に完成したコールダーホール原子炉をモデルにしていた。イスラエルはイギリスから原子炉、その設計、出力、そして性能についてヒントを得たかった。

会合が終わると、すぐにスカーレット長官は、二か月前に就任したばかりのブラウン首相に情報を伝えた。これから起きることを考えると、この情報は世界を震撼させるだけの力を持っていた。

航空攻撃の責任者

八月末の時点でもいくつかの疑問は残った。一つはタイミングだった。攻撃するまでに、イスラエルにどれだけの時間が残されているのか？　当初からオルメルトは九月初めを攻撃期限としていたが、閣議決定はされていない。もう一つは攻撃方法であった。地上作戦にするのか、航空作戦にするのか？　もし航空作戦であれば、具体的にどうするのか？

航空攻撃の責任者は、温厚な元パイロットのエリエゼル・シュケディ少将であった。ホロコーストを生き延びた父親を持つ少将は、敵がユダヤ人の生存をおびやかす能力を手に入れることは何としても阻止しなければならない責務を自覚していた。

シュケディ少将の父モシェはユダヤ系ハンガリー人で、ブダペストからアウシュヴィッツへ向かう家畜運搬車から飛び降り、逃亡することに成功した。モシェはやがて「保護要請状」を発行することで、何千人ものユダヤ人を救ったスイス人外交官の「ガラスの家」にたどりついたが、父と四人の姉妹とは二度と会うことはできなかった。

一九七五年、シュケディは空軍に志願し、イスラエル空軍（IAF）で初めてF‐16を操縦したパイロットの一人で、勇敢な戦闘員として知られるようになった。そしてIAFのトップとして、欧米諸国の対テロ戦争でも採用される目標殺害指針（高品質の情報と精密航空攻撃の組み合わせ）に磨きをかけた。

E・シュケディ空軍司令官。戦闘機パイロットから空軍トップとなり、シリア原子炉攻撃へ出撃するパイロットを送り出した。

目標殺害指針は精密なミサイル技術、高品質の情報、最先端の指揮・統制システムの独特な組み合わせであった。この目標殺害指針により、イスラエルは二次被害と、民間人犠牲者数の大幅な低減に成功した。二〇〇二年当時、戦闘員と民間人犠牲者の割合は一対一であったが、二〇〇八年にシュケディが空軍参謀長を離任した時点で、その割合は三〇対一まで下がった。

シュケディの在任中に情報収集の手法も改善され、目標殺害に至る意思決定プロセスもより厳格なものになった。さらに、高い精度を持つ小型弾頭ミサイルが開発され、このミサイルは高層マンションの一室や混雑した道路を走る車、もしくはオートバイだけを爆破することが可能だった。

シュケディの脳裏にはホロコーストの影が常につきまとった。二〇〇三年、シュケディが空軍副司令官時代に、イスラエル軍戦闘機はポーランドの航空祭に招待された。シュケディは飛行隊長とともにある条件をつけた。イスラエル軍機がアウシュヴィッツ強制収容所へと続く線路の上空を飛行する許可である。

ポーランドはそれに同意したが、新たな条件をつけた。イスラエル軍機によるアウシュヴィッツ上空の飛行を認めるが、飛行は高高度とすること。これではイスラエル軍機は視界に入らず、飛行は無意味なものになってしまう。シュケディ副司令は雲の下を飛行するよう命じ、追悼式に参列した数百人のIDF将校は飛行を目にすることができた。

アウシュヴィッツ上空をイスラエルの国力と独立を象徴して飛行する三機のF‐15戦闘機を撮影した写真は、いまも多くのIDFの庁舎に飾られている。その写真には「思い出せ。忘れるな。頼れるのは自分たちだけだ」というシュケディの言葉が記されている。

シュケディは、この言葉に嘘をつくことなく生きた。空軍司令官としてシュケディは空軍歴史研究部に、アドルフ・ヒトラーの言葉と、二〇〇五年にイラン大統領に就任したマフムード・アフマディネジャドの発言を比較するよう命じた。その研究結果は多くの人を驚かせた。二人の指導者はユダヤ人国家、シオニズム、人種に対して同じような言葉を口にしていた。

一九二二年、ヒトラーは「もし権力を掌握したら、ユダヤ人の撲滅は私が最初に着手する最も重要な任務だ」と大衆を扇動した。二〇〇五年に開かれた「シオニズムなき世界」会議で、アフマディネジャドは「イスラエルは地図から抹消されなければならない」と発言し、その後「シオニスト政権は嵐で倒れる朽木《くちき》だ」と公言した。

シュケディは研究結果を司令官室にあるデスクのいちばん上の引き出しに入れ、要人が来訪するとこれを取り出した。シュケディにとって結論は明らかだった。アフマディネジャドとアサドのようなイスラエルの敵が核兵器を手に入れることは許されない。父の家族が七〇年前に受けた苦難が再びユダヤ人に降りかからぬよう、イスラエル軍の戦闘機は常に即応態勢をとらなければならない。

リスクの少ない航空攻撃

イスラエルは独自に決断しなければならなかった。ブッシュ大統領は、七月のオルメルト首相との電話会談のあと、情報面では協力するが、軍事攻撃の立案には関与しないと伝えてきていた。

軍情報機関のアマンが提唱した「否認ゾーン（逃げ場）」は、原子炉攻撃の具体的な方法を模索する会議において重要なテーマとなった。空爆が最も効果的であることは参加者全員の認めるところだが、空爆は大きな痕跡を残す。航空機は発見され、発進地と着陸地は突きとめられ、イスラエル軍によるものと判明するだろう。

一方、地上部隊による特殊作戦では事故による爆発に見せかけることができ、イスラエルの攻撃と特定されない。だが、地上作戦は複雑で、予期せぬ事態が生じたら、作戦の継続は困難になる。さらに施設を完全に破壊できるだけの爆発物を設置できる保証はない。

もし兵士が捕虜になれば、ガザでハマスに拉致されたシャリートやレバノンでヒズボラに拘束されている二人の予備役兵士のような大問題となる。

航空攻撃にはリスクはなく、完全な破壊も保証されている。シリアにはロシア製の地対空ミサイルシステムが多数配備されていたが、イスラエル軍機はシリア上空を飛行した経験があり、ミサイルが脅威になるとは思えない。

事実、ヒズボラが発射したロケット弾でイスラエルの少年が死亡した報復として、二〇〇三年に四機のＦ‐16が爆音とともにラタキアにあるアサド大統領の別荘上空を超低空で飛行し、別荘の窓ガラスは粉々になったという。イスラエルは休暇を楽しんでいたアサドに屈辱を与え、アサドの代理人であるヒズボラの行動を控えるよう強烈なメッセージを送った。

数か月後にイスラエル空軍（ＩＡＦ）は、一九人が犠牲になった自爆事件の報復として、シリアにあるイスラム教ジハーディストの訓練基地を爆撃した。二〇〇六年には、シャリートが拉致された事件を受けて、イスラエル軍機は再びラタキアの別荘上空を低空飛行し、ダマスカスでハマス指導者に隠れ家を提供しているアサドを恫喝した。

一九八一年のイラク原子炉攻撃で、ＩＡＦは少なくとも二機を失うと想定していたが、今回は航空攻撃に不利な側面は少なかった。敵の領空を侵犯するのは危険がともなうが、シリアの原子炉はイスラエルから三〇〇マイル（四八三キロ）しか離れていない。すべての航空機とパイロットが無事に生還することは確実視された。

シュケディ空軍司令官がまとめた作戦は、三個飛行隊から選抜された戦闘機が出撃することになっていた。第69飛行隊はイスラエルで最も航続距離が長く、計一〇トンの爆弾を搭載できるF‐15「ラアム(ヘブライ語で雷鳴)」を保有していた。第253飛行隊と第119飛行隊はF‐16「スファ(嵐)」を運用していた。

シュケディ司令官はブリーフィングで常に次の三点を強調した。「探知を回避せよ」「目標を破壊せよ」「安全に帰還せよ」。パイロットは数か月にわたり、訓練を受けたものの、作戦の詳細が説明されることはなかった。目標は建造物で、無線交信は許されず、レーダー探知を防ぐために低空を飛行することだけがパイロットに知らされた。目標が何かは明らかにされず、知るべき者のみが知っていた。

少なくとも週に一度、パイロットは集まり、イスラエルもしくは地中海上空を訓練飛行した。先任パイロットであるドロール少佐は頭の中に線を引いて、目標は何か、どこにあるかを計算した。距離からするとヨルダン、サウジアラビア、レバノン、シリアのどこにあってもおかしくなかった。厳しい秘匿義務からも、この任務は極めて重要なことは明らかだった。

パイロットはいずれも選び抜かれた者たちで、ドロールは飛行隊副長を終えたばかりだった。最年長のパイロットは四六歳の予備役で、最年少のパイロットは戦闘機操縦課程を終えたばかりの才能あふれる二六歳の若者だった。

緊迫する安全保障閣議

軍の準備が進む一方で、攻撃時期について激しい議論が交わされた。八月中旬のある日、モサドのダガン長官は官邸を訪れ、オルメルト首相とバラク国防大臣に攻撃を強く求めた。遅くなればなるほど、アサドは秘密が漏れたことに気づくとダガンは警告した。

その一方で、オルメルトとバラクの関係は悪化し、オルメルトはバラクを罷免しようと考えたが、熟慮の末、思いとどまった。国防大臣の解任は大きな憶測を呼ぶ。そうなれば、原子炉の存在を秘匿しておくのは困難になり、戦争のおそれもある。国民に指導部は安定していると信じてもらう必要があった。

へイデンCIA長官との電話を終えたダガンは、アメリカの最新情報によれば、シリア原子炉の稼働開始は目前に迫っていると閣僚に伝えた。アメリカも、イギリスも知っている。イスラエル国内でも二千人近い者が知っている。情報の漏洩を防ぐのは難しくなってきた。たった一本の記事、ブログの投稿が我々の安全を危うくする。イスラエルが知っていることにアサドが気づいたら状況は一変する。

「我々は急がなくてはなりません」。ダガンは警告した。

アマンのヤドリン長官は、イスラエルに残された時間は九月初めまでだと報告した。冷却水の導水管はほぼ完成し、燃料棒はすでに挿入されたと見られていた。燃料棒が熱を持った瞬間、イスラエルは攻撃の時機を逸する。

「攻撃により、放射性物質はユーフラテス川に流れ込むでしょう。何世代にも及ぶイランとシリアの子供たちに我々は責任をとれるのでしょうか」。ヤドリンは説得した。

驚いたことにバラク国防大臣は同意しなかった。バラクの反対意見は証言者によって異なる。安全保障閣議に参加した一部の閣僚は「ヤドリンは間違っている」とバラクが主張したことを覚えている。彼らの記憶によれば、攻撃は遅くなっても可能で、稼働してからでも遅くはないと発言したという。放射性物質の拡散は、ヤドリンが言うほどひどいものではない。攻撃は来年四月まで待っても大丈夫だという。

バラクは持論を展開した。「原子炉の稼働後に、我々がそれを知ったとしたら、攻撃を控えますか？　それでもイスラエルは攻撃するでしょう」

そして、原子炉の一部を攻撃する案を提案した。ある閣僚によれば、バラクは「一階を攻撃するのはよいが、二階はいけない」と発言したとされる。バラクが何を言っているのか理解できなかったが、伝説的な駆け引きの名人と評されていたバラクにはよくあることだった。

オルメルトは反論した。「一階で火事が起きたとしよう。火が広がるまで消防署に通報しないのか？　イスラエルは放射能被害を防止できたのに、そうしなかったと人々は言うだろう」

軍情報機関のアマンは国防大臣の下に位置していたが、ヤドリンは自らを抑えることができず発言した。「国防大臣はそうおっしゃいますが、間違っています。（原子炉攻撃しても）我々が沈黙を守れば、アサドは反撃してこないと思います」

バラクは反論した。「私が聞きたかったのは、原子炉の稼働後に我々が発見した場合、放射性物質の拡散を恐れるあまり、我々は攻撃を踏みとどまるかということだ」

バラクは続ける。イスラエルは「期限という鎖」に縛り付けられる必要はない。戦争準備など、考慮しなければならないことがある。これらのことは最終決定の前に十分に話し合わなくてはならない。

八月一日の安全保障閣議も緊張に包まれていた。IDFの計画局局長イド・ネフシュタン少将が軍の選択肢についてパワーポイントを使って説明しようとすると、バラクは「私は君の発言を許可した覚えはない。陸軍の責任者は自分である。発言を禁止する」と言い放った。

閣僚たちは目前で繰り広げられる権力闘争に恐れをなした。オルメルトはバラクを無視して、ネフシュタンに説明を続けるよう閣議決定することも可能だったが、それは少将のキャリアの終わりを意味していた。オルメルトはバラクを落ち着かせた。「まぁ、座って、話を聞こうじゃないか。これは内閣総理大臣としての発言だよ」

そう言って、少将のプレゼンテーションを再開させ、閣僚に情報を精査する機会を与えた。

ヤドリン長官は顔を真っ赤にして、テーブルを強く叩くと、バラクに告げた。「もう我慢できない。IDFの将校は内閣にブリーフィングする義務がある」

ヤドリンは、シリアの核開発プログラムとその脅威について詳細な分析を行ない、「イスラエルには、行動に出る以外の選択肢はない」と結論を言った。

オルメルトは閣僚全員の目を見てから、閣議の終了を告げた。閣僚の何人かは目前で繰り広げられた異様な光景に衝撃を受け、立ち直れないようだった。

一週間後に開かれた安全保障閣議では、オルメルトも覚悟はできていた。オルメルトは、トゥルボヴィッツ首席補佐官と協同して、長いスピーチを用意していた。オルメルトは、四〇分かけて原子炉の発見、攻撃計画、アメリカとの取り決め、解決を見ていない最後の課題について閣僚に説明すると、「イスラエルには、原子炉を攻撃・破壊する以外の選択肢は残されていない」と語った。

そして「国防大臣はこう言うが、事実は……」とバラクの主張を一つひとつ否定し、「この脅威をイスラエルが甘受することはできない」と断言した。

オルメルトとバラクのあいだの緊張は続いた。少将のプレゼンテーションを遮った翌日、バラクは首相宛に私信を携えた急使を送り出した。その中で、バラクは「少将が閣議で行なった説明は国防機構の総意を代表したものではない」と断じた。

オルメルトは急使に返信を持たせた。「大臣は国防機構を代表していない。大臣は軍を代表しているだけだ」と首相は記した。

手紙の交換は翌日も続き、「もうやめた方がいいのかもしれない」とバラクが書き記すまで計七通やり取りされた。オルメルトは「手紙の交換など最初からしなければよかった」と返信した。

数日後、バラク国防大臣はＩＡＦ司令部を訪れた。シュケディ空軍司令官は大臣を静かな場所に案内すると、「大臣がお忙しいのは承知していますが、ほかの攻撃方法についても考えてきました」と告げて、数機で可能な作戦についてかたわらのテーブルにあった紙ナプキンに描いた。

「素晴らしいじゃないか。数日かけてもかまわないから、閣議で発表して欲しい」とバラクは答えた。

複数の閣僚の目には、バラクは時間稼ぎをしているように映ったが、バラクの願いは最良の計画を案出することだった。最後の閣議が近づいても、大規模爆撃、そして新たに作成された「静かな攻撃」を含む、さまざまな選択肢は検討段階にあった。

ＩＤＦ内でも最適な攻撃方法について、意見は分かれていた。アシュケナジ参謀総長は航空攻撃を選択し、バラクとヤドリンはより隠密な作戦を支持した。

自らの意見はあるものの、バラクはすべての案を掘り下げるよう指示した。衛星写真では原子炉付近を警備する兵の姿は見えなかった。「サイェレット・マトカル」指揮官の経験を持つバラクは、すべての選択肢を検討すべきだと考えていた。

バラクは参謀総長の辛さもわかっていた。しかし、アシュケナジに異論があったとしても、参謀総長の肩を持つのはやめにしようと思った。最後の閣議に軍は意見をまとめて出席すべきである。

一人を除き原子炉攻撃に賛成

なだらかな丘と平原が続くイスラエル中南部のシェフェラの高台にあるヤドリンの自宅からはテルノフ空軍基地の滑走路を直接見ることができる。

ヤドリンは暗がりに立ち、攻撃作戦が発動になった時のことを考えた。彼はイスラエルが攻撃を成功させると信じていた。アマンの「否認ゾーン」に関する評価と、空軍の破壊能力は信頼に足るものだった。その一方で、イスラエルは新たな戦争と、ミサイルによる猛攻撃に耐えられるか心配していた。アサドの武器庫には十分な数のスカッド・ミサイルがあった。

最新情報によると、アサドは数週間後にイスラエルとアメリカが協同してイラン、シリア、レバノンを同時攻撃すると思い込んでいるという。この時期は計画されていた原子炉攻撃と重なる。アサドはスカッド・ミサイル部隊に警戒を強めるよう命じ、いくつかのミサイルはイスラエル国内の指定された目標に狙いを定めた。

ヤドリンは既視感（デジャヴ）から逃れられないでいた。一九八一年にオシラク原子炉を破壊したパイロットが、再び新たな原子炉攻撃の計画に関与している。いつまで続くのだろう。イスラエルは永遠に剣を降ろせないのか。未来永劫、中東の原子炉を爆撃し続けなければならないのか。それともいつの日か確かな抑止力を手にして、自国を防衛できるのか。

原子炉を攻撃すれば、イスラエルは国土を徹底的に破壊されかねない戦争に巻き込まれるリスクを負う。原子炉を攻撃しなければ、敵国の一つが核兵器を手にする。これは解決できないジレンマだった。愛する国を全面戦争に突入させるかどうかという決断を下す重圧にヤドリンは押しつぶされそうになった。

九月五日、オルメルト首相は最後の安全保障閣議の開始を告げた。新しい衛星写真は、原子炉と導水管が完成間近であることを示していた。

この時、恐れた事態が発生した。何人かのジャーナリストがイスラエルによるシリア攻撃が差し迫っているという噂を聞いたとして取材に現れた。そのうちの一人はアメリカの新聞に寄稿するジャーナリストで、イスラエル軍の検閲対象外であった。アシュケナジ参謀総長は慄然《りつぜん》とした。情報が漏れている。時間は残されていない。

最終閣議は長時間にわたることが予想された。閣僚は午前一〇時に召集され、内閣官房はハマスのロケット弾発射を阻止するための閣議とごまかした。

まずヤドリンとダガンが、出席者全員がすでに熟知している情報を再確認した。アマンは準備してきたグラフをスクリーンに投影し、作戦の各段階におけるリスクを明示した。グラフにはさまざまな矢印が付けられ、赤は高度の危険、黄色は低度の危険を意味していた。

情報機関の長がプレゼンテーションを終えると、シュケディ空軍司令官とアシュケナジ参謀総長が作戦案を提示したが、具体的な方法について議論は続いた。アシュケナジは閣僚に攻撃許可を求めたが、作戦の詳細はオルメルト首相、バラク国防大臣、レヴニ外相に一任して欲しいと頼んだ。アシュケナジはすべての選択肢を検討していた。そして空軍は閣議が行なわれているあいだも最後の準備に取り組んでいた。

事案の重要性を踏まえて、オルメルトは全閣僚に発言の機会を与えた。各閣僚は自身の意見、希望、信念を語った。なかには逡巡する者もいた。攻撃に賛成のヘルツォグは「神のご加護がありますように」と、はっきりと祈りの言葉を口にした。

レヴニ外相が重要な意見を述べた。二〇〇六年七月、イスラエルはIDF予備役兵士がヒズボラに拉致されたことでレバノン侵攻に引きずり込まれたが、今回イスラエルは、アサドの次の一手にすぐに反応する必要がない。しかも、自国が勝利し、敵が敗北したことを印象づけるためには、征服した領土、爆撃された敵基地、敵の首都に掲げられた自国の国旗のようなイメージが必要だが、今回は、すでに「破壊された原子炉」という結果が存在する。

「戦争が始まる前に私たちは勝利を手にしているのです」

レヴニの発言が意味するものは、アサドの反応次第でイスラエルは自制し、反応しないことで戦局のエスカレートを防げるということだった。

そう言いながらも、レヴニ外相は政府がコントロールできない事態が発生する危険も理解していた。もしシリアのミサイルが幼稚園やショッピングモールに着弾し、多数の民間人の犠牲者が出たら、国民は猛反撃を求めるに違いない。そうなれば開戦は避けられない。

シンベト（イスラエル公安庁）長官の経験を持つディヒターを除いた全員が原子炉攻撃に賛成し、攻撃時機と方法についてはオルメルト、バラク、レヴニの三人の閣僚に一任された。

開始から五時間後の午後三時、安全保障閣議は終わり、大きな不安が残された。テル・アヴィヴに住むヘルツォグは帰宅の途中、窓の外に目をやりながら、アサドがイスラエルにミサイルを発射すれば、夏の日を楽しむ市民の姿は翌日には消え去るだろう。彼は不安を払拭することができなかった。

「震えが止まらなかった」。ヘルツォグはそう回想する。

「いま攻撃しなければならない」

一〇分間の休憩を挟んで、オルメルト、バラク、レヴニは協議を再開した。そこにいるのは三人の閣僚と秘密保持を宣誓した速記者だけだった。アシュケナジ、ヤドリン、ダガンが入室して交代で推奨する作戦を提案した。

アマン長官のヤドリンは限定攻撃の実施を強く訴えた。大規模攻撃を行なった際に、アサド大統領が無視を決め込むことができなくなる事態を恐れた。「数機でいいのです」。ヤドリン長官は力説した。

モサドのダガン長官が付け加えることは少なかった。彼は任務の完遂が可能な航空攻撃に賛成していた。

オルメルト首相は二人の情報機関の長に退室を求め、その場にはアシュケナジ参謀総長だけが残った。

「推薦する案はあるか？」

この時のためにアシュケナジは長い時間かけて答えを用意してきた。参謀総長は即答した。

「今日、今夜にも航空攻撃する必要があります。何が起きようとも、陸軍はその用意ができています」

アシュケナジ参謀総長は、攻撃は航空兵力を用いたものにしなければならないと持論を述べた。限定的な航空攻撃で原子炉は確実に破壊され、それはイスラエルに火の粉が降りかかる危険も少ない。

レヴニ外相は驚いた。外相自身、攻撃に賛成したものの、即時攻撃の必要性をそこまで考えていなかった。安全保障閣議で決定された以上、情報が漏れる可能性は劇的に増加した。ゴーサインを待つだけのイスラエル国防軍（ＩＤＦ）の作戦を知る者は大勢いるはずだ。

レヴニ外相はもう少し状況が推移するまで様子を見ましょうと提案した。閣議は攻撃を決定したが、時間はまだある。彼女はそう考えた。

オルメルト首相は待つ気はなかった。

「いま、この時、この時間に攻撃しなければならないのだ。それがわからないのか」

首相は外相を眠りから覚まそうとした。「もはや討論の場に身を置きたいとは思わないだろう。二対一に分かれて、歴史の彼方に葬り去られてもいいのか。君の力を貸してくれ！」

……レヴニは挙手した。

ソフト・メロディー作戦

三人の閣僚が意思統一を図ろうとしていた時、すでにシュケディ空軍司令官はイスラエル南部のハツェリム空軍基地に向かっていた。シュケディはパイロットがシリアに向けて飛び立つ前に、彼らに直接会いたかった。

最後の安全保障閣議が開かれた前日の九月四日、空軍は最後の飛行訓練を行ない、ネゲヴ砂漠につくられた模擬目標に実弾が投下された。数か月に及ぶ訓練で、パイロットの即応態勢は極限に達していた。最終訓練にはアシュケナジ参謀総長とシュケディ空軍司令官も立ち会った。

訓練終了後、シュケディは飛行隊をブリーフィング室に集めた。

「君たちの任務は、シリアの原子炉を爆撃することだ」

パイロットたちは互いに顔を見合わせた。

「イスラエル国民と国家の安全を守るために極めて重要な作戦である」

パイロットの多くは極秘任務に参加した経験があり、作戦のいくつかは敵地の奥深くで行なわれた。しかし、目標がシリアの原子炉であることを想像した者はいなかった。

「強い衝撃が走り、私たちは言葉を失った。身体が硬直して、『うおーっ』と雄叫びを上げたい気分だった」とパイロットの一人が後日語った。

シュケディ空軍司令官は、この作戦には三つの目標があると告げた。原子炉を破壊すること。一機も失わずにイスラエルに帰還すること。そして、できるだけ静かに、誰にも知られることなく、任務を完了させること。このことは「ソフト・メロディー作戦」という作戦名にも表れていた。

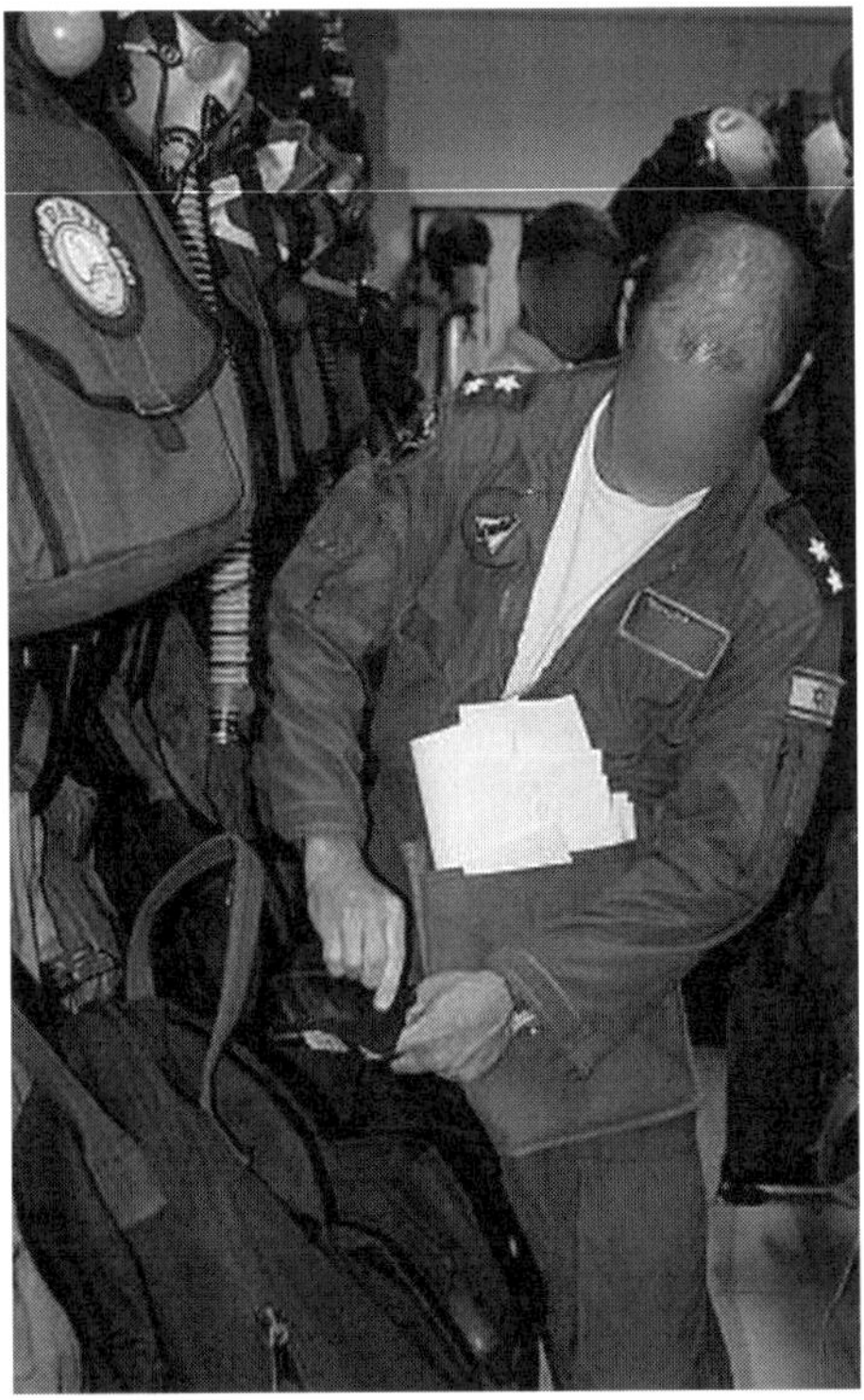
シリア原子炉攻撃の当日、出撃の準備をする第253飛行隊のパイロット。

シュケディ空軍司令官は、ヘルメットを手にして最終点検に向かう隊員の一人ひとりと握手し、「君たちを信じている」と激励した。

攻撃前日、北部軍司令官のガディ・エイゼンコット少将（二〇一五年に参謀総長就任）は高級幹部を集め、開戦に備えるよう指示した。少将は目標に関する詳細な情報には触れず、作戦の概略をブリーフィングした。

「攻撃が次の二四時間から四八時間以内に実施される」

可能性は低いが、戦争が始まる恐れがある。作戦は奇襲攻撃であるため、指揮官は頭で準備するだけで、実際に行動に移すことは認められないとエイゼンコットは厳命した。求められれば、我々はすぐに戦闘態勢に移行する。

IDF地下指揮所

オルメルト首相とバラク国防大臣、レヴニ外相はテル・アヴィヴにある「ボル（ヘブライ語で穴の意味）」と呼ばれるIDF地下指揮所で作戦の推移を見守るつもりだった。オルメルトはいったん自宅に戻り、シャワーを浴びて、二時間ほど休息をとった。「長い夜になる」。オルメルトは妻のアリザに告げた。

午後一〇時半、オルメルトは防弾車両に乗り込み、「ボル」へ向かった。車中で数人に電話連絡した。そのうちの一人は地元紙の記者で、攻撃とは無関係の質問をしてきた。歴史的事件がまもなく起ころうとしている。首相は素知らぬふりで返事をして、悟られないようにした。

国防省の地下深くにある「ボル」はIDFの指揮中枢であり、すべての大規模作戦はここで立案され、監督される。化学戦、生物戦、核戦争に備え、出入口のドアは内部を密閉できる大型な金属製で、来訪者は携帯電話を持ち込まないよう警告される。イランとヒズボラはイスラエルを盗聴しようと積極的に工作しており、これは当然の措置だ。

「ボル」には独立した空気清浄システムと発電機が備えられ、地上の建物が破壊されても、その機能は維持される。

階段はどこまでも続くようで、廊下の両側にはイスラエルの作戦地ごとの部屋が並んでいる。ガザ、レバノン、シリア、ヨルダン川西岸地区、そしてＩＤＦが深部と呼ぶ「隣接国以外の場所」について会議する部屋もある。これらの部屋で作戦が立案され、専門技術と能力に応じて部隊に任務が与えられる。

ＩＤＦの中央指揮センターである「戦争室」で、参謀総長は作戦を監督する。コンピューターと秘話の度合いに応じて色の異なる電話が置かれた長いテーブルの中央に参謀総長の席はある。海軍艦船、衛星、ドローンなど探知源に応じたスクリーンが情報を表示する。

今回のような事案では、首相と政府高官はともに作戦の推移をリアルタイムで注視する。高官らは一つの部屋に集まり、シュケディ空軍司令官は航空機の現在地を確認できる大型レーダースクリーンのある通信センターの席に着いた。スクリーンは各機別に割り振られ、燃料と兵装の残量がそれぞれ表示される。

別の部屋ではＩＤＦの広報官がインターネットを検索し、情報が漏れていないかチェックしていた。もし事前に漏洩したら、それを「噂」として処理し、重要視しないことでアサドを油断させることになっていた。

無力化されたシリア原子炉

レヴニ外相は「ボル」に来る前に外務省のテル・アヴィヴ支庁に立ち寄り、翌日メディアから質問を受ける広報官全員と面会した。レヴニが「ボル」に到着すると、ＩＤＦの準備は完了していた。

二〇〇七年九月五日午後一〇時半、四機のＦ‐15がハツェリム基地を、四機のＦ‐16がネゲヴ砂漠のラモン基地を離陸した。搭載された爆弾の総重量は約二〇トンにのぼり、二千平方メートルほどの建物を破壊するには十分な量だった。爆弾のいくつかは衛星誘導システムを備え、貫通力は爆弾ごとに異なった。たとえ一つの爆弾が有効でなくても、別の爆弾がその埋め合わせをする。

パイロットは原子炉までの飛行ルートと衛星写真を学習することに一日を費やした。しかし、何か悪いことが起きそうな予感はぬぐえなかった。もしシリアが原子炉近くに地対空ミサイルを隠していたら？　第一派の攻撃が不十分で、第二波の攻撃が必要になったら？　パイロットはこれらのリスクを背負わざるを得なかった。

攻撃に向けてF-16に乗り込むパイロット。

各戦闘機は地中海上空を西へ安全な空域まで進んだ。現在地を秘匿するため、対電子戦システムを常に稼働させていた。そして右に旋回すると、シリアへ向けて北上した。トルコ・シリア間の国境線をまたぐように長

出撃の夜、滑走路に向けて移動する複座型のF-16。翼下に増槽が見える。

時間飛行し、シリア上空へは原子炉への最後の行程だけ領空を侵犯した。

八機の戦闘機は、レーダーに捕捉されずにシリア領空に侵入するため、地上二〇〇フィート（約六一メートル）という超低空飛行を続け、パイロットと航法士は厳格に無線封止を守り、誰も言葉を発しなかった。予測できない天候により飛行が不安定になった区間もあったが、それぞれのパイロットが対処した。

バラク国防大臣はテル・アヴィヴの高層マンションの三一階に住んでいたが、戦闘機がほぼ全行程を通じて、彼の住む部屋よりも低い高度を飛行していることを知って驚いた。

予想されていたように、シリア軍の抵抗はなかった。シリア側は戦闘機を目にすることさえなかった。戦闘機は六日午前零時過ぎに目標上空に到達すると、編隊を解いて一機ごとに上昇して原子炉に向けて急降下した。

数秒で各機二発ずつの爆弾を原子炉めがけて投下。約二〇トンの爆弾が原子炉に降り注いだ。爆弾が落下するごとに戦闘機の翼は震えた。爆弾は原子炉建屋の屋根や壁を直撃した。その様子はすべてカメラに収められた。連続して大爆発が起きた。まず屋根が、続いて壁が崩れ落ちた。原子炉は修復不可能なまでに破壊された。

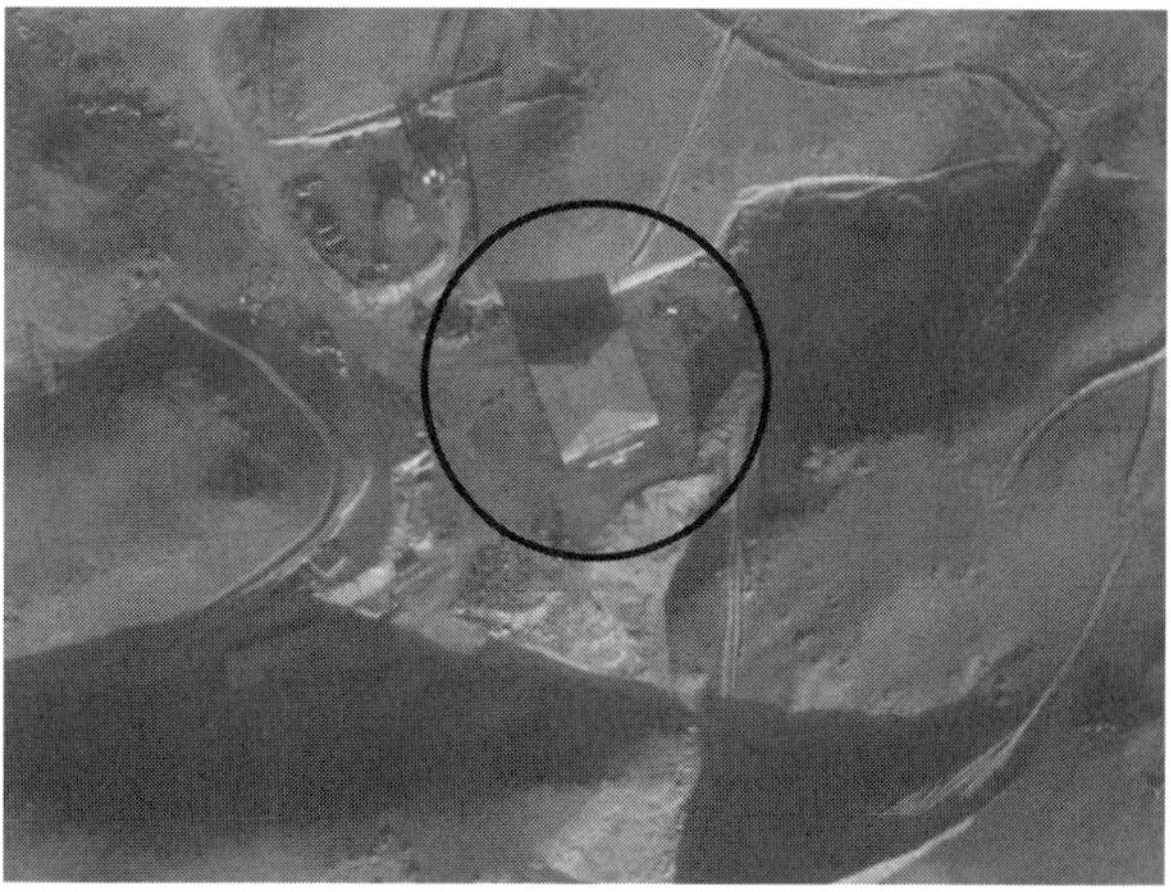

シリアの砂漠の中に建設されたアルキバール原子炉建屋（円内）。40メートル四方で高さは20メートル。北朝鮮の寧辺原子炉とほぼ同じサイズ。アメリカはこの建物の利用目的がわからなかったが、イスラエルは原子炉であることを突き止めた。

破壊された原子炉建屋。イスラエルがルービックキューブと呼んだ原子炉は完膚なきまでに破壊された。

戦闘機は上空を旋回すると、爆弾の投下と命中を確認した。サーマルカメラを通して、パイロットは最前席で爆発の様子を眺めた。戦闘機が目標上空に滞空したのは二分弱で、各機の現在位置が確認されると、先任パイロットが沈黙を破った。

「アリゾナ（任務完了）」

ＩＤＦ地下指揮所の「ボル」では喝采が起きたが、シュケディ空軍司令官はまだ緊張を解くわけにはいかなかった。パイロットは安全に帰路につかなければならない。シリアも戦闘機がどこにいるか気づいたはずである。一刻も早く脱出しなければならない。

パイロットとの最終ブリーフィングでシュケディ司令官は、シリア軍機と直接対峙してはならないと命じていた。シリア軍機がＩＡＦのＦ‐15と交戦して撃墜されたら、アサド大統領は反撃せざるを得なくなる。そうなったら、アサドは「否認ゾーン」に逃げ込むわけにはいかなくなる。これはイスラエル軍機が撃墜され、パイロットが捕虜になった場合も同様だ。イスラエルだけが黙っていればいいものではない。作戦自体がなかったかのように見せる必要があった。

目標上空から離れると、低空飛行する必要はなくなった。パイロットはエンジンの出力を上げて、北部のトルコ・シリア国境へ急いだ。そして西へ向かうと、地中海上空の安全空域に逃げ込んだ。シリアはミサイルを数発発射したものの大きく外れていた。午前二時、作戦開始から四時間弱で全機は基地に戻った。

「ボル」で待機していた全員が安堵のため息をもらした。成功を祝福する声は部屋中にこだました。だが、これは始まりにすぎなかった。部屋にあるＩＤＦの作戦デスクは一つ残らず担当官が配置され、戦争の危険性が高まったため、離席は許されなかった。全員の視線はシリア軍の行動を監視するアマンに向いた。

アシュケナジ参謀総長は「ボル」を出ると、近くにあるＩＤＦ司令部ビルの一四階の執務室に戻った。ポケットから煙草を取り出すと火をつけ、窓を開けた。煙を吸い込むと、参謀総長はテル・アヴィヴの夜景に目を移した。

アサドは動員をかけるだろうか？　スカッド・ミサイルを警戒配置につけるだろうか？　一瞬たりとも無駄にはできない。通常と違うシリア軍の動向は開戦を意味する。数時間以内に市内全域で火の手が上がるかもしれない。アシュケナジは背筋が寒くなる思いにかられた。

抱き合って作戦成功を喜ぶパイロット。

第8章　アサドは何を考えるか？

大統領になるはずのなかった男

イスラエル軍機がシリア北東部の原子炉を攻撃していた時、アサド大統領はダマスカスの大統領宮殿で深い眠りについていた。

大理石製の大きな部屋がいくつもある大統領宮殿は、一九七〇年代後半に設計され、一九九〇年に完成した。その一〇年後にバッシャール・アサドは父親から大統領の座を受け継ぎ、宮殿の主になった。

そして、この宮殿からアサド大統領は国民に激しい鉄拳を加えていた。

午前一時、大統領補佐官はアサドを起こし、爆撃に関する最初の報告をした。アサドにとって何が目標かは聞くまでもなかった。イスラエル軍機がデリゾール周辺に領空侵犯したのであれば、狙いは原子炉以外にない。彼を無敵にし、批判を封じ込めるはずの宝物は消え去った。

問題は、どう対処するかであった。これは侵略行為で、開戦に値するものなのか？　原子炉はどれだけ重要であったか？　そしてこの攻撃は反撃することなく見過ごしてもいいものなのか？

イスラエルの軍情報機関アマンは「否認ゾーン（逃げ場）」を考案したものの、予測には限界があった。個人の心の動きについてはなおさらだった。

イスラエル軍はあらゆる事態に備えて準備をしていた。アサド大統領はレバノンのヒズボラにロケット弾を一斉発射させてイスラエルの北部を焼き払うことも可能だった。さらに自国の特殊部隊をゴラン高原に侵攻させて、ユダヤ人居住地を攻略することもできる。あるいは反撃を最小限にとどめて、数発の長距離ロケット弾をイスラエル中部に発射することもできた。もちろん何もしない選択肢もあり、すべてが可能だった。

爆撃の知らせを受け、大統領になるはずのなかった男は恐怖を覚えたに違いない。バッシャール・アル＝アサドは、一九七一年からシリアを強権的に支配したハーフィズ・アル＝アサドとその妻アニーサのあいだに生まれた次男だった。父のアサドはバアス党の党首として、数度にわたるクーデターを主導して、権力の座に収まった。体制を維持するためには、いかなる暴力行為もいとわず、「ダマスカスのライオン」と恐れられた。

イスラエルにとって、父アサドは最も忌み嫌う敵だった。一九七三年にアサドは、エジプトのサダト大統領とともに、聖なる断食の日「ヨム・キプール」にイスラエルを奇襲攻撃した。この戦争でイスラエルは多くの犠牲を払い、情報機関も完敗した。開戦当初、シリアはイスラエルが六年前に占領したゴラン高原を攻略した。イスラエル国防軍（ＩＤＦ）は大きな損害をこうむりながらも激しく抵抗し、領土を守り抜いた。

シリア国内でもアサドは強権をふるった。一九八二年、アサドの部隊はムスリム同胞団が反政府活動を起こしたハマー市を攻撃して、市内の多くを破壊し、死者数は約四万人にのぼったとされる。

次男のバッシャール・アサドは物静かなタイプで、政治と軍事の世界を避けていた。兄のバースィルは、父親の跡を継ぐにふさわしいカリスマ性を持った軍人だったが、一九九四年、ドイツへ向かうため空港に行く途中、自動車事故で亡くなっている。

バースィル死亡の第一報は、シハービー陸軍参謀長にもたらされたと思われる。シハービーは参謀数人を集め、大統領にどう伝えるかを話し合い、参謀長自ら伝えることを決心した。しかし、一人で大統領の逆鱗に触れることは耐えられず、二人の将校に同行を求めた。

夜明け前に発生した長男の事故死を告げるため、三人が大統領の寝室に入ると、大統領は背筋を正し、誰が体制転覆を図っているのかと尋ねた。独裁者のアサド大統領にとって、最大の関心事は体制の維持だった。

弟のバッシャール・アサドは、兄の事故死の知らせを研修先のロンドンのウェスタン眼科病院で受け取ると、ただちにシリアに戻り、悲しみに沈む父親に寄り添った。のちにシリアではバースィルの死はモサドの仕業とされた。

その後六年間、バッシャールは軍務に就き、かつて兄が務めたドメイン名を管理するシリア・コンピューター協会の理事長にも就任した。

自分の死期が近いことを悟ったハーフィズは、次男バッシャールが後継者になるよう段取りし、二〇〇〇年に心臓発作で死亡した。当時、バッシャールは准将で、レバノン問題担当大臣も兼務していた。

イランとの関係を深める

ハーフィズが死去した翌日の二〇〇〇年六月一一日、バアス党は全会一致でバッシャールを大統領候補として推薦することを決めた。大統領になるには四〇歳以上でなければならなかったが、議会は憲法に第八三条を加えて、最少年齢を三四歳に改正した。もちろん、その時バッシャールは三四歳であった。三日後に国民投票が行なわれ、バッシャールは九七・二九パーセントの得票を集めた。候補者が一人であろうと、選挙の有効性に問題はなかった。(1)

イスラエルではモサドとアマンがシリアの動向を注意深く観察していた。一九九〇年半ばに、イスラエルとシリアは数多くの和平交渉を行なったものの、すべて物別れに終わっていた。イツハク・ラビン、シモン・ペレス、ベンヤミン・ネタニヤフ、エフード・バラクの歴代イスラエル首相は、シリアとの和平協定締結を試みたが、交渉は進展しなかった。

シリアとの和平は、一九七九年にエジプトと、一九九四年にヨルダンと結んだものと同様のものになるはずだった。ヨルダンとは領土問題を解決し、エジプトとは交渉の結果を受けて、シナイ半島からイスラエル軍は撤退した。

シリアとの和平交渉では、イスラエルはゴラン高原の返還を提案した。ラビン首相がどれほどシリアとの和平交渉を重要視したかは、オスロ合意でパレスチナとの和平を進めるよりも、シリアとの和平を優先したことからもわかる。シリアと和平協定を結ぶことで、シリアとイランのつながりを断ち、ヒズボラをレバノン国内に封じ込めることができると考えたからだ。

イスラエルはシリアと三度の戦争を経験しており、ラビンは四度目の戦争を回避したかった。シリアはイスラエルの領土を占領できる通常戦力を持つ最後の強国だった。実際、シリアは機甲師団をゴラン高原に侵攻させ、イスラエルはあやうくゴランを失う寸前まで追い詰められたことがある。ラビンは二度とシリアと戦火を交えたくなかった。

シリアの次期大統領バッシャール・アサドについて知る人はイスラエルでは少なかった。西側諸国にとっても詳細は不明だった。限られた情報によれば、バッシャールはキリスト教徒が圧倒的に多い地区で育ち、友人の多くはクリスチャンであったが、バッシャール自身は熱心な信者ではなかった。いずれにせよ、バッシャールは父親と同じ路線を踏襲すると見られ、異なる道を歩むとしても「ひ弱な存在」になることぐらいと思われた。

ロンドンからシリアに帰国したバッシャールは、父ハーフィズの後継者の一人と見られてはいたが、イスラエル情報機関は、ハーフィズは別の後継者を選ぶと予測していた。

ハーフィズの弟リファトは、一九八〇年代に副大統領を務め、一九八三年にハーフィズが最初の心臓発作を起こした際に、兄に取って代わろうとしたが果たせなかった。それから数か月もしないうちにハーフィズは、眼科医である息子のバッシャールを後継者に選び、環境が整えられていった。

一九九六年から九八年にモサド長官を務めたダニー・ヤトムは「バッシャールを無視していたわけではないが、我々のリストの上位ではなかった。それには理由があった。シリアを率いるために必要な政治教育などを受けている様子はなかった。本人は医者でもあり、ヨーロッパで暮らしたこともあって、より現代的なタイプと見られていた[2]」と弁明する。

ヤトムはかつてシリアと交渉した経験があった。当時、モサド長官であったヤトムはワシントンでシリアとの和平交渉に臨んだ。ヤトムはホテルに滞在し、交渉相手のシリア大使ワリード・アル＝ムアッリムは大使館にいて、仲介のアメリカが一時間おきに道路を横断して互いの伝言を届けあった。数日後、イスラエルに帰国したヤトムは、ネタニヤフ首相に面会してシリアとの交渉を進めるよう進言した。

「当時、何かがうまくいくような気がした」とヤトムは述べる。

バッシャールが権力を継承した時、少なくとも最初の期間、ヤトムが九〇年代後半に感じたことが実現するように思えた。シリアに朝日が差し込んだように感じられた。若いアサド新大統領は改革者として迎えられ、一部の市民はバッシャールを「希望」と呼んだ。大衆がどれだけ変化を待ち望んでいたかがうかがえる。

二〇〇〇年七月一七日の就任演説でバッシャール・アサド新大統領は、国の「近代化」を一緒に成し遂げようと

バッシャール・アサド大統領。改革を求める国民の期待を受けて大統領に就任したが、独裁体制を強めた。

国民に呼びかけた。「近い将来、我々が望む成果を懸命に、そして偽ることなく実現しようとするなら、すべての国民の開発と近代化への参加は絶対である[3]」

まずアサド大統領は経済改革に着手した。国が新しい方向に向かっていると国民は考え、政治環境も開放されたように見えた。政治犯は釈放され、民間紙の発行が認可され、初めて政権批判を公けにすることが許された。「ダマスカスの春」の到来である。

しかし希望に満ちた期間は長く続かなかった。アサド大統領に長時間インタビューをしたシリア問題の専門家デイヴィッド・レッシュによると、就任後しばらくして親衛隊の幹部が大統領に面会して、改革の反動について警告したという。「おそらく体制側のタフガイが『おい小僧、ここにはここのやり方があるんだよ』とでも脅したのだろう[4]」とレッシュは言う。

9・11同時多発テロを受けて、二〇〇一年にアメリカが対テロ戦を始めると、アサドは当初、協力することを決めた。ところが、二年後にアメリカがイラクに進攻し、一五万人以上の米兵が自国の東側に駐留すると、アサドはシリアが第二のイラクになり、また自身がサダム・フセインの二の舞になるのではないかと怯えるようになった。

しかし、自信を取り戻すにつれ、アサドはイラク内の米兵と戦う反乱勢力が自国を通過することを黙認するようになった。アメリカ支持を表明する一方で、イラクでアメリカが敗れること、中東に民主主義を広げようとする「ブッシュ・ドクトリン」が失敗に終わることを願うようになった。アメリカがイラクで失敗すれば、誰もシリアに政権交代を要求したり、強制したりしないだろうとアサドは考えた。

当時アサド大統領は、ヒズボラとそのカリスマ指導者のサイード・ハサン・ナスルッラーフとのつながりを強化していた。父親のハーフィズがナスルッラーフと会うことは珍しく、一～二時間待たせるのが常だった。イランが兵器をダマスカスに空輸し、トラックでレバノンに輸送することは許したが、ヒズボラに協力することはなかった。ヒズボラはイスラエル人の注意をそらす道具として時々使うには都合がよかったが、それ以上のものではなかった。

しかし、若いアサド大統領は、ヒズボラに多くの可能性を見いだした。ヒズボラがイスラエルをレバノンから巧妙に追い出したことを高く評価し、シリアの武器庫をイラン・シーア派のゲリラ集団に開放した。二〇〇六年のレバノン侵攻でイスラエルの機甲部隊に大きな損害を与える対戦車ミサイルなど、ロシア製の最新兵器も供与した。

イスラエル情報機関の元高官は言う。

「アサド大統領はナスルッラーフのために赤い絨毯を敷いた。アサドはナスルッラーフに武器庫の鍵をすべて与え、ヒズボラがシリアの最先端兵器を手に入れることを許した。アサドはナスルッラーフに魅せられ、立ち入りを制限する場所はどこにもなかった」

イギリス訛りのスパイの親玉

二〇〇〇年にアサドが大統領になった時、モサドには新しい長官が就任した。前任者のヤトムは、モサドの工作員がヨルダンでハマスの指導者を暗殺しようとして失敗したことを受けて、一九九八年に辞任を余儀なくされた。

モサド長官のエフライム・ハレヴィ。副長官時代、北朝鮮に渡り、シリアへのミサイル技術の供与停止を交渉したが果たせなかった。

工作員はハーリド・マシャアルの耳に遅効性の毒薬をスプレーすることには成功したものの、作戦は失敗し、二人の工作員は捕らえられた。イスラエルはヨルダンと交渉し、解毒剤の提供と、当時イスラエルに収監されていたハマスの精神的指導アフマド・ヤースィーンの釈放に応じ、イスラエルの工作員を取り戻した。

作戦の失敗を受けて、エフライム・ハレヴィがモサドの長官になった。ハレヴィは一九三四年にロンドンに生まれ、一九四八年にイスラエル国の建国とともに家族とイスラエルに移住してきた。

一九六一年に情報分析官としてモサドに入職し、短期間のうちに、作戦部に異動した。ハレヴィはその職業人生の多くを、アメリカやヨーロッパなどの海外で過ごして、スパイ機関の副長官に登りつめた。彼はジェームス・ボンドのようなスパイではなく、ジョン・ル・カレの作品に登場するジョージ・スマイリーとたびたび比較される存在であった。

一九九〇年代にイスラエル全権公使としてヨルダンのフセイン一世に拝謁し、秘密外交を展開して、両国は一九九四年に和平条約を締結している。

モサドを退官したハレヴィは、欧州連合イスラエル政府代表としてブリュッセルに赴任していた。

アンマンでの暗殺が失敗すると、ハレヴィはモサドに呼び戻され、イギリス訛りの英語を話す男はスパイのトップになった。

モサド情報官コーヘンの活躍

当時イスラエルの国内政治は揺れていた。バラク首相は任期を満了することなく辞任しようとしていたが、最後の務めとして、キャンプ・デイヴィッドに行き、パレスチナの指導者ヤセル・アラファトと和平条約の締結を目指していた。だが、交渉は失敗に終わり、二〇〇〇年九月にヨルダン川西岸地区とガザ地区で第二次インティファーダ（イスラエル占領地におけるパレスチナ人一斉蜂起）が発生した。続く四年間で、三千人以上のパレスチナ人と千人のイスラエル国民が命を落とした。

二〇〇〇年六月にシリアのハーフィズ・アサド大統領が死去し、ハレヴィ長官がシリア政権の移行を監視・分析することになった。モサドはすでに若いアサドに関する調査を進めていたが、ハレヴィはサイコグラフ（性格を表わす表やグラフ）を信用していなかった。一九六一年に入職のハレヴィは同期生と同様、テル・アヴィヴの療法士による心理評価を受けていた。

三七年後にモサド長官となったハレヴィは、自身の人事評価書類を見せるよう担当者に指示した。書類の中には心理学者の評価があり、心理学者はハレヴィの知性を称賛し、優秀な分析官になると予測していたが、「幹部になる逸材」ではなく、昇進するタイプではないと結論付けていた。

ハレヴィ長官はシリアとの和平は中東の安定化の鍵だと主張し、前大統領が死去する数か月前に、シリアの指導者との和平交渉を再開するよう訴えた。第一回の交渉がウェストヴァージニア州シェファーズタウンで開催され、数か月にわたりアメリカの仲介で重要問題について意見交換した。

「シリアは中東におけるアラブとイスラム教民族主義の要である」とハレヴィはモサドの部下に告げた。ダマスカスは世界最古の都市の一つであると『創世記』を引き合いに説明した。バアス党のようなアラブの非宗教的政治運動もダマスカスから始まり、のちにイラクで最大勢力を誇り、サダム・フセインをはじめとする政治家を権力の座につけている。

ハレヴィはアサドとフセインは危険な指導者だが、二人は非宗教的なイスラム国家を代表する指導者であり、イスラエルは彼らを支援しなければならないとも述べていた。熱狂的なイスラム教徒の指導者よりも非宗教的指導者の方が和解できるとハレヴィは信じていた。

しかし、アサド大統領が死去し、夢は潰えたと思われた。後任のバッシャールはイスラエルと和平交渉をするには基盤が弱すぎるとハレヴィは心配した。イスラエルと膝を突き合わせて交渉するのであれば、バッシャールは数年かけて体制を強化しなければならない。イスラエルとの和平には歩み寄りが必要だが、一方的な譲歩はありえない。

父親のアサドも同じ考えのようであった。彼がシェファーズタウンの交渉の場から立ち去った理由は、死期を間近にして、イスラエルと和平交渉をすれば交渉を引き継いだ息子の将来が危うくなるという危機感であったと思われる。父親にすれば息子へのスムーズな権力移譲こそが重要で、イスラエルとの和平交渉は二義的なものだった。

イスラエルの情報機関にとって、シリアは常に最重要対象国であった。モサドの努力は年ごとにばらつきがあるものの、シリアの意図の解明と、戦争が勃発した際にシリアの一歩先を行くというのがイスラエルの変わらぬ目標であった。一例を挙げれば、一九六二年、モサドはシリアにおける最も大胆な任務を遂行している。エリ・コーヘンのダマスカス深部への潜入である。

モサド情報官のコーヘンは、アルゼンチンで富を築き、シリアの発展に寄与するために帰国した実業家を装った。一九六三年、バアス党がシリアの第一党になった時、コーヘンはすでにシリアの上流階級に食い込んでおり、政府高官数人とも信頼関係を結んでいた。数日おきに、コーヘンは部屋に隠した無線機を使ってイスラエルに情報を送った。

ある日コーヘンは、ゴラン高原のクネイトラ市郊外にソ連が建造した大規模軍事基地を訪問する機会を得た。基地には三階建てのビルがあり、当時のシリアでは最大級の建造物であった。翼廊の一つには病院があり、もう一方にはシリア軍最高司令部が置かれていた。ロビーに立派な螺旋階段が設けられたこの建物はイスラエルとの戦いに備えて造られたと説明された。コーヘンは周囲を見渡し、基地内に木がないことに気づいた。

「ユーカリの木を植えたらいいじゃないですか」。コーヘンはシリア軍将校に提案した。ユーカリの木は大きくて、枝も長いから、木陰を作るのには最適です。

将校はコーヘンのアイデアを気に入り、ゴラン高原にある基地すべてにユーカリの木を植えた。シリア軍将校は知らなかったが、コーヘンにとって、シリア軍兵士が休む木陰などどうでもよかった。一九六七年に六日戦争（第三次中東戦争）が始まると、イスラエル軍はどこにシリア軍基地があるか、はっきりとわかった。大きなユーカリの木を目指せばよかったからである。

化学兵器と長距離ミサイル開発

一九七三年のヨム・キプール戦争（第四次中東戦争）で、シリアは対イスラエル戦で二度目の敗北を喫した。敗北を受けて、シリアはイスラエルと同じ土俵に上がろうとした。ソ連から戦車を供与されたことで、シリア軍機甲師団はイスラエル軍のアメリカ製パットン戦車と同じ台数、同じ能力の戦車を手に入れたが、空軍力ではイスラエルに歯が立たなかった。アメリカがイスラエルに供与したF‐4戦闘機、さらに一九七六年に引き渡したF‐15戦闘機を圧倒できる戦力を有していなかった。そのためシリアは二つの兵器に投資することにした。化学兵器と長距離ミサイルである。

一九七九年から八三年までイスラエルの軍情報機関の長官を務めたイェホシュア・サギは言う。

「化学兵器の保有は一九七三年の敗戦が引き金になった。化学兵器の着想は一九五〇年代だが、当時は化学兵器を生産する産業基盤はなく、実際、生産計画自体も数十年間なかった」

イスラエルは注意深くシリアの観察を続けた。一九七五年、のちに科学研究センターという学術研究施設のような名が与えられる化学兵器施設の建設にシリアは邁進した。

「シリアは化学兵器の製造に必要な物資を調達するため、定期的に科学者を海外に派遣していた」とサギは語る。イスラエルは情報をアメリカとヨーロッパの同盟国と共有した。サギ自身も一年に一度、ヴァージニア州ラングレーを訪れて、シリアの化学兵器開発プログラムを阻止するにはどのような選択肢があるのかCIAの担当者と意見を交わした。

「数年にわたって備蓄された物資は数トンにも及び、破壊するには量が多すぎた。さらに空中投下爆弾や砲弾に使用することが可能な状態に加工されていることも把握していた」とサギは述べる。

一九八三年にアメリカの情報機関も監視を強めた。国家情報局長は「シリアはソ連のＣＷ（化学兵器）の開発支援を広範囲に受けており、すでにアラブ世界では最先端の化学戦能力を有していると考えられる」(5)と国家情報評価に記している。

アメリカは化学物質と兵器運搬システムの提供、訓練の実施をしている国としてチェコスロヴァキアとソ連を挙げた。「支援を積極的に受けられるのであれば、シリアが独自にＣＷ物質や資材を製造する能力を開発する必要はない」。一九八三年の報告書はそう結論付けている。

別のＣＩＡの報告書ではソ連がシリアのような国に化学兵器を輸出する動機を推測している。毒ガスはゲリラの掃討に有効で、「到達が難しく、また防御された陣地から出撃する頑強なゲリラ部隊の意思と反撃力を削ぎ、通常兵器よりも大きな利点を持つ」(6)とソ連は考えていると報告書は述べている。一九八二年にハマー市で実証されたように、民衆の反乱をどう鎮圧するか、父親のハーフィズ・アサド大統領はよく知っていた。

シリアがＣＷ開発プログラムを進めるにあたり、科学者と二つの用途がある物質をシリアへ送ったドイツも共犯者であった。一九八四年末に駐ドイツ・イスラエル大使はベルリンで外務省最高幹部に面会し、一九七〇年代半ばから「農業と医療の研究」という表向きの理由のもと、ドイツ人科学者がシリアの化学兵器開発プログラムを支援してきたことが、「情報機関の調査によって明らかになった」と抗議した。

イスラエル大使はドイツ側担当者に、調査によれば、シリアは七〇〇キログラムのサリンを生成する能力を持っており、この量は数百万人の致死量に相当すると伝えた。(7)ドイツ政府は調査を約束した。

シリアの軍拡に関しては、化学兵器だけが懸念事項ではなかった。シリアにはミサイルがあり、このミサイルはありふれたものなどではなく、国土の狭いユダヤ人国家のどこへでも到達することのできる長距離弾道ミサイルであった。

一九七四年にハーフィズ・アサド大統領は北朝鮮に飛び、一九四八年の建国から一九九四年の死去まで、共産国の指導者であった金日成と何度も会談した。四日間の滞在中、金日成とともに、工場を視察、遊覧船に乗り、軍事面での協力について話し合った。

その数年後には北朝鮮はシリアの主要武器供給国の一つになり、重点は弾道ミサイルに置かれた。イスラエルの情報機関は、ソ連の支援を受けて進展する両国関係の推移を注意深く監視した。やがて北朝鮮機はダマスカス国際空港に定期的に着陸するようになり、北朝鮮の技術者はシリアに長期間滞在し、弾薬と武器製造工場の建設を支援するようになった。

のちに明らかになったが、北朝鮮はソ連製スカッドB弾道ミサイルのリバースエンジニアリングに成功しており、多額の費用と引き換えに、中東の同盟国に技術を供与していた。シリアの最先端弾道ミサイルはスカッドD（北朝鮮のノドンミサイルの複製品）で、五〇〇マイル（八〇五キロ）の射程を持ち、核弾頭、化学兵器弾頭が搭載可能となった。イスラエルはこのミサイルに脅威を感じていた。

一九九〇年代初期までに、シリアは数十発のスカッド・ミサイルを保有し、発射機は国土のさまざまなところに配備された。北朝鮮はシリアが独自にミサイルを製造できるよう、工場の建設も支援した。シリアの化学兵器開発プログラムも大幅に進展し、イスラエルにとって最大の脅威となった。

成功しなかった北朝鮮との交渉

当時ハレヴィはモサドの副長官で、何らかの対応をしなければならないと感じており、ヨーロッパに築いた人脈で平壌の高官数人と連絡をとることに成功した。

一九九二年九月、ハレヴィは三か月前に再就任したラビン首相と協議した。ハレヴィは平壌に行き、北朝鮮・シリア同盟を終了させる取引が可能か交渉を試みるという革新的なアイデアを提案した。従来の常識にとらわれない発案だが、危険をともなった。イスラエルと北朝鮮のあいだに外交関係はなく、ましてや情報機関のつながりもなかった。イスラエルの敵と同衾《どうきん》している「ならず者国家」にハレヴィのようなモサド高官を送るのは賭けであった。だが、ラビンはゴーサインを出した。

ハレヴィは同行のモサド職員一人とともにテル・アヴィヴからベルリンに飛び、迎えに来た北朝鮮の公用機に搭乗した。ベルリンからモスクワまでの区間はハレヴィとモサド職員だけが乗客であったが、モスクワでは空いた座席にいくつもの箱が載せられた。気温が氷点下であったため、空港で飛行機はほぼ丸一日立往生した。

二人を乗せた航空機はようやく飛び立ち、シベリアのノヴォシビルスクへと向かった。ハレヴィはこのフライトを決して忘れることはできなかっただろう。航空機は荒れた乱気流のなかを飛行し、座席の上の箱は客室中を飛び回った。ノヴォシビルスクでシベリアの鉱山で働く北朝鮮人鉱夫を乗せると、再び離陸して、一〇時間後にようやく平壌に着陸した。総移動時間は四八時間にも及んだ。

ハレヴィはモサドの副長官であったものの、護衛は連れて来なかった。北朝鮮は安全を保障し、ハレヴィも北朝鮮の言葉を疑う理由はなかった。北朝鮮はハレヴィを賓客として迎えることを約束していたが、パスポートにスタンプは押さなかった。

ハレヴィは北朝鮮での三日間、朝鮮労働党の幹部、外務省の担当官と会談した。会談初日、ハレヴィは単刀直入に切り込んだ。

「貴国がシリアに供給するスカッド・ミサイルはイスラエルの脅威になっています」。北朝鮮側に伝えたが、北朝鮮側はハレヴィが何を話しているのかわからないと主張した。北朝鮮はシリアとの関係すら否定した。「何も供与していませんよ」。北朝鮮はそう言い切った。

モサドの副長官は北朝鮮の否定を信じなかった。「わかりました。そういうことでしたら、明日の朝にでもイスラエルへ帰りましょう」

ハレヴィが本気であることを理解した北朝鮮は、もう一泊北朝鮮に滞在するよう頼んだ。翌朝、約束通り北朝鮮は胸襟を開いて会談に臨んだ。その翌日、ハレヴィと北朝鮮は再び会談した。そしてこの時、北朝鮮はシリアと関係を持ち、ミサイル技術を含む兵器を供与していることを認めた。ハレヴィは供与を終了するためには、何が望みなのか尋ねた。北朝鮮は一〇年間、北朝鮮に無償で石油を提供するよう求めた。だが、これはイスラエルには到底承服できる条件ではなかった。

「難しいと思いますが、持ち帰って上級者に伝えます」

ハレヴィはホテルに戻って荷物をまとめると、空港まで送られた。イスラエルへの帰国の最初のフライトは北京までで、驚いたことにイスラエル外務省のエイタン・ベンツール次官と機内で出くわした。ベンツールも類似した議題を北朝鮮と協議しようと平壌を訪れていたのだった。

　これは調整がとれていないイスラエルの官僚政治の典型だった。ベンツール次官の訪問は、北朝鮮が掘削再開の支援を求めていた金鉱山に関するものであった。北朝鮮は資金と掘削技術を必要としており、イスラエル外務省は必要とされる資金を数人の実業家とともに共同出資する用意があった。イスラエルからの援助の見返りとして、北朝鮮はシリアとイランの関係を見直すのではないか、そうベンツールは考えた。

　イスラエルに帰国した二つの外交団は、ヘブライ語でバラガンと呼ばれる混乱状態を整理しようと試みるシモン・ペレス外相に呼び出された。ベンツール次官は訪朝が実りあるものであったと述べ、金鉱山支援協定の締結の可能性も高いとしたが、ハレヴィは懐疑的であった。

　まず北朝鮮の対シリア・ミサイル技術供与の方が金鉱山に関するいかなる協定よりもはるかに収益が大きい。つぎにイスラエルはアメリカの反応を考える必要がある。北朝鮮はアメリカの敵であり、アメリカと緊密な同盟関係を持つイスラエルは複雑な交渉が必要だった。

　ペレス外相も同じ意見だった。ペレスは二人をワシントンに送り、国務省の担当官と会談させることに決めた。ビル・クリントンが大統領選挙に勝利していたが、ジョージ・H・W・ブッシュがもう数か月間、ホワイトハウスの住人であり、ベレスは何が可能であるかの感触をつかんでおきたかった。二人が帰国すると、ペレス、ハレヴィ、ベンツールは再び協議した。

　ベンツールは、アメリカはイスラエルが正式に北朝鮮との関係を樹立することを歓迎しないが、「公式に反対はしない」と告げたと報告した。同じ会談に出席したハレヴィはまったく異なる印象を持って退席したと反論した。「アメリカは我々がアメリカの国益と相容れない行為を陰でこそこそすることを快く思っていません。アメリカは自国が承認しない北朝鮮との行動をイスラエルがとるとは思っていません」

相反する報告を受け、ペレス外相は自分で答えを見つける決心をした。一九九三年六月、クリントン政権の国務長官となるウォーレン・クリストファーと会談するため、ペレスはウィーンに飛び、ハレヴィの報告が裏付けられた。

ハレヴィとベンツールによる北朝鮮との協議は成功しなかったが、二人の行動はイスラエルがどれほど真剣にシリアのミサイルの補給線を断とうとしているかを証明した。イスラエルの北部戦線は常に悩みの種であり、イスラエルは政治レベルでの問題解決を模索していた。

無視された極秘情報

シリアのスカッド・ミサイル、化学兵器、陸軍の通常兵力はイスラエルにとって脅威だが、単独で対処することは可能だった。しかし、核兵器はそうはいかず、シリアが手に入れるのを阻止しなければならなかった。

スカッド・ミサイルに対しては、イスラエルはアロー・ミサイル防衛システムを開発し、弾道ミサイルを迎撃することは可能と見られていた。化学兵器に対しては、一九九〇年の第一次湾岸戦争に先立ち、全国民にガスマスク一式を配布していた。国民は自宅の一室をプラスチック板とガムテープで密閉する訓練も受け、化学兵器攻撃の備えはできていた。シリアの陸軍兵力と最先端兵器に対しては、イスラエル国防軍（ＩＤＦ）は先行した技術と兵器を持ち、訓練も十分に行なわれていると考えられていた。

イスラエルの情報機関は、シリアが一九七三年のヨム・キプール戦争の結果を受けて、生物・化学兵器に投資を集中しているが、核兵器の入手は思いとどまっていると推定していた。ハーフィズ・アサド大統領は、イランやイラクのフセインの後を追わず、核兵器の保有は一線を越えるものであると理解しているとされた。

この情報機関の評価は、ハーフィズ・アサド大統領とパキスタンの関係を観察してきた複数の年次報告書にもとづいていた。一九九〇年代初めに北朝鮮やイラン、リビアに核開発技術の設計図を提供したとされるパキスタンの核科学者カーン博士はアサドにも話を持ちかけたが、拒絶されたと、これらの報告書は報じていた。イスラエルは、アサド大統領がカーンを退けたという知らせを聞き、安堵の息をついた。少なくともシリアは核兵器に手を伸ばそうとしていない、イスラエルはそう考えた。

しかし、数年後にイスラエルの情報機関は、シリアの将官がアサド大統領から核武装の可能性を調査するよう命じられたことを知った。従来の評価を一変する情報だったが、誰も最新の極秘報告書に注意を払わなかった。報告書は情報機関や政治権力に無視された。当時イスラエルはパレスチナ・シリアとの和平交渉の最中で、核疑惑は苦労して実現させようとする新しい中東の物語にそぐわなかったからだ。

この報告書を提出後に退職した元情報官は、二〇〇七年四月にイスラエルの情報機関の一つからミーティングに出席するよう要請された。同情報機関は約一〇年前に書かれた報告書から情報を得ようとしていた。情報は誰からもたらされたのか？　追加の情報はあるか？　省略された詳細情報はあったのか？

なぜいまになって注目されるのかと元情報官が聞くと、あいまいな答えが返ってきた。「とくに理由はありません。古い書類を確認しているだけです」。それから数か月後、アルキバール原子炉攻撃の報告が伝わってきて、元情報官は正しい答えを知った。

シリアの核開発を警鐘したボルトン

長年、シリアの核武装の野望に警鐘を鳴らしてきたのは、国際連合アメリカ代表で、二〇一八年にドナルド・トランプ大統領の補佐官（国家安全保障問題担当）に任命されたジョン・ボルトン（訳者注、二〇一九年九月解任）であった。

ボルトンは非通常兵器に関する世界的権威と知られ、イラン、イラク、北朝鮮を名指しで非難したジョージ・W・ブッシュ大統領の「悪の枢軸」批判の熱心な支持者であった。ボルトンはブッシュよりも先んじてシリアを「悪の枢軸」リストに付け加えていた。

二〇〇五年春、上院外交委員会の任命審議会で数人の上院議員が、ボルトンを主戦論者で、情報を操るとして非難したことから、ちょっとした論争が持ち上がった。なぜシリアが核兵器を開発しているかもしれないと警告しているのか？　上院議員はボルトンに回答を求めた。

ボルトンにしてみれば、シリアは悪の「二軍」のようなものであった。イランのように本格的に核開発プログラムを進めていないが、目にした情報の分析と、シリアと北朝鮮の親密な関係から「シリアは核兵器に興味を示している」[8]とボルトンは考えるようになった。

議員はボルトンに激しく反発した。バラク・オバマ政権下で国務長官になったジョン・ケリー上院議員は、ボルトンが情報を拡大解釈しているとして責め立て、シリアの核開発行動に関しては情報分析官の見解以上に「言葉を誇張」しているとした。「シリア問題について、ボルトン氏がアメリカを代表して信頼できる言葉を発することができるのでしょうか？」[9]。ケリー議員は注意を呼びかけた。

オバマの副大統領となったジョー・バイデン議員は、ボルトンの国連大使任命はアメリカの信頼を失墜させるものだと次のように述べた。

「情報を大げさに言うことで知られるボルトン氏が、イランであれ、シリアであれ、次に危機が発生した時に、国連に行動を求め、また国連の一員として発言することがアメリカの国益に合致していると言えるのでしょうか？　我々はイラクに関する情報で大失態を犯し、国の内外で大きく信頼を失っています。信頼を再構築するのにあたり、ボルトン氏が適任とはいえません」

しかし、ボルトンは信念を曲げなかった。ユーフラテス川のほとりに原子炉が建設されていることは知らなかったが、シリアで何かが起きているとボルトンは考えていた。最終的にブッシュは大統領権限を行使して、上院の休会中にボルトンの国連大使任命を強行した。

数年後ボルトンは、シリアに対する疑念は、核開発に関する断片的で、しかし途切れることのない複数の情報を総合した結果であると述べた。「公共目的の発電を意図したものではなく、核兵器の開発に必要な」設備に疑いを持ったと説明している。

解けない謎——誰が核開発を始めたのか？

二〇〇七年九月六日のアルキバール原子炉攻撃から長い年月が流れたが、誰が原子炉プロジェクトを開始したのかという謎はいまだに解明されていない。これについては意見が分かれている。

マイケル・ヘイデンCIA長官は、原子炉はひ弱な息子の権力継承を保証し、その座に留まることを可能にすると考えたハーフィズ・アサド大統領の遺産であり、二〇〇〇年に死去する前に原子炉の建設は開始されたと確信している。

ダニー・ヤトム元モサド長官は息子のバッシャール・アサド大統領が体制維持を目的に開始したと考えている。「バッシャールは権力と体制を強化したかったのだ。彼は『ならず者国家』を統治する術を学び、核兵器の保有、あるいは核兵器の完成が間近であることは、シリアへの攻撃を防ぐ保険になると考えたのだ」

原子炉攻撃時に国防大臣であったエフード・バラクもヤトムの考えに賛成する。「投資を決めたのはバッシャールであり、父親は関与していたとは思えない」

アマンのヤドリン長官もバッシャールが核兵器開発を決めたと考えている。故ハーフィズはカーン博士と会談し、申し出を却下している。しかし、バッシャールは「イスラエルとの勢力均衡を図り、アラブの指導者となろうとした」

ライス米国務長官の代理人として「起案グループ」に参加したエリオット・コーエンは、バッシャール・アサド大統領がなぜ原子炉を建設しようとしたかを深く考えたことはなかったという。「シリアは単に核兵器が欲しかったのだ」。いまだに謎が多いことを認めたうえで、コーエンはそう語る。

北朝鮮が現金を欲しくてシリアに原子力技術を提供したのか、あるいはなんらかの協同があったのか？ 解決されないもう一つの謎はイランに関するものである。イランはこのプロジェクトを知っていたのであろうか？ それともこれはボルトンの言うように「（イラン・シリア・北朝鮮）三か国のジョイント・ベンチャー」で、イランはアサドに資金を提供していたのであろうか？ そしてイランは自国で使用するプルトニウムをシリアが製造することまで望んでいたのだろうか？

当時副大統領であったディック・チェイニーは、北朝鮮とシリアの関係は常に金銭のつながりだけだったと考えている。北朝鮮には収入源がなく、国民は労働者として他国に送られ、賃金は国庫に入るとされていた。「技術をシリアに切り売りして、代償を得ることなど、気が咎《とが》めることではなかったのでしょう」。チェイニーはそう論じる。

長い時間が流れ、シリア原子炉の破壊は記憶のかなたに存在するだけのものになり、二〇一一年以降、五〇万人の死に至るシリア内戦へ向かう曲がりくねった道のこぶの一つに過ぎなくなった。

核兵器がなくてもパッシャール・アサド大統領は、誰もが想像できなかった残忍さを発揮した。自国民に対し毒ガスを使用したり、民間人の居住地にヘリコプターから「たる爆弾」を投下するなどして、アサドに関する以前の情報評価は無意味なものになった。二〇一七年四月、イドリブで化学兵器の攻撃を受けた子供が呼吸に苦しむ映像は、アサドが権力を維持するために、どんな行動も厭わないことを証明した。

「原子炉を保有することが許されていたら、何が起きたのか？ 悪い夢は見るだけでいい」。ヤトム元モサド長官はそう述べる。

第9章　開戦の準備

ウワサの真相

二〇〇七年九月五日、作戦決行の数時間前、エルサレムでの閣議が終わると、アシュケナジ参謀総長は、部下の結婚式に出席するため、南へ三〇マイル（四八キロ）離れた農村へ車で向かった。

新婦のリロンはアシュケナジの秘書、新郎のオロンはイスラエル国防軍（ＩＤＦ）の将校でヨルダン川西岸地区を管轄する中央軍の広報官だった。開戦の可能性があるなかでの参列は気が進まなかったが、ほかに選択肢はなかった。

軍服姿のアシュケナジは、ユダヤ人の伝統的な結婚式フッパーに最後まで参加した。旧友に挨拶し、仲間の背中を軽く叩き、新郎新婦を抱擁した。アシュケナジの周りで参列者は音楽を聴き、またふんだんに用意された飲み物を口にしていた。

参列しなければ、参謀総長の所在に関する数え切れない憶測が飛び交うだろう。すでにＩＤＦは複数の新聞社から対シリアへの攻撃が迫っているのではないかという問い合わせを受けていた。

記者たちは首相官邸に張り付き、誰が首相に面会しているかを観察していた。秘書の結婚式への参列を取りやめれば、何か不都合なことが起きていると思われるだろう。実際、結婚式の最中に、大規模作戦の噂を聞きつけた記者から広報担当のアヴィ・ベナヤフ准将に電話があった。

「いま結婚式にいるんだが」とベナヤフ准将は応じた。次に記者は参謀総長の所在を尋ねた。「私の隣にいらっしゃいます。チキンの串焼きをおいしそうに食べています。電話を代わりましょうか」

挙式はエルサレムの「嘆きの壁」を管轄するシュムエル・ラビノヴィッチ師が執り行なったが、式が終わると参謀総長は「嘆きの壁」に行ってIDFの兵士と指揮官のために祈りを捧げてくださいと頼んだ。ラビノヴィッチ師はなぜですかと聞くと、参謀総長は微笑みを浮かべ「軍人は命令に従うだけです」と答えた。

アシュケナジ参謀総長は、その日の夜遅くに何が起きるかを知っていた。式場から北にテル・アヴィヴ市街の夜景が望め、南にはアシュケロン発電所があった。

明日、前例を見ないスカッド長距離ミサイルの反撃ですべてが破壊されるかもしれない。今夜予定されているシリア原子炉攻撃後に何が起きるかはアサド次第であった。

アシュケナジは北部軍の司令官を経て副参謀長になったが、参謀総長にはなれなかった。二〇〇五年、軍人トップの座をダン・ハルツ空軍司令官と争って敗れ、約四〇年の軍歴を終えた。数か月後、アシュケナジはビジネス界に転身することを決めた。

しかし、対ヒズボラ戦のレバノン侵攻が発生すると、状況は一変した。ペレツ国防大臣がアシュケ

G・アシュケナジ中将。IDF参謀総長。ペレツ国防大臣の右腕となり軍の再建に尽力する。

ナジを呼び戻し、国防次官に任命した。

アシュケナジは、財務省と交渉してＩＤＦの予算を勝ち取り、その多くをヒズボラによるミサイル攻撃で不意を衝かれた民間防衛軍に配分した。

レバノン侵攻が三四日目に終結すると、アシュケナジはＩＤＦの再建に着手した。ハルツ参謀総長が辞任する二〇〇七年一月まで、アシュケナジは軍とともにこの職務を果たした。ペレツ国防大臣が後任の参謀総長を任命するにあたり、軍の重責を担い、その再建にふさわしい人物は、アシュケナジ以外にいなかった。かつて軍を指揮する機会を逃した男にチャンスがめぐってきたのである。

二月、軍務に復帰したアシュケナジは、シリアの核疑惑に関する最新情報を知らされた。その時点で、シリアの核問題は「疑惑」であり、「脅威」ではなかった。その意味することは、シリアの核疑惑は参謀総長が直接監督する必要がないということだった。いずれにせよ、アシュケナジには急ぎ解決しなければならないことが山積していた。イスラエルはレバノンから逃げ延びたばかりで、自信を失っていた。ガザ地区ではハマスが、北部ではヒズボラが紛争を企んでいる恐れがあり、軍の即応態勢を整える必要があった。

二〇〇七年四月、シリア原子炉に関する最新情報を確認すると、アシュケナジ参謀総長は攻撃準備を監督し始め、のちに内閣へ提案される攻撃案に磨きをかけた。

参謀総長として、軍事攻撃よりもさらに複雑な任務があった。それは軍と国民に理由を説明することなく、戦争準備を始めることだった。限られたメンバーしか原子炉の存在を知らず、しかも特殊な作戦であるため、現状は維持しなくてはならない。

このためアシュケナジは、なぜシリアと戦争が始まるかの巧妙な言い訳を考える必要があった。通常、兵士は誰と戦うのか知らされて訓練する。だが、今回はその真の理由を明らかにできない。アシュケナジはヤドリン長官に対シリア戦に関する創造的かつ現実的な理由を考えるよう命じた。

これはまるでダスティン・ホフマンとロバート・デ・ニーロ主演の映画『ウワサの真相／ワグ・ザ・ドッグ』（一九九七年）のようであった。映画ではスピン・ドクターと呼ばれる揉み消し屋がハリウッドの映画監督と共謀して大統領のセックス・スキャンダルを隠蔽しようとするが、今回、脅威は現実のものであり、すみやかに行動しなければ、イスラエルは大惨事に見舞われる。

アシュケナジ参謀総長の軍改革

F‐16戦闘機は低空飛行すると、五〇〇ポンド（二二七キログラム）爆弾を正確に投下した。爆発による粉塵と金属片は爆発音が聞こえる前に確認できた。

次は砲兵の出番である。一五五ミリ榴弾が敵陣を叩き、近くの谷間で待機する歩兵と戦車のために道を拓く。工兵が機動架橋を設置し、装甲兵員輸送車とメルカバ戦車が土埃を舞い上げて目標に向かう。上空からはAH‐1攻撃ヘリコプターが地上部隊を支援する。戦車のあとから歩兵大隊が進む。近くの丘の斜面ではヘリコプターから空挺中隊が降下する。遠くからは、まるで草が生えたような特殊な迷彩服を着用した偵察兵が突如現れて射撃を開始する。上空から戦闘機が肉眼では確認できない目標に対してミサイルを発射する。

これは二〇〇七年六月、IDFがシリア陸軍との「戦争」を想定して行なった年次統合軍演習の様子である。場所はイスラエル南部のシザフォン訓練場。一〇か月前に終了した対ヒズボラ戦が終結して以来、初めて行なわれるもので、対パレスチナ戦でなく対シリアの模擬戦は数年ぶりのことだった。

演習の様子からIDFの将来戦の姿を見ることができる。訓練では「統合戦」が強調され、歩兵部隊、機甲部隊、空軍や新型ドローンを運用する部隊の統合運用が行なわれる。

地上部隊の兵士は前夜から体重の半分ほどの重さの背嚢を背負って、約三〇マイル（四八キロ）を行軍していた。

地上部隊の移動が急がれたのは、次の戦争ではヒズボラのロケット弾とミサイルを沈黙させるため、空軍が敵目標に爆弾を投下するまで待つわけにはいかない事情があった。領土を迅速に占領する唯一の手段は歩兵である。

前線基地には装甲兵員輸送車の隣に数多くのテントが張られ、その中に旅団の指揮所があった。大きなスクリーンには友軍と敵軍の位置を正確に表示する衛星画像が映されていた。アマン、空軍、海軍、ほかのIDF軍将校が着席し、攻撃方法を協議・立案していた。

「統合戦」は、二〇〇六年夏の戦争遂行方法とは正反対の戦略であった。当時、各軍はほかの軍と対話することを拒み、ましてや同じテントを共有するなどは考えられなかった。「アシュケナジ式」と呼ばれる統合戦の考え方は浸透しつつあった。

二〇〇七年二月に現役復帰したアシュケナジが最初に目にしたのは、〇六年夏のレバノン侵攻のトラウマをIDFが引きずっていることだった。ヒズボラは大打撃を受けたものの、この一年で戦力を回復した。ロケット弾は二〇〇六年の戦争前夜に保有していた数のほぼ倍となり、兵士はイランやシリアの教官のもと、新たな訓練を受けていた。

ペレツ国防大臣はアシュケナジに実行するのは至難な任務を与えた。「IDFに自信を取り戻させよ、未来の戦争に向けて準備を整えよ、イスラエルの抑止力を向上させよ」

前任者のハルツは空軍出身だったが、アシュケナジはアラブとの数次の戦いで活躍したエリート歩兵部隊「ゴラニ旅団」の出身であった。

ハルツとアシュケナジはまったく気質の異なる軍人だった。典型的なイスラエルのパイロットであるハルツはプライドが高く、レバノン侵攻の会見で、テレビ中継されているにもかかわらず、飛行士用のサングラスを外すことを拒否した。

アシュケナジは兵士とのつながりを大切にし、上から目線ではなく地べたから戦場を理解しようとした。ハルツはマスコミの相手をすることを好んだが、アシュケナジはマスコミを避け、次の戦争でイスラエルが勝利することだけを考えた。

アシュケナジにとって軍は人生のすべてであった。一三歳で軍人になることを決心し、軍幼年学校へ進んだ。

ホロコーストを生き延びた父は古いチェコ製の小銃を手にして、アラブ人の侵入者から農場を守り、母は誕生地のシリアから隠れて国境を越えてイスラエルへ来たことは常にアシュケナジの脳裏にあった。幼年学校を卒業すると、精鋭「ゴラニ旅団」の配属を希望した。

ゴラニ旅団ではさまざまな部署を経験した。一九七六年のウガンダのエンテベ空港人質救出作戦に参加し、一九七〇年後半にはレバノンでの作戦中に負傷。一九八二年の第一次レバノン侵攻では戦死した親友を看取った。

アシュケナジの参謀総長就任は「ＩＤＦは基本に立ち返る」という明確なメッセージとなった。アシュケナジはすぐに軍の改革に取り組み、機甲部隊は改善され、最新の指揮統制システム、新たな歩兵用兵器が配備された。二〇〇六年夏にレバノンで起きた悲劇を繰り返すわけにはいかなかった。

シザフォン訓練場での演習中、アシュケナジ参謀総長は熱心に地図に目を通し、双眼鏡で数マイル先の兵士らを確認した。

「ＩＤＦはパレスチナと北部国境で同時に激化する戦闘に対処する準備ができていなければならない。今日の演習は素晴らしかった。ただ一つ欠けていたのは本物の敵だ」

空軍から地上部隊へ

二〇〇六年のレバノン侵攻前、ＩＤＦはヒズボラを封じ込めることは可能で、仮に何か起きても、空軍あるいは少人数の特殊部隊で対処できると想定していた。

当時、イスラエルでは通常戦力を用いた戦争は発生しないという考えが一般的だった。拮抗した戦力を有する二つの軍隊がゴラン高原のような戦場の両側に戦車を並べる日はもう来ないと。

一九七三年のヨム・キプール戦争以降、イスラエルが経験した紛争は、ヨルダン川西岸地区であれ、ガザ地区であれ、すべては非対称型の戦いであった。ヒズボラとの戦いでもイスラエルには戦車や野砲があり、F-16戦闘機も保有していた。一方、ヒズボラのゲリラ兵は森に隠れ、短距離ロケット弾を発射した。

シリアは大きな脅威とは考えられていなかった。厳密にはイスラエルとシリアは戦争中だったが、ゴラン高原に引かれた国境線はイスラエルで最も平穏な地域であった。実際、イスラエルはヨルダンとエジプトと和平協定を結んだが、両国との国境はテロや犯罪を目的とした侵入があり、常に何らかの事件が発生していた。

このような経緯から、二〇〇〇年代初めに通常戦の訓練は中止された。戦車の乗員は基地警備やヨルダン川西岸地区の検問所に配置され、第二次インティファーダの激化を食い止める作戦に参加した者もいた。

訓練は市街地戦闘のみとなり、師団、旅団はおろか大隊規模の訓練も行なわれなくなった。

さらに予備役の動員は珍しいものとなり、動員があっても、それは警衛任務であったり、国境警備であった。二〇〇六年にレバノン侵攻が始まると、予備役兵士は何年も戦車に乗ったことがないことを認めた。

このような軍の変化は予算配分にも関係し、地上部隊の予算は二五パーセント削減され、空軍の予算は増額され続けた。

アシュケナジ参謀総長にしてみれば、この考え方は的外れなものだった。アシュケナジの勝利の定義は単純で、「戦争が終わり、誰が勝ったのかなどという間抜けな質問が出ない状況が勝利だ」と部下に語った。

レバノン侵攻後の調査で指摘された問題点は「歩兵部隊、機甲部隊、そして空軍など、IDF各軍の協調がとれていない」ということだった。兵士が携行した地図は実際と異なり、空軍機のコックピットで表示される電子地図と同一のものではなかった。そのため地上部隊は敵の抵抗にあってもパイロットに自軍と敵軍の位置を説明できず、航空支援を受けられなかった。

ヒズボラとの一か月間の戦いが終わり、二〇〇六年八月一四日に停戦合意が発効したが、同時に空軍力を過度に重視した前任者のハルツ主義も意味を失った。IDFは「基本への立ち返り」を始め、早くも翌〇七年夏に勃発すると思われた次の戦争に向けて準備が進められた。

停戦から数か月後、IDFの監視チームはレバノン国境線沿いにヒズボラのゲリラ兵が出没していることを突き止めた。ゲリラ兵は民間人の格好をして、ランドローバーやメルセデスベンツのセダンに乗車していた。限られた機会であったが、IDFの監視カメラは見慣れた顔を捉え、軍情報機関はヒズボラ構成員のデータベースと照合した。

ヒズボラの活動は明らかだったが、国連レバノン暫定駐留軍の存在により、森林地帯（IDFが「自然保護区」と呼ぶ）を根拠地にすることはできなくなっていた。しかし、ヒズボラは新たな環境にすぐ順応し、村落に指揮所を開設し、学校、民家、病院にロケット弾発射機を配備した。

二〇〇六年の戦いでヒズボラは一日あたり一五〇発のロケット弾を発射したが、将来戦ではこの数字は二倍から三倍になると予想された。ロケット弾だけでなく、最新の対戦車ミサイルも同様で、さらに先端防空システムを手に入れようとしているという報道もあった。

最後の懸念事項は、ヒズボラとの戦いをレバノン領内にとどめることは不可能であるというＩＤＦの評価であった。シリアも加わる新たな戦争は「二つの国境、しかし戦線は一つ」という標語まで生まれた。

アシュケナジ参謀総長は、全部隊に再度訓練を行なわせた。予備役兵士が動員され、ヨルダン川西岸地区で国境線を守備するよう命じられ、常備軍は演習場に向かった。一部の兵士にとって大規模演習は入隊後初めての経験だった。ベテラン兵にとっても、このような訓練は数年ぶりのことだった。

演習を通じてＩＤＦの各軍は協力して行動することを学んだ。ある日、アシュケナジはイスラエル南部で行なわれた空挺旅団の演習を視察した。丘の上から兵士の動きを見ていると、パイロットたちが参謀総長に挨拶するためにやって来た。遠くで大きな爆発音が響いた。

「何の爆発音でしょうか？」。パイロットの一人が質問した。アシュケナジはあきれて言った。

「これは我々が一五五ミリ榴弾と呼ぶものだ」

軍を理想の姿に変えるには時間がかかることをアシュケナジは認めざるを得なかった。

レバノン侵攻が終結すると、政府は直ちに約五億ドルの補正予算を組み、予算は予備役兵士への物資の補給と、防弾ベストや軽量ヘルメット、弾薬の携行装具やそのほか装備品の調達に使われた。

ＩＤＦへの信頼を回復するため予備役兵士は基地へ招待され、暗視ゴーグル、新型小銃、弾薬などの装備品が展示された。装備品には名札がつけられており、予備役兵士はようやく必要な装備品を手に入れた。

アシュケナジ参謀総長は、ＩＤＦによる命令の改訂・更新も行なった。命令は単純明快なものでなければならない。複雑で不明確な軍事用語を残す理由はどこにもなかった。

国防予算は再配分され、地上部隊の装備を改善することに重点が置かれた。機甲部隊はメルカバ戦車に装備する「トロフィー・アクティブ防衛システム」を発注した。これは飛来したロケット弾やミサイルを迎撃・破壊する装備である。

さらに革命的な指揮統制システム「ツァヤド」（ヘブライ語で「ハンター」）も導入した。これは自軍と敵軍を識別し、正確な兵力の位置を表示する最新のシステムである。兵士が敵陣を発見して「ツァヤド」のデジタルマップをタップすると、その位置は瞬時にほかのディスプレイに表示される。ツァヤドの開発により、敵の発見と射撃開始に要する時間は大幅に短縮された。

開戦の時は近い——イスラエルは準備を急がなくてはならなかった。

戦争の準備

二〇〇七年三月、ヤドリン長官が新たな情報を持ってアシュケナジ参謀総長のもとを訪れた。その情報にアシュケナジは衝撃を受けた。北部軍司令官として熟知していたシリアが原子炉を建設しているとは夢にも思わなかった。アシュケナジにとって現在の脅威はガザ地区であり、ここからハマスはほぼ毎日イスラエルに向けてロケット弾を発射していた。アイアンドーム（イスラエルの防空システム）はまだ開発されていなかったため、イスラエルは自国を防衛する手段がなく、すべてのロケット弾は戦略的悪夢に変貌するおそれがあった。

イスラエルはシリアの核武装を容認できるはずがなく、イスラエルは原子炉を破壊する必要があるとアシュケナジは考えていた。同時に、イスラエルはいかなる手段を講じても戦争を回避する必要があり、そのためには陸軍は静かに、そして慎重な姿勢を維持する必要があった。

問題は、シリアがゲリラ組織ではなく、本格的な通常戦力を有している国家であることだった。シリアには機甲師団や精鋭部隊があり、旧式化しているものの優秀な空軍もあった。イスラエルの都市や飛行場を麻痺させることのできる数百発のスカッド・ミサイルもあった。イスラエルの弾道弾迎撃「アロー・ミサイル・システム」は稼働していたものの、実戦でその有効性が実証されたことはなかった。いずれにせよ開戦当初にイスラエルに雨のように降り注ぐミサイルを撃破するのはほぼ不可能と思われた。

近づく対シリア戦での勝利を考える前に、ＩＤＦがなぜ戦争準備をするのか、そして何年も行なっていなかったゴラン高原で訓練を再開するのか、その理由を明らかにしなければならなかった。

アシュケナジ参謀総長とヤドリン長官は極秘会談を繰り返してアイデアを出し合った。最終的に二人がたどり着いた結論は「誤算により生じる危機を防ぐ」であった。

それは以下のような着想にもとづく。シリアはレバノン侵攻の推移を注意深く観察し、強力な通常戦力と先端兵器を有するイスラエル軍を窮地に陥れたヒズボラによる効果的なロケット弾の使用とゲリラ戦術に感銘を受けた。そしていまシリアはＩＤＦと一戦を交えようと企んでいる。

シリアは新たなゲリラ戦術を開発するために投資を行ない、特殊部隊の増強と対戦車分隊が使用するオートバイの調達を推進している。そしてＩＤＦがシリア国内に侵攻した時に備えて無人の集落を国境沿いに建設しているという噂を広めている。噂の一部は事実にもとづき、一部は物語を作るために誇張された。

当時、シリアは四〇万人の兵士からなる一二個師団の大規模兵力を有しており、それに対するイスラエル常備軍は二〇万人にすぎなかった。さらにシリア軍のある師団は一万人の精鋭で編成され、侮りがたい兵力だった。

軍情報機関のアマンは、これらの事例を利用して、シリアとイスラエルの小規模衝突が両軍の「誤算」で全面戦争に発展する可能性があると警告した。

「誤算」の条件はいくつも考えられた。レバノンとの国境線で新たなテロ事件が発生する、ヒズボラがロケット弾の発射を再開する。その報復としてＩＤＦはレバノン南部を爆撃し、シリアとの国境近くの目標に爆弾が落下する。シリアはこの攻撃をイスラエルによる第二の戦線設定ととらえ、ゴラン高原に侵攻する。そこから全面戦争に発展する。ほかにもシリアがテロ事件をイスラエルとの国境で起こす危険性もあった。当然ＩＤＦは対処するが、連鎖反応から全面戦争に発展する……。

イスラエルにとって厄介なのは、シリアのミサイル増強であった。シリアは二〇〇六年にテル・アヴィヴを射程におさめる長距離ミサイルを約五〇〇発保有しているとみられ、二〇〇七年にはその数は倍となった。二〇一〇年には約二三〇〇発のミサイルを入手していると予想された。

その一方で、アシュケナジ参謀総長は自身の努力が実を結び始めていることに気づいていた。ある夏の日、参謀総長はゴラン高原で空挺旅団が一週間にわたる演習を終えるところを視察した。将兵たちは二日間、睡眠をとらずに行軍し、自身の体重の二倍近くの装備を身につけていた。

敵陣への最終攻撃を模してゴラン高原の急な丘を駆け上る兵士に混じり、アシュケナジ本人も訓練に参加した。多くの兵士は横を走る老兵が誰かは知らなかった。頂上に達するとアシュケナジは、兵士の一人に訓練の感想を尋ねた。「自信がつきました。やらなければならない任務を実行できるようになった気がします！」

アシュケナジはしばしば兵に語った。「陸軍の心理状態は常に二分できる。戦っているか、次の戦闘に向けて訓練を行なっているかだ」

「レッド・ファルコン」

かつて「誤算」があやうく戦争につながりかけたことがあった。一九九六年、モサドの工作員イェフダ・ギルが偽の報告書を作成して、シリアのハーフィズ・アサド大統領がイスラエル攻撃を立案していると主張した。

ギルはモサドの伝説的な工作員だった。一九三〇年代にリビアで生まれたギルはスペイン語、イタリア語、フランス語、アラビア語を流暢に操り、イスラエルには一九四八年の建国の数か月後にやってきた。一九七〇年にモサドに入職し、ヘブライ語の頭字語で作戦要員を意味する「カツァ」になった。

ギルは自身の性格と語学力を武器に優秀なスパイの一人となり、「千の顔を持つ男」と呼ばれた。(1)

一九七三年末、ヨム・キプール戦争が終わると、ヨーロッパ駐在のシリア軍将官を協力者として獲得する新たな任務がギルに与えられた。将官の秘匿名は「レッド・ファルコン（赤いハヤブサ）」であった。

ギルは将軍と数回面会したが、イスラエルの情報提供者に仕立てることには失敗した。しかし、ギルは失敗を認めることなく、将軍を転向させることに成功したと報告した。そして、将軍から得たと称する情報をもとにギルは偽の報告書をでっち上げた。

一九九六年夏、IDFはシリア軍のコマンド師団が、レバノンからヘルモン山のシリア側（イスラエルとの国境線近く）への移動を計画していることを突きとめた。この大規模な兵力移動は不可解であった。

IDFは「レッド・ファルコン」に接触するようモサドに依頼し、事態の進展を正確に把握しようとした。すでにギルとレッド・ファルコンは定年退官していたが、ギルは将軍と連絡を取り合っていたという。将軍との会合を終えて帰国したギルは、シリアはゴラン高原を攻撃する準備をしていると主張した。

イスラエル防衛機構の最高幹部はパニックに陥った。安全保障閣議がただちに開かれ、行動方針の採決に入った。最初にするべき行動として検討されたのは予備役の動員であった。召集の発令には慎重さが求められた。これだけ大規模な動員となれば、シリアはすぐに察知するだろう。そして、この動員自体、両国が意図せず、望んでもいない戦争につながる恐れがあった。このため閣僚は安全策をとることにし、IDFに目立たぬよう国境警備を強化すること、予備役の動員が決定された時に備えて、必要とされる準備を整えるよう命じた。

最終的に戦争は回避されたが、ギルは虚言を弄していたとして逮捕され、二〇年以上にわたりモサドに偽の情報を伝えていたことを認めた。

しかし今回、戦争はモサドの詐欺師によって煽動されたものではなかった。しかもアシュケナジ参謀総長とヤドリン長官の「誤算」理論を手助けしたのはアサド大統領本人で、イスラエルと世界に対して矛盾した発言を繰り返していた。レバノンでの戦争のあと、アサドはゴラン高原を武力で解放すると言い、その一か月後には、イスラエルに和平交渉しようと呼びかけた。アサドは軍に警戒を強めるよう命じ、シリア史上最大の武器の大量調達に乗り出したが、同時にシリアを攻撃しようと戦争を立案しているのはイスラエルだと主張した。

シリアの原子炉の存在を知っていた少数の人々は、アサドが本当に攻撃を考えているという懸念を払拭できなかった。アサドは原子炉を建設し、核兵器を開発しようとしているだけでなく、ＩＤＦを相手に戦えると考えている。

さらなる懸念は、アサド大統領は父の時代からの古い閣僚を解任し、悪名高いシリアの情報機関の元トップで、アサドの義兄であるアースィフ・シャウカトなどイスラエルが過激と考える人物を重用した。

父に仕えた穏健派は消え去った。ファールーク・アッ＝シャルア（訳者注、現外交情報政策担当副大臣）は外務省を追われ、アブドゥル・ハリーム・ハッダーム元副大統領はヨーロッパに亡命した。イスラエルの情報機関の高官の何人かは間違いなくアサドは戦争の準備をしていると考えた。

軍に即応態勢をとらせるよう、ＩＤＦは積極的にこれらの諸説を強調したが、イスラエル国民は明確な挑発なしにシリアが本当に攻撃を仕掛けてくるとは信じなかった。確かにシリアは大量の戦車を保有し、歩兵の数も多いが、両国の兵力差は明白で、ＩＤＦでは十分な訓練が行なわれ、兵器も最新のものを有している。シリア空軍は時代遅れで、イスラエル空軍（ＩＡＦ）とは比較にならない。

このため、ＩＤＦは「出来心での侵入」理論を考案した。

これによるとシリアにＩＤＦを撃ち破るだけの軍事能力はなく、また大きく目立つような領土の占領もできないが、特殊部隊を使って素早く、密かにイスラエルに侵入して国境沿いの小さなキブツやモシャヴ（協同組合によってまとめられた家族経営農園）を占領することは可能である。シリアの目的は、イスラエル国内にシリアの国旗を掲げることで国威を発揚し、イスラエルがゴランを占領している現実を世界に知らしめることだと、ＩＤＦの将校は警告した。

「できることはすべてやった」

オルメルト首相は戦争準備を高所から監督した。開戦の可能性はオルメルトを神経質にしたが、イスラエルが原子炉の存在を知っていることをシリアに察知されないよう考えをめぐらせた。

「もしシリアが、我々が原子炉建設を知っていることを察知したら、実際に戦争が起きると思うかもしれない。そうなればシリアは先手を打とうとするだろう」

開戦に備えてイスラエルは、まずレバノン侵攻で消費した兵器を補充しなければならなかった。各種兵器を発注し、国内のＩＭＩ（イスラエル・ミリタリー・インダストリーズ）のような軍需産業に戦車や砲弾製造ラインを全日稼働してもらうよう要請した。

レバノン侵攻でIDFは二〇万発の砲弾をレバノンに撃ち込んだため、迫撃砲弾や榴弾、対戦車ミサイルなどの補充が必要だった。さらに市民は爆弾シェルターで再び長時間を過ごすため、民間防衛の準備も求められた。

最も重要なのは、航空機の通常爆弾に精密誘導能力を付加するJDAMキットの補充であった。JDAMを使用することで爆弾は衛星によって目標に誘導され、パイロットは敵性空域から素早く離脱できる。

レバノン侵攻の最初の五日間で、IAFは多くのJDAMを消費してしまい、アメリカに引き渡しを急ぐよう要請しなければならなかった。IAFがヒズボラのベイルートの根拠地ダヒエーを攻撃した際には、一回の爆撃で五〇〇発以上の精密誘導弾が投下され、戦争全期間を通じて、ほぼ半数の出撃で精密誘導弾が使われた。

この事例から、新たな戦争が始まれば、イスラエルはスマート（誘導）爆弾をすぐに使い果たすと推測された。

これが、レバノン侵攻が終わって数か月後、シリアの原子炉が発見される前にIDFがアメリカ政府にJDAMを新規発注した理由である。ある取引では一億ドル以上ものJDAMが供与されたという。これはレバノン侵攻以降、最大の対イスラエルの武器売却であった。

ある日、バラク国防大臣は補佐官らに告げた。「我々に戦争が勃発するかどうかを正確に知る手段はない。できることは可能な限り即応態勢を高めることだ」

原子炉を攻撃したあとで戦争が始まる可能性は五〇パーセント、あるいはそれ以上であると、アシュケナジ参謀総長は本心から考えていた。レバノン侵攻後、ヒズボラとシリアは急速に協力関係を強め、どちらか一方との戦いは、もう一方との戦いを意味する。

原子炉攻撃に向けて時計の針が進むなか、アシュケナジ参謀総長は開戦に向けてできることはすべてやったと考えていた。事態はアシュケナジの手をすでに離れていた。

第10章　モサド・ＣＩＡの秘密作戦

忍耐との戦い

シリア原子炉攻撃に成功したイスラエル軍機が帰投するなか、ボル（ＩＤＦ地下指揮所）にいる全員の視線はヤドリン長官に注がれていた。いよいよ忍耐との戦いが始まった。

ヤドリンは「否認ゾーン（逃げ場）」を考えついた部下を信じていた。過去の領空侵犯と同様にアサド大統領は今回も反応しないだろう。もし開戦を決断するなら、アサドはシリア国民にその理由を説明しなければならない。

九月六日未明に発生した「謎の爆撃」を受けて、アサドはシリアを一九七三年のヨム・キプール戦争以来、最大の対イスラエル戦に引きずり込もうとするだろうか？

経済危機に苦しむシリア国民は、なぜ負けるとわかっている戦争に突き進もうとしているのか理解に苦しむだろう。戦争することで何かメリットはあるのか？　もしシリア国民が、膨大な費用をかけて極秘に原子炉を建設していたと知ったら、暴動が起きるかもしれない。国民が生活に苦しんでいる時に、貴重な予算を原子炉建設に回した理由をアサドは説明できるだろうか？

その一方でアマンの情報分析官は、苦境にあえぎ分断された国民を一つにするには戦争がいちばん手っ取り早い方法であることを知っていた。もしアサド大統領が報復のためにイスラエルと戦火を交える気があるなら、敗北のリスクはあるものの、国民を納得させるだけの理由があった。アサドは言うだろう。「私はシリアを世界の最強国にするための戦力を手に入れようとしていた。だが、シオニストはその能力を奪い、私は開戦を決断した」

しかし、そうはならない事実があった。アサド大統領のごく親しい仲間以外、政府関係者も原子炉の存在を知らなかったからである。

イスラエル国防軍（ＩＤＦ）の北部軍は、状況の推移を受けて待機していた。もし戦争が始まれば、国境沿いに配置された歩兵旅団と機甲旅団は、応援が来るまで前線を死守しなければならない。原子炉攻撃に参加したパイロットたちは離陸前に、帰投したらすぐに燃料と兵装を補給して、再び戦闘空域に飛び立つことになると言われていた。

アサドの行動は誰にもわからなかった。アシュケナジ参謀総長は多数のシナリオを用意していた。爆撃の数時間前、アシュケナジは参謀全員を集めると、これから何が起きるかを説明した。すでに知っている者もいたが、多くは知らなかった。

もしアサドがゴラン高原のＩＤＦ基地に数発の短距離ロケット弾を撃ち込んだら、どう対処するか？　もしアサドが長距離スカッド・ミサイルをテル・アヴィヴ近郊の何もないところに向けて発射したらどうするか？　確かなことは、アサドが大規模戦を仕掛けてくれば、イスラエルは以前とは比較にならないほどの反撃を加え、シリアはその姿をとどめないということだった。

イスラエルの反撃は、六日戦争（第三次中東戦争）の初期に見られた一斉攻撃の繰り返しになるだろう。当時、イスラエル空軍はエジプト空軍、ヨルダン空軍、シリア空軍を奇襲攻撃し、わずか数時間で四五〇機以上もの航空機を破壊した。いまのイスラエルには前年夏の対ヒズボラ戦のように、あいまいなかたちで戦争を終わらせる余裕はなかった。

秘密のメッセージ

作戦決行の数日前、オルメルト首相は攻撃後にアサド大統領に秘密のメッセージを送るかどうか思案していた。原子炉を破壊したものの、追加の作戦は計画していないと伝えるためだった。メッセージは「大統領が沈黙を守るなら、わが国も口を閉ざす」になるはずだった。

メッセージは一九七四年からイスラエル・シリア国境に平和維持部隊を展開していた国連を通じて送ることも、在ダマスカス・トルコ大使館を通じて送ることも可能だった。第三の方法もあった。これはやや複雑だが、すでに実証済みで、成功する可能性は高かった。

二〇〇七年七月、リクード党と強いつながりを持つユダヤ系カナダ人実業家二人がダマスカスに渡ってアサド大統領と面談した。オルメルト首相とダガン長官は彼らがアサドと会談するという知らせに喜んだ。イスラエルにすれば原子炉攻撃前にアサドの様子を知ることは重要だった。状況が変化した場合に意思疎通できる手段も確保しておきたかった。

実業家二人は隣国を経由してシリアに飛び、二日間の滞在中、主にシリアとユダヤ人国家の和平交渉の再開手段について三時間あまり意見交換した。

会談でアサドは二人にオルメルトの好物は何かと尋ねた。「フムス（訳者注、茹でたヒヨコ豆に香辛料を加えてすりつぶした家庭料理）です」と答えると、翌日、箱に入ったフムスが二人の宿泊先に届けられた。二人は帰国するとオルメルト首相に会談結果を伝え、全員でフムスを味わった。(1)

最終的にオルメルトはメッセージを送らないことにした。アサドが断片的な情報をつなぎ合わせて何が起きたかを知ろうとするのを、あえて手助けする必要はないと感じたからである。

ブッシュ大統領からの電話

ヤドリン長官は部下から逐次報告を受けていた。アサド大統領は移動式ミサイル発射機に厳戒態勢をとるよう命じたが、発射するのは思いとどまった。のちにオルメルト首相は、この決断は「自制心をともなったもの」(2)と評価した。

原子炉攻撃から数時間経過し、ヤドリン長官はアマンの「否認ゾーン」の理論が成功したことを確信した。シリアの行動は通常と変わらないものだった。部隊は動員されず、空軍機は緊急発進することなく、スカッド・ミサイルは発射機に搭載されなかった。誰かが就寝中のアサド大統領を起こし、「宝物」が破壊されたことを伝えたようだが、アサドは再び眠りについた。その日の朝、恐れていた戦争は起きなかった。

午後、イスラエルは「賭け」に勝ったことを証明する新たな情報を入手した。アサド大統領が事実を隠すために架空の話をでっち上げたのである。

「防空部隊がイスラエル軍機に立ち向かい、イスラエル軍機はわが国に人的・物的被害を及ぼすことなく、荒野に爆弾を落とすと領空を追い払われた(3)」

このSANA（シリア・アラブ通信社）が配信した短い記事は世界が知ることとなった。ロイター通信はダマスカス駐在の西側外交官の話として、偵察任務を帯びたイスラエル軍機はシリア防空システムに探知されて、離脱のために爆弾と増槽を投下せざるを得なかったと伝えた。ヤドリン長官はようやく緊張を解いた。アサド大統領は想定した「否認ゾーン」に逃げ込んでいるようだった。

軍副官から最新情報を受け取ったオルメルト首相はブッシュ大統領に連絡するよう補佐官に命じた。補佐官はホワイトハウスのシチュエーションルームに電話したが、大統領は秘話回線のそばにはいないという。「一時間後にかけ直してください」との返事だった。

攻撃日の一週間前、オルメルトはブッシュに電話し、翌週の予定を聞いた。「お話しすることがあるかもしれません」。攻撃が秒読み段階に入っていることを知っていたブッシュは、オルメルトが何を言おうとしているかわかった。ブッシュはAPEC（アジア太平洋経済協力会議）の会合でオーストラリアに行くが、必要ならいつでも連絡を、と伝えた。

一時間後、ホワイトハウスからオルメルトに電話が入った。秘話回線であったものの、大統領のそばに誰かが同席していて会話の内容が漏れるのは避けたかった。イスラエルは完全な沈黙を保たなければならない。

「大統領閣下、お元気ですか？」オルメルトは言う。

「ええ、おかげさまで」

「オーストラリアは素晴らしい国ですね。シドニーはいかがですか」

なぜオーストラリアの話を持ち出して時間を無駄にしているのか、ブッシュは不審に思っているに違いない。オルメルトは核心に触れた
「ところで大統領閣下、我々が気に入らないものが北にあったのを覚えていますか？」

「ええ」

「もうそのようなものは存在しないことをお伝えしたかったのです」

ブッシュは慎重だった。

「それは興味深い。何か反応があると考えていますか？」

「いまのところはありません。すべての兆候は反応がないことを示しています」

オルメルトはこれで会話を終えるつもりだったが、ブッシュは耳を疑うような言葉を発した。

「OK、一つ知っておいて欲しいことがあります。もし何か反応があったら、あなたにはアメリカがついていることを忘れないでください」

オルメルトは感動で身体が震えた。この言葉を忘れることはないだろう。ブッシュの言葉でオルメルトは自信がみなぎり、正しい決断を下したと確信した。

ブッシュが確かに味方になってくれたことを聞き届けたオルメルトは受話器を置くと補佐官に言った。「これでやっと帰って、ひと息つける」

数日後、ブッシュが再び電話をかけてきた。今度はオーヴァル・オフィスからだった。大統領は電話口で喜びの声を上げた。「エフード、やるじゃないか！」。オーヴァル・オフィスでは遠慮はいらなかった。ブッシュはイスラエルが成し遂げたこと、実在の脅威の排除は正しかったと告げた。

偶発的なトラブル

作戦当日の九月六日、レヴニ外務大臣の電話は各国外相からの問い合わせで鳴りっぱなしだった。ロシアのセルゲイ・ラヴォロフ外相やハビエル・ソラーナ欧州連合共通外交・安全保障政策上級代表からも電話があった。レヴニは各国外相たちに爆撃前に用意したあいまいな文章を読み上げ、確認できしだい最新情報を提供すると約束した。

原子炉攻撃が終了すると「プレミアリーグ（一軍）」への連絡が指示された。「プレミアリーグ」とはオルメルト首相と閣僚が「攻撃とイスラエルが何を排除したか」を伝えることを事前に決めた国々のことである。モサドがまとめた原子炉の写真などの極秘資料は、ベルリン、モスクワ、パリのイスラエル大使館に保管されており、配布の時が来た。

各国に特使が送られた。トゥルボヴィッツ首席補佐官はパリに飛び、サルコジ仏大統領に状況をブリーフィングした。

オルメルト首相はいつもと変わらぬ態度で執務にあたり、原子炉攻撃の翌日夜は「ローシュ・ハッシャーナー（ユダヤ暦の新年祭）」を祝う、カディマ党のイベントに参加している。取材に訪れたマスコミは謎に包まれた爆撃について何か聞けるかと期待したが、何の成果も得られず会場をあとにした。オルメルトはマスコミに何も語らず、イスラエル国内は何事もなかったようだった。

攻撃は成功したものの、偶発的なトラブルも発生した。攻撃の二日後、トルコのマスコミはイスラエル軍機が投棄したとされる増槽の写真を公開した。写真はイスラエル軍機のものである公算が大きかった。増槽はトルコ側国境の原野に落ちていた。トルコは自国の領空をイスラエル軍機が侵犯したとして激怒した。

トルコ軍参謀総長のヤシャル・ビュユクアヌト大将は説明を求めてアシュケナジ参謀総長に電話をかけてきたが、アシュケナジは居留守を使った。単にどう答えていいかわからなかったのである。翌日トルコのエルドアン首相がオルメルト首相に電話をかけてきた。エルドアンはひどく腹を立てていた。「私の参謀総長があなたの参謀総長に電話をかけているが、電話に出ない。なぜなのだ？」

オルメルトは愚か者を演じることを決めた。「首相閣下、私はこのようなことにあまり詳しくはないのですが、おそらくわが国の飛行機は訓練をしていて方向を誤ったのではないでしょうか。そして危機から脱出するために、燃料タンクを投棄したのでは……」

だがエルドアンは納得しなかった。自国民の前で体面を失わぬよう、オルメルトに公式な謝罪を要求した。両国首脳は二週間後にロンドンで会うことに合意した。

アシュケナジ参謀総長はようやくトルコのカウンターパートに情報を提供する許可を得た。二〇〇七年当時、IDFとトルコ軍は友好的な同盟軍であった。アシュケナジはビュユクアヌト参謀総長に爆撃はイスラエルによるものであることを認めた。「間違いなく私たちです。目標は原子炉でした。閣下がこの情報を秘密にしていただけると信じています」

もう一つのトラブルは驚くべきことに元首相から起こった。オルメルト首相と閣僚らは沈黙を守ったものの、何人かの政治家は黙っていることができなかった。攻撃から二週間も経たない九月一九日、元首相で当時は野党党首であったネタニヤフが夕方のニュース番組に出演した。

「私は最初から攻撃を支持していました」。ネタニヤフは誰も知らなかったイスラエルによる爆撃についてそう語った。そして個人的にオルメルトにお祝いの言葉をかけたと認めた。「（野党ではあるが）首相が重要で必要だと考える行動をする時、私は応援を惜しまない」と話した。

オルメルトは激怒したが、反論するほど愚かではなかった。アサド大統領が何かをする可能性は少ないもののイスラエルは無言を貫く必要があった。

オルメルトとプーチンの電話会談

一〇月一四日、「起案グループ」の一員であったエデルマン米国防次官がトルコに派遣された。エデルマンは駐トルコ・アメリカ大使で、アメリカ下院で採択が近いアルメニア人虐殺（一九一五年から二三年）に関する決議案に激しく反発するトルコの不満をやわらげるための訪問だった。

しかし、会談に臨んだトルコ人全員が話題にしたのはイスラエル軍機の爆撃だった。エデルマンは副参謀長、国防副大臣と会談したが、彼らの質問はこの謎の作戦についてエデルマンが何を知っているかであった。

この質問はエデルマンの外交官人生で最も厄介なものだった。エデルマンは当初からこの作戦を知っていたが、「起案グループ」のほかのメンバーと同様、秘密を厳守するよう直接命じられていた。

「わが国ではコメントしないよう言われています。あなた側からイスラエルのカウンターパートに聞いてみてはどうでしょう」。エデルマンは彼らにそう伝えた。「私の口から申し上げることはできませんが、もしあなたが事実のすべてを理解したのであれば、この問題は各国共通の懸念事項であったことがわかるはずです。トルコ領空への侵犯があったとしても、それ相応の理由があってのことです」

一〇月二三日、ロンドンでオルメルト首相はエルドアン首相と会談し、トルコの指導者に初めて原子炉攻撃のブリーフィングをした。エルドアンはイスラエルの行動を理解したが、それでもトルコ領空侵犯の公開謝罪を求めた。

数日後、定例閣議でオルメルト首相は報道陣のカメラに向けて談話を発表した。「トルコのエルドアン首相と会談し、もしイスラエル軍機がトルコ領空を侵犯したとしても、それは事前に計画されたものではなく、またいかなる場合においても、我々が尊重するトルコ主権を侵害するための意図を持ったものでは決してない」と述べて、トルコ政府とトルコ国民に謝罪した。

補佐官はその動画をＤＶＤにしてアンカラに急送した。夕方、エルドアンから電話があり、トルコとイスラエルの関係は正常化したと告げられた。

ロンドンでオルメルトがエルドアンに伝えたメッセージには公表されなかったものが含まれていた。それはエルドアンからアサドに確実に伝えて欲しいというものだった。「アサド大統領にお伝えください。このようなことがシリアで再び起きれば、次は爆撃後の写真は原子炉ではなく、大統領宮殿になります」

数日後、オルメルト首相はヤドリン長官をトルコに送り、ビュユクアヌト参謀総長に細部にわたるブリーフィングを行なった。当初トルコ側は怒りを装っていたが、証拠を見せられると安堵の息をついた。イスラエルが中近東諸国をハルマゲドンから救ったことを理解したのである。

その後、オルメルトはロシアを訪問した。エルドアンとの会談前に、ブッシュ大統領はオルメルトに電話をかけて、ライス国務長官とゲーツ国防長官がプーチン大統領と会談すると伝え、プーチンに原子炉攻撃の最新情報を提供してもいいかと尋ねてきた。しかし、オルメルトには別の考えがあった。ロシアとアサドの関係について直接プーチンと話をしたかったのである。(4)

ブッシュはオルメルトの考えに賛同したものの、オルメルトはライスとゲーツの訪露中に原子炉の爆撃が話題になるではないかと案じた。そこでオルメルトはすぐにクレムリンに電話し、プーチン大統領に面会を求めた。

「明日はどうです？」プーチンは言った。オルメルトは「そうしたいが、フライトと警備の調整で難しい」と告げると、「明後日、私はイランに行くので、数日待っていただくしかありません」。そこで訪露はプーチンがイランから戻ってからとなったが、その前にオルメルトには話さなければならないことがあった。

当時イスラエルは強まるロシアとイランの関係を憂慮していた。ロシアは新型S‐300地対空ミサイルと原子炉稼働に必要な燃料をイランに供与しようとしていると見られていた。S‐300は最先端の対空ミサイルシステムで複数の目標に対処できる。伝えられるところによれば百個の目標を追尾し、一二個の目標を同時に攻撃できるという。イスラエル空軍（IAF）にとっては悪夢のような兵器だった。

IAFはオルメルトに何としてもS‐300の供与を中止させるよう強く求めていた。イランがもしS‐300を手に入れたら、イランの原子力施設を目標とした将来の作戦は難しくなると空軍将校は警告した。その一方で、オルメルトをはじめ政府高官らは、この対空ミサイルシステムをそれほど心配していなかった。S‐300が配備されたら、それを無力化できる対電子戦システムを開発すればいいと主張した。それでもオルメルトは交渉しなければならなかった。

オルメルトはプーチンに言う。このようなミサイルを手にした国家は、国際社会の圧力に動じず、他国に攻撃的になる。原子炉の燃料はイランのブーシェフル民生用原子炉で使用されるとされているが、秘密の核兵器開発プログラムを加速させるだろう。プーチンはオルメルトにこの二つの事項について熟慮すると約束した。

プーチンはオルメルトからの電話をモスクワ近郊のダーチャ（別荘）で受けていた。ゲーツとライスはすでにダーチャに到着しており、オルメルトの電話により約二〇分待たされた。アメリカのメディアに電話のことは知らされず、プーチンの遅刻は無礼で、ブッシュ政権を侮辱するものとした。やがてプーチンが入室し、報道陣が退室すると、プーチンはアメリカ側に謝罪し、イランの核開発についてオルメルトと電話会談していたと説明した。

数日後、モスクワ訪問の前夜、オルメルトはブッシュからの電話を受けた。ブッシュは「プーチンに勝ちましたね」と告げた。プーチンがブッシュに電話し、イランにS‐300と核燃料を供与しないと告げたという。なぜ考え直してくれたのですかと聞くと、プーチンは短く返事した。「オルメルトです。オルメルトが私を説得しました」

オルメルトは「それは誤解です。本当はアメリカの圧力に屈したのです。しかしそれを認めるのは耐えがたく、私を言い訳に使ったのです」とブッシュに告げた。ブッシュは心証をよくしただろうが、それはどうでもいいことだった。これはイスラエルにとって勝利だった（訳者注、S・300は二〇一六年にイランに供与された）。

モサドとCIAの協同作戦

原子炉攻撃の数日後、オルメルトは首相官邸で数人のロシア人記者の取材を受けた。イスラエルはシリアとの和平交渉を再開したいと考えている、オルメルトは記者に告げた。「我々は平和を望んでいる。無条件でシリアとの和平協定を締結したいと考えている」。そして「私はシリアの指導者を尊敬している」(5)と付け加えた。

この時オルメルトは明かさなかったが、二〇〇七年四月、オルメルトはエルドアン首相にシリアとの和平交渉の仲介役を依頼していた。原子炉攻撃までの時間稼ぎともいえるが、オルメルトは和平交渉を始める好機ととらえていた。

数週間後、和平交渉はアンカラで始まった。両国の担当者がホテルに陣取り、トルコの仲介者は往復しながら交渉の土台を探った。時間はかかったが、交渉の進展に自信を持ったイスラエルとシリアは、二〇〇八年半ばに仲介者を経た交渉を実施していると共同で報道発表した。

オルメルトが交渉に前向きなのは、シリアと和平協定を結ぶことができれば、ヒズボラやイランとの同盟関係を解体できるかもしれないという期待からであった。ゴラン高原からの撤退を含む多少の妥協をともなってもイランの影響力を減じることは十分に価値があった。与党の党員によれば、オルメルトがシリアとの和平協定のような大きな外交勝利を求めたのは、近く始まる犯罪捜査で苦境に立たされるのを見越しているからだともされる。

　和平交渉は進展していたものの、オルメルトはヒズボラとアサドに対する戦いの手をゆるめようとはしなかった。イスラエルは原子炉を発見・破壊して、ＣＩＡとペンタゴンに新たな情報を提供し、イスラエルの情報・軍事能力が優秀であることを証明した。レバノン侵攻で傷ついたイスラエルの負のイメージは払拭されたと思われた。

　シリアの原子炉事案で、ＣＩＡとモサドは密接に協力し、二つの情報機関のあいだで新たな意思疎通の方法が確立された。以前は不可能とされた協同作戦も実施できるようになった。これは原子炉を失ったシリアが受けたショックと同程度の衝撃をヒズボラに与えた。

　次の目標はイランの影響下にあるヒズボラ軍事部門の最高幹部イマード・ムグニヤだった。ムグニヤはテロを体現したような男で、ヒズボラ、イラン、シリア、ハマス、イスラム聖戦の連係を確立することに力を入れた。イスラエルとアメリカは二〇年以上も、ムグニヤを追っていた[6]。ムグニヤは三〇〇人以上が犠牲となった一九八三年のベイルートのアメリカ大使館ならびに海兵隊兵舎爆破事件と、一九八五年のＴＷＡ機ハイジャック事件への関与でＦＢＩの指名手配リストに載せられ、五〇〇万ドルの報酬金がかかっていた。

　イスラエルは、八五人が犠牲になったブエノスアイレス市のユダヤ人コミュニティー・センター爆破事件、二九人が犠牲になった同市のイスラエル大使館爆破事件、そしてレバノン侵攻へとつながったIDF予備役兵士エルダッド・レゲヴ、エフード・ゴールドワッサーの拉致事件に直接関与したとして、ムグニヤを追っていた。ヤトム元モサド長官は言う。

「ムグニヤは決して捕まらない男だった。インタビューを受けたことは一度もなく、写真も数枚しかなかった。特殊な才能を持つ男だ。創造力に秀でた悪魔の頭脳を持ち、痕跡は残さない。ヒズボラが大規模な攻撃をする時、必ずその背後にムグニヤがいた」

一九六二年、レバノン南部で生まれたムグニヤは一〇代でファタハ（パレスチナの政党）に参加し、やがてテログループのエリート部隊「フォース17」に所属した。ムグニヤに与えられた任務はイスラエルの特殊部隊が一九八八年にチュニスで暗殺することになるファタハ共同創設者のアブ・ジハードの警護であった。

「パレスチナ人がムグニヤのようなシーア派の男を幹部にするのは珍しかった。これはムグニヤが優れた能力と才能を持ち、大物のオーラを発していたからだろう」。イスラエル情報機関の幹部サイモン・シャピラ准将は語る。

一九八二年にヤセル・アラファトがレバノンに逃れると、ムグニヤはファタハを離れることを決断する。その数か月後、イランはシーア派の精神的リーダーのファドラッラー・シャイフのボディガードとしてムグニヤを雇い入れた。

当時ヒズボラは急速に勢力を拡大し、残忍なテログループとして力を強めていた。

一九九四年、モサドはムグニヤ暗殺を実行に移した。ムグニヤの居場所がわからなかったため、ムグニヤを誘い出す必要があった。イスラエルのエージェントといわれるレバノン人の工作員が、五〇キログラム自動車爆弾をムグニヤの弟ファドの所有する店の前で爆発させた[7]。

モサドは葬儀に参列するムグニヤを暗殺する計画だったが、ムグニヤは罠を察知し、葬儀の場に近寄ることはなかった。翌九五年にはアメリカが捕捉を試みたが失敗した。

二〇〇〇年、イスラエルがレバノンから自主的に撤退すると、ムグニヤはイランに渡り、レバノンを対イスラエル戦の前線基地にするよう革命防衛隊に提案した。「ヒズボラはイスラエルの首筋に突きつけられた剣です」。ムグニヤはイランにそう告げた。

「これ以降イランは、ヒズボラを真の戦略部隊に格上げし、数千発のミサイルをレバノンに配備し始めた。すべてはムグニヤの仕業だ」とシャピラ准将は証言する。

二〇〇八年二月一二日、ムグニヤはＣＩＡとモサドの協同作戦でついに殺害された。四五歳だった。ムグニヤの所在地など初期情報はモサドが提供し、セーフハウスや監視員など、数か月にわたって追跡するのに必要な下部組織はＣＩＡが提供した[8]。この協同作戦はシリア原子炉攻撃の成功からモサドに対する理解を深めたブッシュ大統領自身によって承認された。

作戦はモサドのダガン長官がマイケル・ヘイデンＣＩＡ長官に面会して立案された。それはまるでハリウッド映画の一コマのようであった。ＣＩＡはムグニヤ所有の三菱パジェロのスペアタイヤケースに収まる特殊な爆弾を製造した。

モサドの暗殺専門チーム「キドン」が作戦を実施した。キドンは謎に包まれた部隊で、モサドの通常の組織には属していない。キドンは「槍」という意味で、隊員は文字通り隠密に、そして正確に敵を死に追いやることを教えられている。そのキドンがムグニヤの車に爆弾を設置し、正確な時間に起爆装置のボタンを押した。

ムグニヤの暗殺はヒズボラに大きな打撃を与えた。ムグニヤは軍の指揮官であっただけでなく、イラン、シリア、ハマス、イスラム聖戦との連絡窓口であった。実際、ムグニヤは暗殺される前にイラン革命防衛隊の対外特殊工作機関「コッズ部隊」のカーセム・ソレイマニ司令官（訳者注、二〇二〇年一月三日、米軍の無人機攻撃で暗殺される）に会っている。

暗殺者がヒズボラの上層部に潜入していたことを知ってアサド大統領はショックを受けた。原子炉の爆撃とともにイスラエルは明確なメッセージを送った。「影の戦い」はイラン、シリア、ヒズボラがイスラエルの脅威である限り続く。イスラエルの手が届かない人や物はない。

オルメルト首相の辞任

オルメルト首相はシリアとの折り合いをつけるため、さらなる戦いを実行したと伝えられている。ターゲットは地中海に面したシリアの古都タルトゥースにいた。タルトゥースはかつて聖地の回復を目指した第一次十字軍が一二世紀に建国したトリポリ伯国の領土であった。

港湾都市タルトゥースの戦略的価値はよく知られている。一九七〇年代にソ連はシリアと合意して、タルトゥースに軍港を開いた。合意は二〇一七年に更新され、ロシアは港を浚渫すると、原子力潜水艦を含む艦船を以前よりも多く係留できるようにした。

二〇〇八年八月のある週末、シリアで最も豪華で格式の高いシーサイド・リゾート「アルリマル・

アルザハビヤ」で暗殺は実行された。

一九八〇年代にオープンしたこのリゾートには別荘やマンションが建ち並び、その一角にシリア軍ムハンマド・スレイマン将軍の別荘があった。将軍はアサドの最側近の一人で、核プロジェクトの責任者であり、アルキバール原子炉建設を含む核開発と、レバノンのヒズボラと傘下のテロ組織を監督していた。

どこに行くにもスレイマンはボディガードに囲まれていたが、この夜、屋外に置かれたラウンジチェアでスレイマンはカクテルを口にしながらくつろいでいた。そこに海から黒のウエットスーツを着た二人の男が突然現れ、短距離から銃を連射し、スレイマンを殺害した。ボディガードらが反撃する前に、男たちは再び海に戻っていった。二人はイスラエル海軍特殊部隊「シャイェテット13」の隊員だった(9)。

スレイマンはムグニヤと違い、正規軍の将軍だった。のちにNSA（米国家安全保障局）はこの殺害をイスラエルが外国政府要人を暗殺した最初の事例として分類した(10)。

だが、このタイミングでイスラエルがシリア高官を暗殺するのは不可解だった。その年の五月、イスラエルとシリアはトルコの仲介で和平交渉を始めたと共同発表している。このような時期に暗殺作戦が実行されれば和平交渉は中断するだろう。しかし、リスクを冒してもイスラエルには作戦を実施する必要があった。スレイマン将軍はイスラエルにとって差し迫った危険人物だった。

スレイマンはただの将軍ではなかった。スレイマンはダマスカス大学工学部でアサドの兄バースィルと机を並べ、アサドとは何年も親密な関係にあった。スレイマンはアサド大統領のプライベートな秘密にも精通していた。スレイマンのオフィスは大統領宮殿内にあって、大統領の執務室からは目と鼻の先だった。またスレイマンは軍の指揮系統ではなく、大統領直属の部下で、アサドの影の部隊を指揮していた。

二〇〇七年、米財務省はスレイマンを制裁の対象に選んだ。外交筋によればスレイマンは「武器調達ならびに戦略兵器担当特別大統領顧問」と呼ばれていたが、在シリアのアメリカ大使館は、スレイマンはシリアではあまり知られておらず、「見返りの少ない人物」と報告書に記した。アメリカ大使館員は彼に制裁を科したところで、国内や地域に及ぼす影響は少ないと述べた。そこで財務省はシリア市民が関心を持つ、腐敗した政治家や基本的人権の侵害などの問題に焦点をあてることにした(11)。

アサド大統領はスレイマン将軍の暗殺に衝撃を受け、すぐに遺体を埋葬するよう部下に命じた。シリア政府は何もコメントを発表しなかったが、翌日にはアラブのウェブサイトに暗殺の記事が出始めた。ダマスカスのアメリカ大使館は、ある消息筋によるとスレイマンの家族全員が殺害されたとワシントンに報告している。この情報は誤ったものであったが、事件の衝撃にさしたる影響はなかった。シリア政府は暗殺に関する報道を厳しく禁じたからだ(12)。

当初アメリカ政府は、アメリカが暗殺に関与したとして、官製の抗議デモが行なわれ、現地に進出していた米企業が非難・報復の対象になることを恐れた。さらにアメリカの施設がシリアのテロ代理人の攻撃目標になる危険もあった。

スレイマン将軍の暗殺により、原子炉破壊とムグニヤの暗殺はそれぞれ独立した事案と思われたが、連続していることが明白となった。

シリア当局がスレイマン将軍の邸宅の一つを捜索したところ、地下室でバッグに詰められた八千万米ドルの現金を発見した。アサドは不安を感じた。スレイマンは裏切っていたのかもしれない。なぜ大金を所有していたのか明らかにするよう、アサドは調査を命じた。(13)

同時にアサドは動揺を悟られないよう、弟のマーヘルを葬儀に参列させると、自分は予定どおりテヘランへ向かった。

一方、オルメルト首相は自身の政治人生に終わりが来たことを理解していた。スレイマン暗殺の数日前、オルメルトは記者会見を開き、辞任を発表した。収監につながる警察の捜査が最終段階に入っていた。オルメルトは首相を辞任して身の潔白を証明するために戦うと国民に告げた。彼の後継者がイラン、シリア、ヒズボラに対するイスラエルの「影の戦争」を継続しなければならない。

二〇〇九年三月の総選挙でベンヤミン・ネタニヤフが勝利し、オルメルトは首相の座から去った。レバノンでの戦争、ガザでの作戦、シリアの原子炉攻撃、複数の秘密作戦など、オルメルトが在任していた三年間の激動の時代は終わりを告げた。

刑務所に送られた最初の首相としてオルメルトはその名をイスラエル史に残す。しかし、彼の行動力を忘れる者はいない。オルメルトは困難な状況に直面しても逡巡することなく決断を下した。

第11章　イラン危機を見据えて

「北朝鮮に恥をかかせた」

「これは偽物だ」。北朝鮮の対米政策担当の外交官キム・ゲグァン（金桂冠）は声を上げた。「すべての写真がフォトショップ（画像編集ソフト）で加工されている」

キムは六か国協議のアメリカ主席代表クリストファー・ヒル国務次官補の向かいに座っていた。会合は北朝鮮と核をめぐる再度の交渉の前夜に北京で開かれていた。

その三週間前にイスラエルによるシリア原子炉攻撃が実施され、ヒルはモサドが収集した原子炉関連のオリジナル写真を含む極秘資料を携えて中国にやって来た。ヒルは写真を一枚一枚取り出してキムに見せた。

最後に見せた写真には、原子炉の前でシリアのナンバープレートを付けたマツダのセダンの横に立つ二人の男が写っていた。一人はシリアの核エネルギー委員会委員長のイブラヒム・オスマンで、も

Head of North Korean reactor fuel plant with head of Syrian Atomic Energy Commission in Syria
Same North Korean officia
at the Six-Party Talks

シリアの核エネルギー委員会委員長イブラヒム・オスマンと並ぶ北朝鮮寧辺原子炉の責任者で科学者のチョン・チブ（左）。右の写真は六か国協議に参加しているチョン・チブ。２人の原子力科学者が目指したのは核兵器の開発であった。

う一人は北朝鮮寧辺原子炉の責任者チョン・チブだった。

「そうですね。これだけの数の写真を加工するにはフォトショップが必要ですね」。ヒルは軽く返した。会談中も表情を変えないキムがシリアの核プロジェクトを知っているかどうかわからなかった。しかし、キムが知っていようがいまいが関係なかった。数か月に及ぶ交渉からヒルは、交渉の場での発言はすべて北朝鮮最高指導者に報告されていることを知っていた。今回の発言が確実に伝わるよう念押ししたのだ。

「強調したかったのは、我々の目を盗んで隠し事はできないということでした。北朝鮮が何を隠そうとしても必ず見つけます」。ヒルは数年後にそう証言する。

数週間前、ＡＰＥＣに出席していたブッ

シュ大統領は、オルメルト首相から原子炉攻撃成功の知らせを聞くと、宿泊先の部屋にヒルを呼んだ。ベテラン外交官のヒルはオーストラリアでブッシュ大統領に合流し、アジアの同盟国が抱える懸念をやわらげようとしていた。

二〇〇七年六月に初めて訪朝し手応えを感じたヒルは、核問題解決の糸口が見えてきたと考えていた。北朝鮮は核施設の査察を受け入れる用意があると発言し、核兵器開発プログラムの放棄に合意するのではないかと思われた。

しかし、そこにイスラエルから新たな情報が入った。北朝鮮はヒルと交渉中にもかかわらず、自国の核開発プログラムを中止するどころか、大量破壊兵器をシリアに移転しようとしていた。これは六か国協議参加国の信頼を裏切るどころか、全面戦争の開戦理由にもなりえる事件だった。

ブッシュはヒルにオルメルトの電話から得たシリア原子炉攻撃の最新情報を伝えた。「このことは口外してはならない」とブッシュは念を押した。その数週間前にライス国務長官がまとめた情報を目にしたヒルは原子炉の存在は知っていたが、ほかの高官と同様、秘密保持の宣誓をしていた。

シリア原子炉が破壊されたことを受けて、ブッシュはヒルにこの問題を北朝鮮側に公表する、あるいは少なくとも次回の六か国協議で議題にするよう指示した。ブッシュは北朝鮮がどう反応するか知りたかった。

ヒルは北朝鮮担当者と数百時間をともにし、北朝鮮人のことは理解しているつもりだった。ヒルは北朝鮮・イラン・シリアのあいだには軍事協力関係が存在することは知っていたが、核開発の協力は制限されていると思っていた。ところが、その北朝鮮がシリアで原子炉の建設を行なっている。それもありえる話だとヒルは思った。「北朝鮮人は値段さえ折り合えば、自分の祖母ですら売り渡す」キムとの会食を終えたヒルは原子炉のことを二度と口にせず、写真は仕舞い込まれた。ヒルにすれば「北朝鮮に恥をかかせた」だけでよく、さらに急を要する問題について話し合う必要があった。

ワシントンでは、六か国協議から離脱するか、シリアへの核開発協力に対して北朝鮮に対価を払わせるか、将来の北朝鮮との交渉をどうするかなど、激しい議論が行なわれていた。これは二〇一八年のトランプ大統領と金正恩最高指導者のトップ会談の前に行なわれた議論に似ていた。アメリカは前提条件なしに平壌と交渉すべきか？　あるいはある程度の譲歩を引き出せるという期待のもとで会談に臨むのか？

北朝鮮への追加制裁は逆の結果を招く

シリアの原子炉事案は北朝鮮との対話をやめる理由にならないとヒル国務次官補は考えていた。イデオロギー上の理由から北朝鮮がシリアに協力したとは思えず、単に経済的な理由からであろう。アメリカは北朝鮮を「ならず者国家」に指定し、政権は暴力的であることを承知しているが、シリアへの原子炉売り渡しと、その建設支援は、北朝鮮に関するヒルの知識を強化した。

「北朝鮮の行動に我々は驚き、衝撃を受けたかというと、そんなことはない。北朝鮮人を知れば何があっても驚かなくなる」とヒルはのちに語った。

ヒルの見解はライス国務長官の支持を受けていたが、同意する人は少なく、多くの人は何らかの対策が必要であり、北朝鮮とシリアに罰則金を支払わせなくてはならないと考えた。チェイニー副大統領は、核拡散で北朝鮮を現行犯逮捕したのであれば、何らかの対応策をとるべきだと大統領に進言した。罪を犯した北朝鮮にブッシュはどう対応するのか？

その一方で、イスラエルはシリアとの戦争を恐れるあまり、関係者全員に口止めさせ、それがブッシュ政権の選択肢を狭めていた。オルメルトに沈黙を守ると約束しながら、ブッシュや閣僚がシリア原子炉を北朝鮮が建設していたと非難することはできない。

「起案グループ」のメンバーで、国務省参事のエリオット・コーエンは、原子炉はすでに破壊され、地域戦争が勃発する可能性はほぼないと上司に訴えた。沈黙を守るというイスラエルの主張は利己的だとコーエンは主張する。二〇〇六年のレバノン侵攻で傷ついたイメージを回復するため、イスラエルは沈黙することで攻撃を謎めいたものにし、神話が作られる。これはイスラエルにとって都合がいい。

「イスラエル軍部は深夜に鉄拳を見舞う筋書きを確立することで抑止力を回復できると考えた。しかし北朝鮮が罰則を科せられなければ、アメリカの国益にはつながらない」と後年コーエンは述懐する。

ライス国務長官は、アメリカが収集した北朝鮮の核開発プログラムに関する情報のすべてを精査する許可をコーエン国務省参事に与えた。コーエンは数週間かけて、全情報に目を通し、北朝鮮はプルトニウム精製プログラムについて偽証しており、我々の知らない別の原子力施設を隠している可能性が高いと結論づけた。

コーエンは調査結果をライスに伝え、行動に出るよう強く求めた。「最も重い制裁を科し、国際社会に存在することが不可能になるまで北朝鮮を孤立させるべきです」

チェイニー副大統領もコーエン国務省参事の意見に同調し、シリアの原子炉を公表して、北朝鮮とシリアに制裁を加えるべきだと主張した。だが政権の終わりを迎えていたブッシュ大統領は逡巡し、対応はイラクとアフガニスタンでの戦いに突き進んだ第一期よりも控えめだった。

チェイニーとコーエンに反対するヒルとライスにもそれぞれ理由があった。ヒル国務次官補はいま北朝鮮を怒らせ、対話から離脱するような事態を招くことは理解できないと大統領に進言した。北朝鮮の核問題を一挙に解決できる真の機会が訪れているのに、いまさら過去の出来事を持ち出してこの好機を潰してよいのか？

ライス国務長官にはもう一つの理由があった。一一月に予定されているイスラエル・パレスチナ和平交渉の再開までアメリカは沈黙し、シリア代表が首脳会談に現れない事態を回避すべきだと考えていた。最終的にアサドは外務副大臣を首脳会談に派遣した。会談にはオルメルト首相も出席したが、誰もシリア原子炉について話題にしなかった。まるで二か月前の事件は何もなかったかのようだった。

ほかにハドリー大統領補佐官もライスとヒルの意見に賛同していた。シリアと北朝鮮が処罰を受けていないというが、シリアの原子炉は破壊され、北朝鮮の投資は無駄になったではないか。これは十分な処罰と言えよう。

また、チェイニーが提唱する北朝鮮に対する追加制裁は逆の結果を招くと反論した。制裁は核拡散の対策を強化するものだが、北朝鮮が対話の場から去ってしまったら、彼らが進める核の脅威は排除できない。「核の拡散を阻止しようとしても、極東の軍事バランスを変えかねない北朝鮮の核問題は解決できない」。さらに日本と韓国はすでに自国による核開発を検討している、核合意を目指すブッシュ政権の狙いは、日本と韓国の核開発を断念させるためにあると、ハドリーは説明した。

ある政府高官の一人も強弁する。二〇〇六年の北朝鮮による最初の核実験を受け、ブッシュ大統領は他国への核技術の移転はアメリカの「重大な脅威」であると発言した。だが、シリアの原子炉建設はその数年前に始まっている。したがって今回のケースはブッシュの原則は適用されない。

シリア原子炉は北朝鮮のもの

このような詭弁に全員が納得するはずはなく、何人かはアメリカが沈黙を守るという合意にも反対した。そのうちの一人は下院情報活動常任特別委員会の先任共和党委員ピート・フックストラで、もう一人は下院外交委員会の先任共和党委員イリアナ・ロス=レイティネンであった。

フックストラは、二〇〇七年四月のダガン長官のワシントン訪問後、「ギャング・オブ・エイト」の一員としてブリーフィングを受けていた。秘密保持の宣誓をしたフックストラは沈黙を守り、原子炉について話すことはなかった。

攻撃の一週間前、フックストラは国家情報長官の補佐官から「攻撃の日は近いようです」との最新情報を電話で聞いていた。フックストラは原子炉が破壊されたら、アメリカは直ちに何が起きたかを公表し、北朝鮮に圧力をかけると思っていた。ところが、何日経っても変化は起きなかった。

下院は詳細にわたる報告を求めるようになり、またフックストラ自身も情報を公開するべきだとの意見を持つ同僚委員からプレッシャーを感じるようになった。マスコミは事件の詳細を報道し始め、ブッシュ政権はシリア原子炉の存在を以前から知っていたと主張した。下院議員の一部は衝撃を受けた。もし報道が正しければ、北朝鮮政府を罰しないまま、どんな顔をして交渉を続けてきたのか？どう交渉を続けてつもりなのか？

下院議員は政府に公式なブリーフィングを求めた。その動機はさまざまだったが、保守強硬派にすれば、この事案は北朝鮮の仮面を剥ぎ、北朝鮮は信頼できない国と証明する格好の機会になる。

一方、シリアは原子炉の残骸を撤去して、跡地をコンクリートで舗装し、衛星写真によれば、倉庫のようなものを建設していた。この時、CIAは原子炉の跡地に北朝鮮技術者のトップが訪れたことを確認し、この情報から原子炉は北朝鮮のもので、精製したプルトニウムは北朝鮮に送られる可能性があったと分析した。

この仮説によれば、シリアは原子炉の設置を認めただけで、その見返りに核兵器の完成品を受け取ろうとしていたことになる。CIAは北朝鮮によって建設されたと疑われる原子炉がほかにないか調査した。作戦は終了したものの未解決の疑問が多く残された。

一〇月の終わりになっても、ブッシュ政権は沈黙を守り、しびれを切らせたフックストラとレイティネンは『ウォール・ストリート・ジャーナル』紙に「シリアで何が起きたのか？」という記事を寄稿し、政府が進めようとしていた北朝鮮との最終取引に反対票を投じると脅した。「予想される北朝鮮との取引で、アメリカは重油を提供しようとしており、費用は巨額になる。下院はこの支出を承認するよう要請されるだろう。国家安全保障に関わる重要問題に関して、情報が提供されない限り、我々はその職責を果たすことはできない」[1]

時間はかかったものの、二人の努力は実を結んだ。ヘイデンCIA長官が下院委員会の要望に応じることに価値を見いだし、フックストラに同意したからである。

二〇〇三年二月、コリン・パウエル国務長官が実際には存在しなかったイラクの大量破壊兵器について報告した時、その後ろにはジョージ・テネット元CIA長官が座っていた。この失策はCIA史の汚点となった。しかし、いま勝利を手にする機会が訪れ、世界に対して情報機関は正しい答えを出すことを知らせる時がきた。

アメリカ議会の圧力で情報公開

ヘイデンCIA長官はフックストラとレイティネンの説が正しいと信じていた。北朝鮮は核拡散を試みて現行犯逮捕されたのにもかかわらず、処罰を逃れようとしている。

「わが国は北朝鮮と取引する一方で、国民に北朝鮮が史上最大の核拡散の罪を犯したばかりであると話していなかった」。ヘイデンは議会に何が起きたかを知らせる必要があると考えていた。

ハドリー大統領補佐官もホワイトハウスのミーティングで、議会にブリーフィングする許可を何度も強く求め、ようやく一つの条件付きで主張が認められた。その条件とは、すべての画像素材を使った動画をCIAが制作するということだった。のちにハドリーは語る。「我々が正しかったことを証明するにはこれが唯一の方法でした」[2]

CIAはモサドのダガン長官が一年前にホワイトハウスに持参した写真の一部とアメリカが収集し

た衛星画像を使って動画を制作した。重要なことは、ブッシュ政権が情報を捏造したという疑いをかけられないことだった。一一分にまとめられた動画は、時系列的に出来事を紹介し、アメリカの情報機関が、シリアが極秘に原子炉を建設していると結論づけた経緯を再現した。

数週間後の二〇〇八年四月、ハドリー大統領補佐官、ヘイデンＣＩＡ長官、マッコーネル国家情報長官が議会を訪れ、六つの委員会にブリーフィングした。その後、ＣＩＡ本部に移動して、同様のブリーフィングをマスコミに向けて行なった。

事前にブッシュ大統領は、議会の圧力に負けて選択肢がなくなり、情報公開を余儀なくされたとオルメルト首相に知らせた。アメリカで情報公開されることで、オルメルトは作戦を成功させた指導者として称賛されるだろう。だが、オルメルト自身は沈黙を守り、関係者にも同様の指示をしていた。攻撃から半年以上過ぎたものの作戦の成功を誇示すれば、アサド大統領が報復に出る可能性があり、イスラエルはそれを今でも恐れている。

その後、全世界のマスコミがシリアの原子炉攻撃を報道したのちも、イスラエルはその関与を否定も肯定もしなかった。

ＩＡＥＡの査察を受け入れたシリア

議会へのブリーフィングが終わり、ライス国務長官は補佐官に情報を提供するよう指示した。世界中のアメリカ大使館に張りめぐらされた暗号秘話回線を通じて、シリア原子炉に関するブッシュ政権の戦略と六か国協議にとどまる決意について説明した。ライス長官はホスト国で外交官が尋ねられる

であろう質問に答えられるようにしておきたかった。(3)

ライスは説明する。アメリカはシリアの原子炉建屋を二〇〇六年に発見していたが、それが何かまではわからなかった。二〇〇七年春、イスラエルが決定的となる情報を持ってアメリカを訪れた。ライスは政権内部の論争について大まかに説明すると、アメリカの同意なしにイスラエルが攻撃を決断したと強調した。

これはイスラエルの作戦にアメリカが「ゴーサイン」を出したという主張に対し、言い逃れするような説明であった。ライスは、イスラエルはアメリカの同意を求めなかったと話し、「それでも我々はイスラエルの決断を理解します。イスラエルは原子炉を発見し、シリアが何を企図していたかを知りました。これは自衛が必要な実在の危機でした」。のちにライスはこう述べた。

続いて、なぜアメリカは北朝鮮との対話および六か国協議を継続するかについて説明した。「我々は（核拡散の）不安を率直に、そして包括的に北朝鮮に伝えました」。北朝鮮は我々の懸念を「認識しました」。アメリカの情報機関は北朝鮮とシリアの「相互交流」を注意深く監視し、その監視レベルはイスラエルの爆撃以前よりもはるかに引き上げられた。そして、国際社会は核技術の拡散を防ぐために協力しなければならないとまとめた。

「この事案は我々に核拡散の危険と、我々は献身的に、そして協力して大量破壊兵器の拡散を防止しなければならないことを思い出させます」。ライスはそう述べた。

核不拡散に関するライスのコメントは真摯なものだが、彼女の誠実さは重要ではなかった。北朝鮮とシリアは違法な核開発を否定し続けた。その後、数か月にわたり圧力をはねのけ、証拠の隠匿に自信を持ったシリアは、二〇〇八年六月、国際原子力機関（ＩＡＥＡ）の査察官が現場を訪れることを許可した。

小規模の査察チームが、以前にアルキバール原子炉があった場所を日帰りで調査した。査察官は土壌サンプルの採集と環境調査を行ない、結果は人工的なウランの粒子の存在を明らかにした。当然、シリアはその結果を否定し、もしウランが存在するなら、それはイスラエルがウランを搭載したミサイルを発射したからだと主張した。そしてイスラエルがそのような兵器を使用したかどうかの調査を求めると抗弁した。

アメリカの譲歩が北朝鮮をつけあがらせた

ＩＡＥＡの査察官がシリアに向かっていた時、アメリカの情報機関は自らの発見に衝撃を受けた。核開発を中止すると宣言した北朝鮮から届いた書類から高度に濃縮されたウランの痕跡が検出されたのである。ウラン濃縮を否定した北朝鮮が再び国際社会に嘘をついている。

それでもブッシュとライスは北朝鮮との取引をあきらめようとしなかった。一〇月、二〇年間、テロ支援国家とされた北朝鮮を国務省の制裁リストから外した。事実上、これにより北朝鮮はアメリカが科した制裁と制約から逃れることができるようになった（この決断は二〇一七年にトランプ大統領により覆される）。

しかし、この譲歩にもかかわらず、北朝鮮は核合意に同意しなかった。ブッシュ政権の終わりを迎えた時、対話は瓦解していた。北朝鮮は核施設の開放を求める西側が満足するような確認計画に合意することなく、核開発を再開し、査察官を追い出すと再入国を禁じた。

それでも北朝鮮は満足できなかったようだ。バラク・オバマが大統領に就任して四か月後の二〇〇九年五月、北朝鮮は地下核実験を行なった。その後、数年間に四度の核実験を実施した。今に至るまで北朝鮮は国際社会を挑発する姿勢を改めようとしない。

シリアでの経験が北朝鮮にやりたいことは何でもできると錯覚させてしまったのだろうか？　もう一つの「ならず者国家」に核技術を提供し、その代償を払わずに済んだ事実が、自国の核開発の継続と弾道ミサイル発射実験を行なう自信を与えてしまったのだろうか？

二〇〇七年九月のシリア原子炉攻撃から一〇年以上経過したが、エルサレムとワシントンで協議に参加した多くの人々は、この時の出来事が北朝鮮を大胆にしたと考えている。原子炉攻撃以降、北朝鮮とシリアは誤った考えを持つに至った。アメリカは口先だけで行動できない。シリアに対して行動を起こせないアメリカが、なぜ北朝鮮に軍事力を行使できるだろう。

二〇〇七年の出来事は、国家による核拡散の重大な事例となり、シリアと北朝鮮の投資は水泡に帰したが、時に世界はこのような大犯罪を見逃すことがあるということがわかった。

イスラエルも教訓を学んだ。イランにどう対処するか——時間は迫っていたが、地平線の先にあるより大きな脅威に目を向けなければならなかった。

アメリカ情報機関の「振り子症候群」

シリアで原子炉が発見されるまで、オルメルト首相はブッシュ大統領がイランの核武装をやめさせると確信していた。そう考えていたのはオルメルトだけではなかった。イスラエルでは多くの政府や情報機関の職員が、イラクとアフガニスタンで戦いを続けるブッシュが、核武装に進むイランを放置したまま退任するとは思っていなかった。

ブッシュの評価はアルキバールで一変した。二〇〇七年七月、ブッシュがシリア攻撃を見合わせると電話してきた時、オルメルト首相はアメリカの消極的な態度はイランでも変わらないと瞬時に理解した。もしブッシュが放射性降下物の少ないシリアの単一目標の爆撃を承認しないのであれば、地域戦争につながる複数の目標を対象にした大規模戦を戦うことなどありえない。イスラエルは常に一人である。

二〇〇七年一二月にアメリカ情報機関が発表したイランに関する『国家情報評価書（NIE）』の改訂版[4]で、オルメルトは自身の考えをさらに強固なものにした。『イラン―核武装の意図と能力』と題した長文の報告書は、アメリカがイラクに進攻したとほぼ同時期の二〇〇三年、イランは核兵器製造への努力を断念したと記されていた。ウラン濃縮は再開されたものの、二〇〇七年半ばの時点でイランは「核兵器開発プログラムを再開していない」という。

イスラエルの情報機関は激怒した。この報告書が実質的に意味しているのはイランの核施設に対する軍事行動は必要なく、また制裁の可能性すらない。

ダガンとヤドリンの両長官はイラン情勢に精通している情報機関のエキスパートを召集して、これまでに見逃した情報がないか、すべての情報を精査するよう命じた。彼らの答えは「ノー」だった。確かにイランは二〇〇三年に核兵器開発プログラムを凍結したが、数年後に再開している。なぜアメリカが異なる結論にたどり着いたのか理解に苦しむ。

NIEは当初、内部向け資料になるようまとめられた。もしイランに関する新しい報告書が外部に漏れれば、議会や国民から開示を求められ、政府は公表せざるをえない。情報公開を拒めば、ブッシュ政権は情報を改ざんしていると言われる。一部の人はこれがイラク戦争で行なわれたと信じていた。

イスラエル政府の一部は、アメリカの情報機関が「インテリジェンスの政治化」を行なったと見なした。ブッシュ大統領は新たな戦争を回避するために報告書を必要とした。アメリカはシリア攻撃を拒否しただけでなく、今度は誰にもイランを攻撃させないようにしている。イスラエル政府職員の一部は、CIAは「CPIA（中央政治情報局）」に改名すべきだと揶揄した。

当時、信望があり口が固い委員会として知られていた「クネセト情報小委員会」の委員長で、のちに閣僚となったユバール・シュタイニッツは、アメリカの情報機関は「振り子症候群」に苦しんでいると見解を述べた。アメリカはイラクの大量破壊兵器に関する情報戦の失敗がトラウマになり、オオカミ少年と言われるのを恐れた。一方イスラエルは、二〇〇三年にリビアのカダフィ大佐がアメリカと取り引きして核開発を放棄するまでその事実を知らず、これがトラウマになっていた。

それぞれのトラウマから両国は一つの状況に異なる反応を示し、二つの振り子のように揺れた。イスラエルにすればイランは近く、最終的にミサイルの猛攻撃を受けることから、脅威は差し迫ったものと考える。アメリカは再び正当化できない戦争に巻き込まれたくないという気持ちから、反応はあいまいなものになる。アメリカはイラクを過大評価し、イランを過小評価するミスを犯していると考えられた。

二〇〇八年初頭、ブッシュ大統領は、イスラエルが求めていたイラク上空の飛行権を認めず、バンカーバスター（地中貫通爆弾）と空中給油機の売却も承認しなかった。アメリカはイスラエルが対イラン戦を想定していることを承知していた。当時、イスラエルに供与を予定されていたのはXバンドレーダーで、この高感度のレーダー早期探知システムによりイスラエルはイランのミサイル攻撃に対処する時間が得られた。

レーダーのみの限定供与はイスラエルに明確なメッセージを送った。アメリカはイスラエルの防衛には協力するが、イラン攻撃の戦力は付与しない。

しかし、イスラエルはあきらめなかった。二〇〇八年六月、F‐15戦闘機とF‐16戦闘機、各種偵察機、ヘリコプターなど百機の航空機がイスラエル各地の空軍基地から飛び立ち、西へ向かった。ダビデの星を誇らしく翼に描いた航空機はギリシャまで九〇〇マイル（一六六七キロ）を飛行し、イスラエルに帰還した。この距離はイランの主要ウラン濃縮施設があるナタンツまでの距離と変わらない。

イスラエルは再び世界に告げる。我々は一人かもしれないが、準備はできている。

幻のイラン攻撃

テル・アヴィヴ北部に位置する対外情報機関「モサド」の本部は、詮索好きなマスコミの目から逃れて記録に残らないミーティングができる格好の場所だ。二〇一〇年夏、ネタニヤフ首相はここで一連の安全保障閣議を開き、イランとイランの核開発プログラムにどう対処するか検討した。閣議の終わりにネタニヤフはアシュケナジ参謀総長とダガン長官に「Pプラス」作戦を命じた。[5]

出席者は沈黙した。「Pプラス」作戦は数日以内に戦争が始まることが予想される時に、国防軍（IDF）に準備を整えさせるために下される命令である。IDFは分散されたイランの核施設に対して長距離爆撃できるよう何年も準備してきたが、まだ制裁と外交が効果を発揮する段階のように思われた。イランはまだ冷静で、兵器に使えるだけの濃縮ウランもなかった。核爆弾の完成は近いと思われたが、その実現はまだ先だった。

IDFが予備役を動員し、北部国境に部隊を集中させ、予想されるイランとヒズボラのミサイル猛攻撃に備えて民間防衛の準備も進めれば、イランと国際社会は黙っていない。このような行動を隠し通すのは不可能だと、アシュケナジは返答した。

イランは何が起きているかを見抜き、イスラエルの攻撃を恐れるあまり、先制攻撃する可能性もある。軍に動員をかけるということは開戦するということだ。「一戦を交える覚悟が決まっていないのであれば、このようなことをしてはいけません。このアコーディオンでもいじれば音は出ます」[6]。参謀総長はそう忠告した。

モサド長官のダガンはさらに強硬だった。「この命令は法に反します」。ネタニヤフ首相とバラク国防大臣に食ってかかった。イスラエルの法律によれば、開戦は七人（当時）の閣僚で構成された安全保障閣議の採決を経たものでなければならない。「首相の言われることからすれば、わが国は事実上、イランと戦争を開始することになります。これは安全保障閣議に諮るべきです」

ネタニヤフとバラクは激怒した。しかし、ダガンとアシュケナジは協同して開戦に反対し、モシェ・ヤアロン元参謀総長やイスラエル軍事ドクトリンを起案したダン・メリドール情報相など数人の閣僚も味方した。

この日、ネタニヤフ首相は情報機関の長官らの支持がなければ、閣議で承認されないことを学んだ。現在に至るまでネタニヤフとバラクが本気でイランを攻撃しようとしたのか、あるいは国際社会に制裁を促す策略として虚勢を張ったのかは謎である。もしはったりだとしたら、近年稀に見る外交的策略といえよう。

その真意は不明だが、イスラエルの軍事行動には信憑性があり、準備ができていることをアメリカは疑っていなかった。イスラエルの攻撃により地域に戦火が広まれば、アメリカが再び中東の戦争に引きずり込まれる恐れがあった。当時のオバマ政権は解決策を探り、二〇一五年七月、イランと米英仏独露は核合意を結んだ。

しかし、この核合意はイラクとシリアの原子炉を破壊したイスラエルにしてみれば受け入れがたいものだった。二〇〇七年のシリア原子炉攻撃はすべてが極秘のうちに行なわれ、政府やＩＤＦにもその爆撃計画を知る人は少なかった。だがイランとなれば話は別である。約二〇年にわたりイスラエルの指導者は、いつの日かイランを攻撃すると公言してきた。

二〇一〇年夏、イスラエルはイラン攻撃の一歩手前まで行ったと知られているが、それが最後になるとは思えない。近い将来イスラエルは再び閣議を開き、単独でイラン原子力施設の攻撃を決断するかもしれない。

しかし、イスラエルはイランと対決できるだろうか？　核の脅威に対して先制攻撃も辞さないとする「ベギン・ドクトリン」は、要塞化された深い塹壕の中に分散されたイランの核施設に対して有効なのか？

もしイランと妥協することで、他国が核兵器を手にするかもしれないという可能性をイスラエルは甘受できるのか？　パキスタンは大量の核兵器を保有しているが、イスラエルはパキスタンを攻撃しようとは考えていない。それはなぜか？

指導者の姿

運命を決した二〇一〇年夏の安全保障閣議の参加者の一人であったメリドール情報相はイスラエルが他国の原子力施設を先制攻撃するには、二つの判断基準があると筆者に語った。対象国はイスラエルの敵国であり、対象国はある日、核兵器を用いてイスラエルを攻撃する可能性がある。シリアはこの二つの基準を満たし、パキスタンはこの基準に合致しないという。

シリアの原子炉事案は「謙虚であること」を学ぶいい機会であったとメリドールは言う。シリアは常にイスラエルの情報収集対象国の一つだが、アマンとモサドの両情報機関がアルキバール原子炉の存在を突き止めるまでには数年を要した。

前述したように、そのわずか四年前の二〇〇三年、イスラエルの情報機関はカダフィが放棄を発表したことでリビアの核開発プログラムを初めて知るという失態を犯していた。

指導者は目の前にある情報だけを頼りに決断を下さなければならず、指導者自身の経験にも左右さ

シリア原子炉攻撃を成功に導いた政治家と軍人たち。オルメルト首相、バラク国防相、アシュケナジ参謀総長、シュケディ空軍司令官、そして作戦に参加した空軍将兵（2007年12月18日）。

れる。一九八一年、メナハム・ベギン首相は国際社会から反対されたにもかかわらず、選挙直前にイラク原子炉を攻撃するという前例のない作戦を敢行した。オルメルト首相は刑事事件の捜査を受けており、レバノン侵攻の結果を受けて、辞任も迫られていた。当時二人とも、軍事力ではなく外交でフセインとアサドの野望を食い止めると決断しても許されただろう。

だが、二人は尻込みしなかった。ほかの政治家でも同じことをしただろうか？　答えを出すのは難しい。すべての政治家と同様、ベギンとオルメルトにも欠点はあったが、彼らはイスラエル史の中での自分の立ち位置と、行動の必要性を知悉していた。彼らは危機に際して人気取りの施策や安全策を求めず、安易な手段を選ぶこともなかった。これが正しい指導者の姿である。

二〇〇七年九月六日のシリア原子炉攻撃から一〇年以上が経過したが、この時の教訓は、イスラエルとイランが全面戦争につながる瀬戸際外交から抜け出せずにいる現在、大きな意義を持つ。

シリア原子炉攻撃は、一九六七年の「六日戦争」緒戦でのエジプト・シリア空軍の壊滅、一九七六年のエンテベ空港における人質救出作戦、一九八一年のイラク原子炉攻撃などと並んで長く記憶に残る伝説の軍事作戦になるだろう。

イスラエルは単独でも行動する

いまも中東情勢は混沌としている。本書執筆中もイスラエルはシリアに謎の爆撃を続け、ガザ地区ではハマスのテロリストと戦っている。

二〇一八年五月八日、トランプ米大統領は「イラン核合意」から離脱し、北朝鮮を壊滅すると恫喝した数か月後の二〇一八年六月一二日、金正恩と史上初の米朝首脳会談を行なった。

ベギンとオルメルト両首相によるイラクとシリアの原子炉対処行動から見えてくるのは、安全保障に関して「国際社会」など存在しないということである。

一九八一年のイラク、二〇〇七年のシリア、そして最近ではイランに対して、イスラエルは三度にわたって国際社会に行動を求めたが、実現しなかった。最終的にイスラエルが思い知ったことは、イスラエルは孤立しており、単独で行動しなければならないということだった。

イスラエルにとってイランとの戦いは実在する危機である。イランの代理人「ヒズボラ」は五〇〇キロ爆弾を搭載できるミサイルを保有し、驚くほどの正確さでイスラエル全土を射程に収めている。

軍事専門家の一部には「先制攻撃は意味をなさない」と危惧する意見もあるが、本書が明らかにしたように、イランへの攻撃が必要とあれば、それは実施可能である。二〇〇七年のシリア原子炉攻撃は、ある国家が実在の脅威をどうやって無力化したかのプレイブック（台本）となる。秘密裏に苦労して情報を集め、同盟国と協力しながら軍に準備を整えさせ、戦勝の保証なしに攻撃を開始する。ここで最も重要なのは「意思決定のプロセス」である。

本書は誰が正しく、誰が間違っていたかを論じるものではない。アメリカは、対シリア戦がイラク情勢を不安定にし、中東地域に新たな火の手が上がる事態を恐れた。一方のイスラエルは崖っぷちに立たされていた。

さらにこの事案を通じて、イスラエルが唯一無二の国であることが垣間見える。イスラエルは複雑な国で、いかなる国よりも脅威にさらされている。そして、ユダヤ人保護という自らに課した責務を厳格に守る。

自分が自分のために自分の人生を生きていないのであれば、いったい誰が自分のために生きてくれようか——約二千年前、ユダヤの律法学者ヒレルが説いた言葉である。

脚注

本書の執筆に際して、筆者はイスラエル、アメリカ、ヨーロッパ在住の多くの人々を取材する機会を得た。引用を許可してくれた人も、また提供した情報を筆者が使用することだけに同意し、名前が出ることを辞退した人もいる。本書に収録されている関係者の発言は、取材対象者の記憶や議事録、著書による。

第1章　秘匿された攻撃作戦

（1）Jeffrey Heller, "Netanyahu Signals Israel Will Act with Free Hand in Syria"〔ネタニヤフはシリアで自由に動くと告げる〕Reuters,November 13,2007.

（2）Ariel Sharon, address, Government Press Office, Jerusalem, December 15,1981.

第2章「シリア核科学者」急襲作戦

（1）シリアによる原子炉建設の証拠をイスラエルがどのように収集したかの詳細は今日でも謎である。本章の内容は既刊の出版物、とりわけ『ニューヨーカー』に掲載されたデイヴィッド・マコフスキーの記事によるところが大きい。イスラエル政府はマコフスキーの主張が正しいかどうかについて肯定も否定もしていない。

（2）ミーティングの参加者へのインタビュー

（3）ディック・チェイニーとのインタビュー Dick Cheney, *In My Time*〔私の時代〕Threshold Editions,2011),465–66.

（4）Cheney, *In My Time*.

（5）２００６年10月9日の北朝鮮核兵器実験を受けてのブッシュ大統領の声明 https://georgewbush-whitehouse.archives.gov/news/releases/2006/10/20061009.html.

（6）"Meir Dagan, Israel Spy Chief—Obituary"〔イスラエルのスパイチーフ、メイヤー・ダガン死去する〕*Daily Telegraph*, March 18,2016, https://www.telegraph.co.uk/news/obituaries/12196869/Meir-Dagan-Israeli-spy-chief-obituary.html.

（7）Man of the Year for 2008,〔二〇〇八年に最も活躍した男〕Channel 2 News, September 26,2008. https://www.mako.co.il/

news-channel2/Friday-Newscast/Article-f1cbeb726ef9c11004.htm.(ヘブライ語、著者英訳)
（８）２０１７年に行なわれたマイケル・ヘイデンとのインタビュー Michael Hayden, *Playing to the Edge*〔限界を試せ〕(Penguin Press, 2016), 255-56.
（９）David Makovsky, “The Silent Strike”〔静かな戦い〕*New Yorker*, September 17,2012.
（１０）Julian Borger, “Iran's Nuclear Programme: The Holy Grail of the Intelligence World”〔イランの核開発：情報機関の聖なる究極目標〕*Guardian*,December 10 2012.
（１１）Nuclear Threat Initiative〔核の脅威イニシアチブ〕, August 15,2012, www.nti.org/learn/facilities/464/.
（１２）会談に出席していた複数のイスラエル高官へのインタビュー
（１３）（１３）Ibrahim Othman and Maha Abdulrahim, “Establishment of a Zone Free of Mass Destruction Weapons in the Region of the Middle East: Requirements and Constraints”〔大量破壊兵器なしの中東地域：条件と制約〕UNIDIR, 2004, www.baselpeaceoffice.org/sites/default/fi les/imce/menwfz/building_a_wmd_free_zone_in_the_middle_east_unidir.pdf
（１４）Ronen Bergman, *Rise and Kill First*〔立ち上がり、最初に殺せ〕(Random House, 2018),588–90.

第３章　同じ間違いはできない

（１）Michael Hayden, *Playing to the Edge*(Penguin Press, 2016), 255.
（２）２０１７年に行なわれたマイケル・ヘイデンとのインタビュー
（３）２０１７年と１８年に行なわれたエフード・オルメルトとのインタビューおよび George Bush, *Decision Points*〔決断のとき〕(Broadway Books, 2010), 420–22.
（４）Elliott Abrams, *Tested by Zion*〔シオンの試練〕(Cambridge University Press, 2013), 236.
（５）Hayden, *Playing to the Edge*, 257.
（６）Title 50 U.S. Code 3091を参照。General Congressional Oversight Provisions, www.law.cornell.edu/uscode/text/50/3091#a_1.
（７）Condoleezza Rice, *No Higher Honor*〔ライス回顧録 ホワイトハウス 激動の２９２０日〕(Crown, 2011), 488.
（８）Dick Cheney, *In My Time*(Threshold Editions, 2011), 469.
（９）同右

（10）同右
（11）Hayden, *Playing to the Edge*, 250.
（12）Robert Gates, *Duty: Memoirs of a Secretary at War*〔イラク・アフガン戦争の真実 ゲーツ元国防長官回顧録〕(Alfred Knopf, 2014), 173.
（13）同右, 174.

第4章 「原子炉攻撃」再び

（1）Roger Claire, *Raid on the Sun*〔イラク原子炉攻撃！〕(Broadway Books, 2004), 137.
（2）Moshe Nissim, "Leadership and Daring in the Destruction of the Iraqi Reactor" *Israel's Strike Against the Iraqi Nuclear Reactor 7 June, 1981*〔イラク原子炉破壊の挑戦とリーダーシップ：1981年6月7日のイスラエルによるイラク原子炉攻撃〕(Menachem Begin Heritage Center, 2003), 31.
（3）Leonard S. Spector and Avner Cohen, "Israel's Airstrike on Syria's Reactor: Implications for the Nonproliferation Regime"〔イスラエルによるシリア原子炉空爆：非拡散制度との関係〕*Arms Control Today 38*, no. 6 (2008): 15–21.
（4）同右
（5）UPI,"Israeli Spy Visited a Plant Where Uranium Vanished"〔イスラエルのスパイが訪れた工場からウラニウムが消えた〕*Los Angeles Times*,June 16,1986, http://articles.latimes.com/1986-06-16/news /mn-11009_1_israeli-intelligence.

第5章 時計の針は進む

（1）Mark Matthews, *Lost Years: Bush, Sharon and Failure in the Middle East*〔失われた年月：ブッシュとシャロン、中東の失策〕(Nation Books, 2007), 21.
（2）Governor George W. Bush on His Trip to Israel〔ジョージ・W・ブッシュ知事のイスラエル訪問〕, Jewish Virtual Library, www.jewishvirtuallibrary.org/governor-george-w-bush-on-his-trip-to-israel.
（3）Dennis Ross, *Doomed to Succeed*〔成功する運命〕(Farrar, Straus and Giroux, 2015), 302.
（4）Israeli Foreign Ministry readout of the meeting〔イスラエル外務省議事録〕, June 19,2007, www.mfa.gov.il/mfa/press-

room/2007/pages/press%20conference%20pm%20olmert%20meets%20with%20us%20president%20bush%2019-jun-2007.aspx.

（５）Robert Gates, *Duty: Memoirs of a Secretary at War*(Alfred Knopf, 2014), 174.

（６）同右. 176.

（７）Cheney, *In My Time*, 471.

（８）Eric Edelman on Al- Kibar and Operation Orchard〔エリック・エデルマン講師によるアルキバールと果樹園作戦〕, Tikvah Fund event, December 28,2015, https://tikvahfund.org/library/eric-edelman-on-al-kibar-and-operation-orchard/

（９）George Bush, *Decision Points*(Broadway Books, 2010), 421.

（１０）Gates, *Duty*, 175.

（１１）David Makovsky, “The Silent Strike” *New Yorker*, September 17,2012.

（１２）Yossi Verter, “Three Prime Ministers, One Beating Hatred”〔三人の首相、音を立てる一つの憎悪〕*Haaretz*, March 23,2018.(ヘブライ語、著者英訳)

第６章　オルメルトの戦い

（１）Yossi Verter, “Look Who’s Becoming a Ben-Gurionist, Peres Said with Amazement”〔あいつがベングリオニストになったとは。ペレス、驚きとともに〕*Haaretz*, December 3,2003.(ヘブライ語、著者英訳)

（２）Aluf Benn and Yossi Verter, “Olmert Promised: People Will Love Saying They Love the Country”〔オルメルトは国民が国を愛すると言いたくなると約束〕*Haaretz*, March 10,2006.(ヘブライ語、著者英訳)

（３）Ewan MacAskill, “Blair Refuses to Back Olmert’s Go-It-Alone West Bank Plan”〔ブレア、オルメルトの西岸単独行動案を承認せず〕*Guardian*, June 12,2006.

（４）Amos Harel and Avi Issacharoff, *34 Days: Israel, Hezbollah and the War in Lebanon*〔34日：イスラエル、ヒズボラ、レバノン戦争〕(St. Martin’s Press, 2008), 81–83.

（５）Poll: Israelis support Lebanon incursion〔世論調査：イスラエル人、レバノン侵攻を支持する〕, Associated Press, August 1,2006.

（６）Amos Harel, “The General Who Is Not Ashamed to Storm”〔騒ぎを恐れぬ将軍〕*Haaretz*(ヘブライ語、著者英訳), May

11,2012.

（7）Elliott Abrams, *Tested by Zion* (Cambridge University Press, 2013), 190.

第7章　攻撃のとき

（1）過去の類似した作戦の行動をイスラエル軍の作戦立案者にインタビューし、特殊部隊の行動を再構築した。また以下の資料も参考にした。Yaakov Katz and Yoaz Hendel, *Israel vs. Iran— The Shadow War*〔イスラエルｖｓイラン—影の戦い〕(Potomac Books, 2012), Michael Bar-Zohar and Nissim Mishal, *Mossad: The Greatest Missions of the Israeli Secret Service*〔モサド：イスラエル秘密機関の偉大なる作戦〕(Ecco, 2014), Erich Follath and Holger Stark, "The Story of 'Operation Orchard' "〔果樹園作戦物語〕*Der Spiegel*, November 2,2009.

（2）イギリス職員とのインタビュー

第8章　アサドは何を考えるか？

（1）David W. Lesch, *Syria: The Fall of the House of Assad*〔シリア：アサド家の凋落〕(Yale University Press, 2012), 3.

（2）２０１７年のダニー・ヤトムとのインタビュー

（3）Cbsnews.com staff, "Syria's Assad Sworn in as Prez"〔シリアのアサドが大統領就任〕CBS/AP, July17, 2000.

（4）Lesch, *Syria*, 8.

（5）Jannis Bruhl, "Where Did Syria's Chemical Weapons Come From?"〔シリアの化学兵器はどこから来たのか〕ProPublica, September 25,2003, www.propublica.org/article/where-did-syrias-chemical-weapons-come-from.

（6）This link is to a 1982 CIA intelligence report on illicit chemical weapons in Asia and Afghanistan〔ＣＩＡによる１９８２年発行アジアとアフガニスタンにおける違法化学兵器報告書〕, www.cia.gov/library/readingroom/docs/DOC_0000284013.pdf.

（7）Gunther Latsch, "Did German Companies Aid Syrian Chemical Weapons Program?"〔ドイツ企業がシリアの化学兵器開発を支援したのか〕*Der Spiegel*, January 23,2015, www.spiegel.de/international/germany/german-companies-suspected-of-aiding-syrian-chemical-weapons-program-a-1014722.html.

（8）２０１７年のジョン・ボルトンとのインタビュー

（9） Transcript from the Senate hearing on May 18, 2005, about the nomination of John Bolton as ambassador to the United Nations〔２００5年5月18日ジョン・ボルトン国連大使任命上院公聴会議事録〕,www.congress.gov/congressionalreport/109th-congress/executive-report/1/1.

第9章　開戦の準備

（1） Ronen Bergman, "Red Falcon"〔赤いハヤブサ〕 *Atavist Magazine*, 2015, https://magazine.atavist com/operation-red-falcon.

第10章　モサド・ＣＩＡの秘密作戦

（1） Bruce Livesey, "The Bizarre Life of Nathan Jacobson"〔ネイサン・ジャコブソンの奇妙な生涯〕 *National Observer*, November 29,2017, www.nationalobserver.com/2017/11/29/news/rise-and-fall-nathan-jacobson; Nahum Barnea, "How We Missed North Korea"〔なぜ私たちは北朝鮮を見逃したのか〕 *Yediot Ahronot*(ヘブライ語、著者英訳), December 24,2017, www.yediot.co.il/articles/0,7340,L-5018916,00.html.

（2） US cable on meeting of Congressional delegation led by Mike Boehner to Israel〔アメリカ国務省公電：マイク・ベイナー団長率いる議員団との会合〕,March 28,2008. https://wikileaks.org/plusd/cables/08TELAVIV738_a.html.

（3） Roee Nahmias and AP, "Syria Says Defenses Opened Fire on Israeli Aircraft Overnight"〔シリアがイスラル機に前夜発砲〕 Ynetnews, September 6,2007.

（4） Ehud Olmert, *In Person*〔私の口から話そう〕 (Yedioth Ahronot Books, 2018), 212.(ヘブライ語、著者英訳)

（5） Ronny Sofer, Olmert "ready for unconditional peace talks with Syria"〔シリアとの無条件和平交渉の準備が整う〕 Ynetnews, September 18,2007.

（6） イスラエルがイマード・ムグニヤの暗殺の責任を公式に認めたことはないものの、イスラエルとアメリカの共同作戦の詳細が数年かけて報道されることになった。

（7） Ronen Bergman, *The Secret War with Iran*〔イランとの秘密戦争〕 (Free Press, 2008), 242.

（8） Jeff Stein, "How the CIA Took Down Hezbollah's Top Terrorist, Imad Mughniyah"〔ヒズボラのトップ、イマード・ムグニヤをＣＩＡが手にかける〕 *Newsweek*, January 31,2015; Adam Goldman and Ellen Nakashima, "CIA and Mossad Killed Sen-

ior Hezbollah Figure in Car Bombing"〔ＣＩＡとモサドがヒズボラ幹部を自動車爆弾で殺害〕*Washington Post*,January 30, 2015.
（９）Bergman, *The Secret War with Iran*, 605.
（１０）スレイマンに関するＮＳＡ文書を参照 www.documentcloud.org/documents/2165140-manhunting-redacted.html#document/p1; Matthew Cole, "Israeli Special Forces Assassinated Senior Syrian Official"〔イスラエル軍特殊部隊、シリア高官を暗殺する〕*Intercept*, July 15,2015.
（１１）アメリカ国務省公電 "US Sought Financial Pressure on Top Syrian Officials"〔アメリカがシリア高官に経済的圧力をかける〕を参照 www.theguardian.com/world/us-embassy-cables-documents/100578.
（１２）アメリカ国務省公電 "Israel Suspected in Syrian Sniper Killing"〔シリアでの狙撃射殺はイスラエルによるものの模様〕を参照 www.theguardian.com/world/us-embassy-cables-documents/164634.
（１３）アメリカ国務省公電 "Corruption Investigation Rattles Business Community"〔贈収賄捜査に怯えるビジネス界〕を参照 April 9,2009 ,www.wikileaks.org/plusd/cables/09DAMASCUS274_a.html.

第11章　イラン危機を見据えて

（１）Peter Hoekstra and Ileana Ros-Lehtinen, "What Happened in Syria?"〔シリアで何が起きたのか〕*Wall Street Journal*, October 20,2007.
（２）Michael Hayden, *Playing to the Edge* (Penguin Press, 2016), 267.
（３）アメリカ国務省公電 "Syria's Clandestine Nuclear Program"〔シリアの秘密核開発プログラム〕を参照 April 25,2008,https://wikileaks.org/plusd/cables/08STATE43817_a.html.
（４）報告書のすべてを閲覧可能 "Iran: Nuclear Intentions and Capabilities,〔イラン：核武装の意図と能力〕National Intelligence Estimate,"November2007,https://www.dni.gov/files/documents/Newsroom/Reports%20and%20Pubs/20071203_release.pdf.
（５）Ｕｖｄａの２０１２年11月４日の放送を参照 www.mako.co.il/tv-ilana_dayan/2013-e2afde9009f4a310/Article-335511a3cebca31006.htm.
（６）同右

訳者あとがき

イスラエルは日本の四国より大きく、九州より小さい中東の国である。また名目GDP（二〇一八年）も世界第三三位と経済大国でもない。しかし、ユダヤ民族の保護を厳格に守る政治・軍事力の屈強さは強大国も一目置いている。

国家の存亡が危機にさらされた時、イスラエルはアメリカと対等に渡り合い、そして自らの道を進むことを躊躇しなかった。本書は、隣国シリアで原子炉が間もなく完成するという危機的状況にこの特異な国家がどう立ち向かったかを題材にした力強い政治と軍事の記録である。

イスラエル政府は二〇〇七年九月六日のシリア原子炉の爆撃「ソフト・メロディー作戦」を二〇一八年三月二一日になってようやく公式に認め、メディア報道もあったことから予備知識を持っている読者もおられることだろう。著者自身も『ニューズウィーク』（日本版二〇一九年七月二日号）に寄稿し、本書のあらましを披露している。

軍事作戦が作品の主題と思いきや、著者は爆撃に至るまでのスリリングな情報収集、密室での意思決定、イスラエル・アメリカ間の調整、イギリスへの情報提供、全面戦争の回避、そしてシリアへ核技術を売り渡した北朝鮮の暴挙へと話を進める。

本書は、二〇一九年五月に米国のセント・マーチンズ・プレス社から刊行された『シャドー・ストライク（Shadow Strike）』の邦訳である。著者は日刊英字新聞『エルサレム・ポスト』紙の編集主幹を務めるヤーコブ・カッツ(Yaakov Katz）氏。イスラエルがシリア原子炉の爆撃を認めたのが二〇一八年三月であるから、著者はイスラエル側の取材をタイムリーに行なって出版したといえよう。アメリカのオンラインブックストアでの評価も非常に高く、細部にまでわたる取材で明らかになった新たな情報をサスペンスもののように描写する著者の筆力に読者は引き込まれるに違いない。

訳出にあたっては原文の持つ緊迫感を損なわないよう努めたが、日本の読者には馴染みの薄い登場人物の時代背景など一部、意訳ならびに割愛した箇所がある。お許し願いたい。

原書に写真や地図はいっさい含まれていないが、日本の読者向けに著者から出撃前のパイロットの様子や攻撃に参加したイスラエル軍機に搭載されたガンカメラによる攻撃前と直後の映像など貴重な写真を提供いただいた。また訳者の質問にも答えていただき貴重な助言を頂戴した。

イスラエル軍機のアルキバール原子炉までの飛行経路（四頁参照）は、著者の取材にもとづき、トルコ・シリア国境線上を往復したものとしたが、侵攻時はシリアを横断したという説もあり、今後明らかにされるだろう。

シリア原子炉攻撃をめぐる国際政治のスリリングな展開を読者の皆さまにお楽しみいただければ、訳者として望外の幸せである。

解説——危機に対処する国家の意思決定と指導者の苦悩を描いたノンフィクション

イスラエルの諜報史上に残る極秘作戦

国際政治アナリスト　菅原　出

二〇〇七年九月六日、シリアが秘密裡に砂漠に建設していた原子炉を、イスラエルが誰にも知られずに空爆で破壊した。本書はこの極秘作戦をめぐるイスラエルやアメリカ政府の政策決定の内幕を余すところなく描いた刺激的な国際ノンフィクションである。

本書の著者は『エルサレム・ポスト』紙の編集主幹を務めるヤーコブ・カッツ氏。イスラエルとアメリカの政策コミュニティに広範なネットワークを有する同氏は、両政府でインテリジェンス活動や政策決定に携わった主要な高官たちへのインタビューを通じて、当時の両政府内部で展開されていた激しい政策闘争や軍事作戦決定に至るイスラエル安全保障閣議の緊迫した様子などを見事に再現している。

シリア北東部の砂漠の奥深く、ユーフラテス川沿いのデリゾールという地域に秘密裡に建設されていたアルキバール原子炉をイスラエル空軍が破壊した軍事作戦（ソフト・メロディー作戦）は、わずか四時間で完了し、シリア軍とのあいだで交戦は起こらず、これが原因で二国間の緊張が高まる大きな外交的イベントに発展したわけでもなかった。破壊されたのが本当に原子炉だったのかどうかも、どの程度イスラエルにとって脅威だったのかも検証されず、その重要性は認識されないまま忘れられかけていた事件だったと言っていい。

しかし、この作戦に至る過程を詳細に再現した本書を読むにつれ、この事件が現在進行中の中東情勢を見るうえでも極めて重要な示唆に富んでいることに気づかされる。

イスラエル国防軍（ＩＤＦ）情報機関「アマン」の分析官が、さしたる目的もなしにぽつんと砂漠の中に建っている建造物を衛星写真で発見して「何かおかしい」と感じたことをきっかけに、イスラエルはシリア核技術者のコンピューターへのハッキングから敵地への潜入工作など、あらゆる手段を講じて情報を収集した結果、シリアが北朝鮮と組んで国内に秘密裡に原子炉を建設しており、それが最終段階に入っているという衝撃的な事実を突き止めていく。イスラエルの課報史上に残る作戦だが、世界でもトップクラスの国のインテリジェンス活動がどのようなものなのか、その一端を知るうえで非常に興味深い。

そして、この脅威情報を受けて、イスラエルがどのように自国の安全保障に対するリスクを評価するのか、イスラエル独特ともいえる脅威認識が明らかになる。二〇〇六年のレバノン侵攻やガザ地区での広範な軍事作戦を指揮した経験を持つオルメルト首相（当時）は、「シリアが核兵器を手にすることは現在のイスラエルに対する直接的な脅威であり、この脅威とイスラエルが共存することはありえない。原子炉は排除されなければならない」と即座に原子炉の破壊を決意している。

実はイスラエルは過去にも似たような経験をしている。一九八一年六月七日、フランスの支援を受けてイラクが建設したオシラク原子炉を、イスラエルが空爆で破壊したのである。この時イスラエルの首相を務めたメナヘム・ベギンが、ユダヤ人国家の存亡にかかわる兵器を敵が取得しようとする時の行動基準を定めた。

「イスラエルは敵が大量破壊兵器を開発し、それを自分たちに向けることを許さない。その時は先制攻撃で脅威を排除する」

この「ベギン・ドクトリン」にもとづきオルメルト首相も行動することを決意するのである。しかし、シリアの原子炉を破壊するための具体的な手段や時期をめぐり、イスラエル政府内で激しい意見の対立や政策闘争が繰り広げられ、最終的にオルメルト首相が空爆作戦の実施を決断するに至るプロセスは、危機に対処する指導者の姿を描いた読み物としても、非常に読みごたえがある。

興味深いのは、この意思決定の過程で、イスラエルにとって唯一最大の同盟国であるアメリカがどのように出てくるか、アメリカ政府内部の政策決定の過程が詳細に記録されている点である。

イスラエルとしては、単独で軍事作戦を行なうよりは、アメリカがシリアの原子炉を破壊してくれた方が、シリアからの反撃を受ける可能性が低いという点ではるかにメリットは大きいと考えられた。しかし、当時のアメリカのブッシュ政権は、イラク戦争後の内戦が泥沼化しており、その対応に忙殺されていた。しかも、アメリカが、このイラク戦争開戦の根拠とした大量破壊兵器を、イラクのサダム・フセイン政権が保有していなかったという〝世紀のインテリジェンスの失敗〟を経験した直後だったこともあり、ブッシュ大統領をはじめ多くの米政府高官たちが、そのトラウマから大量破壊兵器関連のインテリジェンスを根拠に先制攻撃を仕掛けることに極度に消極的になっていた。

また、そもそもシリアが核兵器を保有するという脅威に対するアメリカとイスラエルの認識に大きなギャップがあることも明確になった。アメリカはすでにイラク、アフガニスタンで軍事作戦を遂行中であり、新たな作戦を実施することに軍部は消極的だった。シリア空爆を主張するチェイニー副大統領は孤立し、最終的にブッシュ大統領は「軍事作戦ではイスラエルを支援せず、情報面でのみ協力する。ただしイスラエルの行動を邪魔しない」という結論を導き出すのだが、そこに至る米政府内の議論は、今日のイランに対する米政府内の政策論争とも通じるところがあり、大変参考になる。

イスラエル政府内で軍事作戦の準備が進められるなか、最後まで分からなかった点が、〝原子炉を破壊されたアサド大統領がどのように反応するか〟ということだった。イスラエルは、攻撃した事実を公表せずに何もなかったかのように振る舞えば、アサド大統領も〝国際社会を欺いて北朝鮮の支援を受けて極秘に原子炉を建設していた事実〟を自ら公表することなく、イスラエルへの報復攻撃もしないのではないかとの予測を立てた。彼らが「否認ゾーン」と呼ぶこの状況にアサド大統領を追い込むことで報復攻撃を回避できるとイスラエル首脳部は考え、実際その通りになったのだが、当時は独裁者が何を考え、どう判断するのかについて、経験豊富な心理学者を動員しても分からず、シリアが一斉にミサイル攻撃を仕掛けてくる最悪のシナリオにも備えつつ先制攻撃に踏み切ったのだった。

イスラエル安全保障閣議のメンバーで先制攻撃に賛成した閣僚の一人が、テル・アヴィヴの自宅に戻る途中、窓の外に目をやりながら、「もしアサドがイスラエルにミサイルを発射すれば、夏の日を楽しむ市民の姿は消え去ってしまう」と不安を払拭できずに「震えが止まらなかった」と回想するシーンは、戦争慣れしているイスラエル政府の高官でも、やはり戦争は怖いものなのだと、改めて軍事オプションを選択することの重みや指導者の不安と苦悩について考えさせられた。


本書のテーマとなったシリア原子炉攻撃作戦が行なわれた二〇〇七年当時と比べて、現在の中東はイスラエルにとってはるかに厳しい戦略環境になっている。シリア内戦での勝利をほぼ確実にしたアサド政権は、再びシリア全域における支配を取り戻しつつあり、アサド政権を支援するイラン革命防衛隊の関連部隊やレバノンのヒズボラの民兵たちが、イスラエルとの国境近くまで進出して拠点を構築している。

イラン系の武装勢力がゴラン高原のイスラエル軍部隊に向けてロケット弾を発射したり、無人機を飛ばす行為が頻繁に行なわれるようになり、そのつどイスラエル軍はシリア国内のイラン革命防衛隊やヒズボラなどの軍事拠点を空爆する作戦を繰り返している。

また、トランプ政権が二〇一八年五月にイランとの核合意から一方的に離脱してイランに経済制裁を科して圧力を強めるなか、反発するイランは核開発を再開させ、ウラン濃縮も進めている。イランは二〇二〇年三月時点ですでに低濃縮ウランを一トン以上蓄積し、徐々に核開発のペースを上げているのだ。

「ベギン・ドクトリン」が今も生きているとすれば、イスラエルはイランの核開発が一定のレベルに達した段階で、イラン核施設への攻撃を真剣に検討せざるを得なくなるだろう。しかもイランは、核施設を各地に分散させ、一部の施設は地中深くに建設しているため、通常兵器の空爆で破壊することは極めて困難だと見られている。

二〇一八年三月二一日、イスラエル政府は、二〇〇七年九月にイスラエル空軍の戦闘機がシリアのアルキバール原子炉を破壊したことを公式に発表した。カッツ情報相（当時）はこの声明で、「二〇〇七年の空爆は核兵器でイスラエルの存在を脅かそうとするものを決して許さないことを示した。当時はシリアで、今はイランだ」と述べたのである。

事件から一〇年以上経ったこの時期に空爆実施を公式に認めたのは、勢力を拡大させイスラエルを脅かすイランに対する警告であった。

本書の物語は、今日われわれが住む世界にも大きな影響を与えているのである。

ヤーコブ・カッツ（Yaakov Katz）
『エルサレム・ポスト』紙編集主幹。シカゴ出身。イスラエル経済相とディアスポラ（海外在住ユダヤ人）担当相の上席政策顧問、ハーバード大学の講師を務める。2013年ハーバード大学ニーマン・ジャーナリズム財団で研究。現在エルサレムで妻のハヤと４人の子供と暮らす。共著書に『Weapon Wizards（兵器の天才）』と『Israel vs. Iran』がある。

茂木作太郎（もぎ・さくたろう）
1970年東京都生まれ、千葉県育ち。17歳で渡米し、サウスカロライナ州立シタデル大学を卒業。海上自衛隊、スターバックスコーヒー、アップルコンピュータ勤務などを経て翻訳者。訳書に『F-14トップガンデイズ』『スペツナズ』『米陸軍レンジャー』『欧州対テロ部隊』『SAS英特殊部隊』（並木書房）がある。

シリア原子炉を破壊せよ
―イスラエル極秘作戦の内幕―

2020年４月15日　印刷
2020年４月20日　発行

著　者　ヤーコブ・カッツ
訳　者　茂木作太郎
発行者　奈須田若仁
発行所　並木書房
〒170-0002 東京都豊島区巣鴨2-4-2-501
電話(03)6903-4366　fax(03)6903-4368
http://www.namiki-shobo.co.jp
地図制作　八戸コロン
印刷製本　モリモト印刷
ISBN978-4-89063-397-5